유토피아, 희망의 원리

현대 사회에서 유토피아론의 재구성을 위한 철학적 탐구

손 철 성 지음

유토피아, 희망의 원리

현대 사회에서 유토피아론의 재구성을 위한 철학적 탐구

손 철 성 지음

철학과 현실사

머리말

지금, 왜 유토피아인가?

우리는 누구인가? 우리는 어디서 오는가?
우리는 어디로 가는가? 우리는 무엇을 기대하는가?
이러한 물음에 대해 많은 사람들은 혼란을 느끼리라.
문제는 희망을 배우는 일이다.

— 블로흐, 『희망의 원리』

블로흐는 "아직 이루어지지 않은 가능성을 기대하고 희망하며 지향
하는 것"[1]이 인간 의식의 기본 형태라고 말하였다. 유토피아는 '더 나
은 삶에 대한 꿈'으로서 새로운 가능성을 기대하고 희망하며 이를 현
실화시키려는 인간의 기본적 욕구를 반영하고 있다. 그래서 유토피아
의 문제는 고대에서 현대에 이르기까지 많은 사상가들에 의해서 주제
적으로 다루어졌던 문제들 중의 하나였다.

유토피아는 왜곡되지 않은 인간다운 삶의 모습을 통해 미래 사회에

---

1) E. Bloch, *Das Prinzip Hoffnung I*, Suhrkamp, 1977, 5쪽.

대한 전망을 제시해 주기도 하고, 기존 현실을 비판하는 기준이 되기도 하며, 새로운 사회로 나아가려는 역동성과 변혁적 의식을 고취시켜 주기도 한다. 이런 점에서 유토피아는 인간의 삶에서 중요한 위치를 차지하고 있을 뿐만 아니라, 기존 사회를 비판하면서 더 좋은 새로운 사회를 추구하는 비판적 사회 이론에서도 그 의의와 역할이 매우 크다고 할 수 있다. 따라서 유토피아가 비판적 사회 이론에 제대로 자리매김되어야 한다고 본다.

유토피아적 의식은 비판적 사회 이론을 추동시켜 왔던 원동력들 중 하나였지만 근래에 이러한 유토피아적 의식은 매우 약화되었다. 20세기 초에 만하임은 "유토피아적인 것의 완전한 소멸은 전체적인 인간화의 형태마저도 변화시키고", "인간 자신이 사물로 전락하는 정태적인 사물성(statische Sachlichkeit)의 상태를 만든다"[2]고 하면서 이러한 유토피아적 의식이 약화되고 있는 현실을 우려하였는데, 20세기 후반에 현실 사회주의의 몰락과 함께 이러한 유토피아적 의식은 더욱 상실되었다. 이로 인해 적극적으로 대안을 제시하려는 작업도 침체되면서 진보 진영 내부에서는 '대안이 없다'는 자성의 목소리도 들려오고 있는 상황이다.

그렇지만 이러한 문제를 인식하고 유토피아적 의식의 회복과 함께 적극적인 대안을 모색하려는 이론적 작업을 기획하고 있는 연구자들도 있다.

월러스틴(I. Wallerstein)은 실현 가능한 역사적 대안들을 탐구하고 평가하기 위한 지적 작업으로서 '유토피스틱스'(utopistics)의 필요성을 강조하고 있다. 라이트(E. O. Wright)는 "사람들에게 주어진 현실로부

---

2) K. Mannheim, *Ideologie und Utopie*, Vittorio Klostermann, 1985, 225쪽.

터 벗어나려는 동기를 부여하기 위해서는 무엇보다도 우선 유토피아적 이념에 대한 강한 믿음이 필수적이다"[3]라고 하면서 자본주의에 대한 대안적 사회 모델을 구체적인 수준에서 마련하려고 시도한다. 비록 소련의 붕괴로 사회주의 자체가 신뢰성을 상실하였지만 그러나 그것은 통제 경제 형태의 사회주의 유형의 붕괴이지 자본주의에 대한 대안으로서 사회주의 일반의 붕괴는 아닌 것이다. 만약 이러한 현실에 좌절하여 근본적인 대안을 구체적으로 제시하지 않는다면 자본주의는 더욱 더 불가피한 체계임을 주장할 수도 있다. 그래서 라이트는 수십 명의 좌파 학자들이 집단적으로 참여하고 있는 '현실적 유토피아 기획'(The Real Utopias Project)이라는 이론적 작업을 주도하면서 구체적이면서도 실현 가능한 대안들을 모색하고 있다.

기든스(A. Giddens)도 '유토피아적 현실주의'(utopian realism)의 관점에서 '제 3의 길'을 대안적 사회 모델로 내세우고 있으며, 이외에도 오페(C. Offe)나 안데르센(E. Andersen) 등도 구체적인 대안을 모색하는 작업에 적극적으로 나서고 있다.

필자는 이러한 기본적 관점과 배경을 바탕으로 마르크스 사상을 비롯한 비판적 사회 이론에서 유토피아의 문제가 어떻게 다루어져 왔는가를 검토하면서, 마르크스주의에서 상실된 유토피아적 차원을 성찰적 현대 사회라는 새로운 시대적 상황을 고려하여 복원시키려고 한다. 여기서 구체적으로 다루고 있는 문제는 다음과 같다. 유토피아란 무엇이며, 그것이 비판적 사회 이론에서 왜 중요한가? 마르크스 사상은 유토피아주의인가 반유토피아주의인가? 마르크스가 반유토피아주의적 경향을 취하게 된 주요 원인은 어디에 있는가? 마르쿠제를 비롯한 프

---

3) E. O. Wright(ed.), *Associations and Democracy*, Verso, 1995, ix쪽.

랑크푸르트 학파는 이러한 반유토피아주의적 경향을 극복하고 유토피아적 차원을 확보하기 위해 어떠한 시도를 하고 있는가? 유토피아론이 과학적 논의의 대상이 될 수 있다면 그것은 어떤 위상을 차지하고 있는가? 탈전통적이고 개인화된 성찰적 현대 사회에서 유토피아론을 재구성하기 위한 방향은 어떠해야 하는가?

이 책에서 이러한 광범위한 물음들에 대한 대답이 성공적으로 이루어졌다고 보기는 어려울 것이며, 여기에는 필자의 역부족과 태만으로 인한 독단과 편견도 뒤섞여 있을 것이다. '누구나 자신의 눈으로 세상을 본다'는 말을 자의적으로 해석하여 용기를 내어 이 책을 만들게 되었지만, 그러나 마음 한 구석에 일고 있는 부끄러움과 창피함은 피할수 없다. '무식함이 용기를 낳는다'는 말은 여기에 딱 들어맞는 말인 것 같다. 그럼에도 불구하고 우리 사회에서 유토피아론에 대한 이론적, 철학적 논의가 부재하다는 점을 핑계삼아서 이 작은 책을 세상에 내놓게 되었다.

여기에 실린 글들은 필자가 박사 학위 논문을 준비하면서 떠오르는 단견을 글로 옮긴 것들인데, 일부는 이미 학술지나 학술 대회 등에서 발표한 글들이며 일부는 학위 논문 안에 있는 내용들로서 부분적으로 수정하거나 보완한 것들이다. 논문을 쓰고 책을 만드는 과정에 도움을 주신 분들이 많지만 이름을 거론하는 것이 그 분들에게 오히려 누가 되지 않을까 염려스럽다.

학부 및 석사 논문을 지도해 주신 차인석 교수님, 박사 논문을 지도해 주신 정호근 교수님께 진심으로 감사드린다. 또 논문 심사 과정에서 따뜻한 조언을 해주신 이명현 교수님, 황경식 교수님, 이상훈 교수님, 박찬국 교수님께 감사드린다.

무조건적인 신뢰와 사랑을 보내준 가족들, 격려를 아끼지 않은 대학원 연구실의 동료들에게도 이번 기회에 고맙다는 말을 전하고 싶다. 그리고 작은 글들을 묶어서 이렇게 반듯하게 한 권의 책으로 만들어준 철학과현실사에도 감사드린다.

2003년 여름
손 철 성

차 례

1장

유토피아와 유토피스틱스

만하임과 월러스틴의 유토피아론 비교

철학을 갖지 못한 자 중의 하나인 나는
사람들을 위하여 하나의 철학적 도시를 지어냈노라.

― 「유토피아 말로 쓰여진 사행시」

유토피아는 통상적으로 '좋지만 그러나 존재하지 않는 불가능 사회'를 일컫는데, 여기에서 볼 수 있듯이 유토피아 개념은 좋음 또는 완전함과, 존재하지 않음 또는 불가능함이라는 두 가지 의미를 함축하고 있는 것으로 사용되어 왔다. 이것은 모어가 'Utopia'라는 신조어를 만들면서 의도적으로 모음을 생략한 데서 기인한 것으로 볼 수 있는데, 이것이 'eutopia'로서 '좋은 장소'(the good place)를 가리키는지 아니면 'outopia'로서 '존재하지 않는 장소'(no place)를 가리키는지 또는 이 두 가지 의미를 동시에 가진 것으로서 사용되고 있는지가 명료하지 않다.[1] 유토피아 개념의 애매성은 바로 이러한 동음 이의적인

'Utopia' 용어의 어원에서 기인하고 있는 것이다. 유토피아 개념은 한 편으로는 '법이나 관습, 조건이 이상적으로 완벽한 장소나 상태'를 가리키거나 또는 다른 한편으로 '사회 개혁을 위한 불가능한 이상적 계획'을 가리키기도 한다. 이처럼 유토피아 개념은 명료한 정의 없이 애매한 의미로 사용되고 있다. 그리고 특히 마르크스는 비현실적이고 비과학적인 태도에 대해 '유토피아적'이라고 명명하는 등 실현 불가능한 공상이라는 의미로 유토피아 개념을 사용함으로써 이에 대한 부정적인 이미지를 더욱 확산시켰다.

유토피아론이 비판적 사회 이론에서 자기 위상과 역할을 확보하기 위해서는 유토피아 개념의 이러한 애매성이나 부정적 이미지를 우선 제거해야 한다. 이를 위해 여기서는 『이데올로기와 유토피아』라는 저작에서 근대적 유토피아 개념의 전형을 확립한 만하임과 최근에 『유토피스틱스』라는 저작으로 유토피아에 대한 새로운 관심을 불러일으키고 있는 월러스틴의 입장을 서로 비교하면서 유토피아 개념을 새롭게 정립해 보도록 할 것이다.

1. 만하임의 유토피아 개념

칼 만하임은 『이데올로기와 유토피아』에서 실현 가능성이 없다는 의미로 통용되는 유토피아적이라는 말의 의미를 버리고 이 개념을 엄밀하게 규정하려고 시도한다. 이를 위해 만하임은 책의 제목에서 알 수 있듯이, 이데올로기 개념과 유토피아 개념을 서로 비교하고 있다.

---

1) R. Levitas, *The Concept of Utopia*, Philip Allan, 1990, 2-3쪽 참조.

유토피아적이라고 하는 것은 자기를 에워싸고 있는 '존재'와 일치하지 않는 상태에 있는 의식, 즉 '현실 초월적 의식'을 뜻한다. 이데올로기적이라는 것에도 마찬가지로 현실 초월적 특성이 있기에 이런 측면에서는 유토피아와 이데올로기가 공통점을 갖고 있다. 기존 질서와 합치될 수 없는 표상들은 그와 같은 생존 질서 내에서는 스스로가 갖고 있는 내용을 도저히 작용시킬 수 없을 뿐만 아니라 또한 그와 같은 표상에 의존해서는 결코 우리가 기존의 질서 내에서 생활할 수도 행동할 수도 없다. 따라서 이러한 표상들은 '존재 초월적'(seinstranszendent)이거나 비현실적인 것이다. 이러한 존재 초월적 관념 형태를 대표하는 것이 바로 이데올로기와 유토피아이다.

그런데 만하임은 유토피아적이라는 것을 기존 질서를 파괴하는 현실 초월적 방향 설정에만 국한시킴으로써 유토피아적 의식을 이데올로기적 의식과 구분하고 있다. "행동의 단계로 넘어가면서, 그때그때마다 현존하는 존재 질서를 부분적으로 또는 전체적으로 파괴해 버리는 '현실 초월적'(wirklichkeitstranszendent) 방향 설정만을 유토피아적이라고 말해야 한다."[2])

유토피아적인 것은 기존 질서를 파괴하는 성격을 지닌다. 즉 현존하는 질서를 부정하고 비판한다. 반면에 이데올로기적인 것은 기존 생활 체계를 실현하거나 또는 재생산하는 방향으로 작용한다. 존재를 초월하는 관념 세계가 일정한 현실적인 역사적 단계에 속하는 세계상 속에 '유기적'으로 즉 변혁적인 작용이 없이 합일화되어 있을 때, 이 관념은 이데올로기로서 작용한다.

---

2) K. Mannheim, *Ideologie und Utopie*, Vittorio Klostermann, 1985, 169쪽. (이하에서 이 책을 인용할 경우에는 *IU*와 쪽수로 표기한다.)

이처럼 유토피아나 이데올로기는 둘 다 존재와의 불일치성을 빚고 있는 존재 초월적이라는 점에서는 공통적이지만, 그러나 기존의 '존재 구조'를 파괴하는 방향으로 작용하는지 여부, 실현 가능성의 여부에 따라서 서로 구분된다. 이데올로기의 표상은 그 내용이 실질적으로 실현되기가 도저히 불가능한 경우이다. 행동의 동인은 될 수 있지만 그러나 이데올로기적 성격, 즉 허위성을 띨 수밖에 없다. 이데올로기 적 관념의 내용은 행동 과정에서 변질되기 때문이다. 예를 들어 노예 제도에서 기독교적 박애 정신은 존재 초월적이지만 그러나 실현 불가 능한 것이다. 따라서 이것은 이데올로기적이다. 이에 비해 유토피아적 인 것은 존재 초월적이면서도 동시에 실현 가능성이 있다. 기존의 질 서를 비판하고 파괴하여 새로운 이상과 관념을 현실 속에서 실현시킬 가능성을 갖고 있다.

> "유토피아도 역시 존재 초월적인데, 왜냐하면 유토피아도 역시 현실화
> 된 존재가 내포하지 않은 요소들의 방향으로 우리의 행동을 이끌기 때문
> 이다. 그러나 결코 유토피아는 이데올로기가 아니다. 유토피아는 반작용
> 을 통해 기존의 역사적 존재의 현실성을 자신의 표상의 방향으로 변형시
> 킬 수 있기 때문에 이데올로기가 아닌 것이다."(*IU*, 172)

만하임은 이렇게 유토피아 개념의 의미를 규정하는 작업을 통해서 역사적 사유 속에서 개념을 정의하는 일이 얼마나 미래적인지를 알 수 있다고 하면서, 절대적 유토피아와 상대적 유토피아를 구분한다. '절대적 유토피아'란 절대적으로 불가능한 것, 실현 가능성이 없는 것 이다. 이에 비해 '상대적 유토피아'는 상대적으로만 불가능한 것, 즉 현존 단계에서 볼 때 실현 불가능하다고 생각되는 것으로 다른 존재

질서 속에서라면 실현 가능성이 있는 것이다.

이상의 내용을 통해서 알 수 있듯이 유토피아적 의식과 이데올로기적 의식은 존재 초월적이라는 점에서 공통점을 갖고 있다. 그러나 유토피아적 의식은 기존 질서에 파괴적으로 작용하면서 실현 가능성이 있다는 점에서 이데올로기적 의식과 구분된다. 이데올로기적 의식은 실현 가능성이 없이 단지 기존 질서를 재생산하는 데 기여할 뿐이다. 만하임의 유토피아 개념은 '기존 질서에 대해 비판적이거나 파괴적인 실현 가능성이 있는 존재 초월적 의식'이라고 할 수 있다. 따라서 만하임의 유토피아 개념에서는 존재 초월성, 현실 비판성, 실현 가능성이 핵심적 요소가 되고 있다.

2. 근대적 유토피아 개념

만하임의 이러한 유토피아 개념은 근대적 유토피아 개념의 핵심을 잘 지적하고 있다. 근대적 유토피아는 고전적 유토피아에 비해 기존 현실에 대해 훨씬 더 비판적, 파괴적으로 작용하면서 현실을 변화시킬 수 있는 실천적 영향력을 발휘했다. 존 워링턴은 모어의 『유토피아』를 소개하는 「서문」을 쓰면서 플라톤의 『국가』나 모어의 『유토피아』와 같은 고전적 유토피아와 17, 18세기의 근대적 유토피아 사이에 차이점이 있다고 하면서 그 특징을 다음과 같이 말한다.

"플라톤의 『국가』 이래로 이상적인 법률과 제도에 의해 통치되는 국가의 모습을 그리는 것은 사상가들이 즐기는 작업이 되어 왔다. 그러나 오하갠 판사가 말하고 있듯이 18세기 이래 '이러한 상상의 놀이는 아주 다른 형태를 갖게 되었다. 그것은 이러한 공상을 실제적으로 실현하려는 계획으로 변형되어졌다. 그것은 오늘날 우리가 사회주의 또는 공산주의라고 부르는 것에 대한 광신적인 옹호자들을 얻게 되었다.' "3)

고전적 유토피아가 공상적인 상상이나 도락에 그친 반면에 근대적 유토피아는 사회 변혁의 계기나 도구로 기능하기 시작하면서 실천적 성격이 강화되었다는 것이다. 17, 18세기를 전후로 유토피아 사상가들의 관점이 이렇게 많이 달라진 점에 주목하여 이 시기를 기준으로 한소트(Hansot)는 고전적 유토피아와 근대적 유토피아를 구분하였다. 고전적 유토피아(classical utopia) 사상가에는 플라톤, 토마스 모어, 베이컨, 캄파넬라, 안드레아 등이 속하며, 근대적 유토피아(modern utopia) 사상가에는 콩트, 생시몽, 마르크스, 헉슬리, 벨라미, 웰즈, 호우웰즈 등이 속한다.

한소트에 따르면 고전적 유토피아와 근대적 유토피아는 추구하는 목적이 서로 다르다.4) 고전적 유토피아는 고정된 판단 기준을 제공하고 그리고 사고 속에서 이념을 명료하게 하려고 한다. 이에 비해 근대적 유토피아는 현실을 변화시켜 유토피아와 현실을 일치시키려고 한다. 따라서 근대적 유토피아가 유토피아적 전망을 현실화시키려고 한다는 점에서 고전적 유토피아보다 훨씬 더 실천적 성격이 강화되었다고 할 수 있다. 한소트가 지적하고 있는 고전적 유토피아와 근대적 유토피아의 차이점은 다음과 같다.

첫째, 변화의 대상이 서로 다르다. 고전적 유토피아는 우선적으로

---

3) J. Warrington, "Introduction", *More's Utopia and a Dialogue of Comfort*, J. M. Dent & Sons Ltd, London, 1957, vii쪽.
4) E. Hansot, *Perfection and Progress: Two Mode of Utopian Thought*, Cambridge, Mass., 1974, 2쪽 참조.

개인을 변화시키려고 하는 데서 출발한 것이지, 사회 변화의 모델로서 처음부터 제시된 것이 아니다. 이에 비해 근대적 유토피아는 일차적으로 사회 구조를 변화시키는 데서 출발한 것이다.

둘째, 현실 사회의 변화 가능성에 대한 관점이 서로 다르다. 고전적 유토피아에서 시간과 공간 개념은 우연적이며 과학적 사고의 본질적 범주가 아니다. 공간적 연관 대신에 논리적 연관이, 시간적 전개 대신에 잠재태가 현실태가 되는 영원한 과정이 차지하고 있다. 이에 비해 근대적 유토피아에서는 유토피아가 가까운 장래에 현실화될 것이라고 희망하고 기대한다. 근대적 유토피아는 본질적으로 시간에 의해서 방향 지워져 있다.

셋째, 유토피아의 상태가 서로 다르다. 고전적 유토피아는 정태적이고 발전이 없는 완전한 사회이다. 이러한 고전적 유토피아의 불변성은 인간 본성의 불변성에 대한 관점과 연관되어 있다. 이에 비해 근대적 유토피아는 변화를 유토피아 사회의 통합적 부분으로 수용하여 동태적이고 진보적이다. 즉 유토피아 사회 자체가 완결된 형태로 제시되는 것이 아니라 지속적인 변화 과정을 겪는 것으로 제시된다.

이처럼 고전적 유토피아는 정태적 상태로서 시간과 공간 개념이 결여되어 있으며, 인간 본질의 불변성을 토대로 개인의 완성을 추구한다. 이에 비해 근대적 유토피아는 동태적이고 진보적인 상태로서 시간과 공간 개념에 입각해 있으며, 인간 본질과 사회의 변화 가능성을 토대로 사회 구조의 변화를 추구한다.

고전적 유토피아는 인간과 사회를 측정하는 불변의 기준을 제공함으로써 '판단 기준'(standard of judgment)의 역할을 담당한다. 이러한 '판단 기준'은 기존 현실을 평가하는 기준이 될 수 있지만, 그러나 유토피아가 직접적으로 대안으로 제시되는 것은 아니다. 즉 유토피아가 변화를 위한 적극적인 제안이나 대안은 아니다. 이에 비해 근대적 유토피아는 '사회 비판'(social criticism)을 위한 수단의 역할을 담당한다. 유토피아가 기존 현실에 대한 비판뿐만 아니라 새로운 변화를 위한 적극적인 제안이나 대안으로 제시된다. 유토피아가 현실에 대한 부정적 비판임과 동시에 새로운 사회를 위한 긍정적 기능을 수행하는 것이다.

따라서 고전적 유토피아에서는 유토피아가 "현실을 판단하는 도구로서 효과적인지 그렇지 않은지"가 문제가 된다면, 근대적 유토피아에서는 유토피아가 "현실을 변화시키는 도구로서 효과적인지 그렇지 않은지"가 문제가 된다.5) 고전적 유토피아는 역사성과 현실성의 부족으로 인해 단지 판단과 비판의 기능만을 담당함으로써 실천적 성격이 약했다. 이에 비해 근대적 유토피아는 역사성과 현실성을 갖추고 있었기에 비판의 기능뿐만 아니라 사회의 재구성을 위한 변혁의 도구로 적극적인 대안적 기능을 담당함으로써 실천적 성격이 강했다.

한소트는 유토피아란 통상적으로 생각하듯이 비현실적이고 허구적인 사고가 아니라, 기존 현실을 비판하고 풍자하면서 미래에 대한 인간의 비전을 현실적으로 실현시키려는 의도와 노력의 뜻이 내포되어 있다고 보았다. 유토피아는 단지 한두 가지의 사회 제도를 변화시키기 위한 제안이 아니라, "좋은 삶(the good life)을 위해 필요하거나 바람직하다고 생각하는 모든 주요 사회 제도들을 기술하는 하나의 제안(proposal)"이 되어야 한다는 것이다.

여기서 알 수 있듯이, 근대적 유토피아를 중심으로 하여 한소트가 유토피아 개념의 핵심적 요소로 보고 있는 것은 전면적이고 구체적인

---

5) 같은 책, 16쪽.

적극적 대안성(전망성), 현실 비판성, 실현 가능성, 진보성(행복 증진)
이라고 할 수 있다.

이러한 한소트의 유토피아 개념, 특히 '근대적 유토피아 개념'은 만
하임의 유토피아 개념에서 '상대적 유토피아' 개념과 공통적인 측면이
매우 많다. 이들은 둘 다 현실 초월적이면서도 동시에 기존 현실을 비
판하고 나아가 실현 가능한 대안이나 사상을 제시하여 사회 변화를
유도하는 것을 유토피아의 중요한 특성으로 보고 있다.

만하임의 유토피아 개념에 의해서 대표되는 근대적 유토피아 개념
은 고전적 유토피아 개념에 비해서 훨씬 더 비판성과 실천성이 강화
되었다. 근대적 유토피아는 초시간적이고 초공간적인 형태로 제시되
는 것이 아니라, 역사적이고 사회적인 맥락 속에서 일정한 시간성과
공간성을 갖춘 형태로 제시되었다. 그래서 기존의 현실적 문제나 모
순에 대해 날카롭게 비판하면서 실현 가능한 대안이나 사회상을 추구
하였다. 따라서 근대적 유토피아 개념은 사회 비판적 성격과 더불어
사회 변혁적 성격을 훨씬 더 강하게 띠게 되었다.

3. 만하임의 유토피아 개념의 한계 : 유토피아론과 지식 사회학적 입장의 대립

만하임이 유토피아와 이데올로기를 구분하고 있지만, 이러한 구분
은 만하임 자신의 지식 사회학적인 기본 입장과 어긋나는 측면이 있
어서 자신의 이론 체계에 정합적으로 수용되기 어렵다는 문제가 있다.

만하임은 유토피아와 이데올로기는 모두 존재 초월적이지만, 그러
나 기존 질서를 부정하고 파괴하는지 아니면 기존 질서를 옹호하고

재생산하는지에 따라서, 또 실현 가능성이 있는지 아니면 실현 불가능한지에 따라서 서로 구분된다고 본다. 그런데 만하임에 따르면 이러한 구분이라는 것은 절대적인 것이 아니다. "각각의 경우에 어떤 것을 유토피아로 그리고 어떤 것을 이데올로기로 간주할 것인가는, 본질적으로 존재 현실성의 어떤 단계를 척도로 삼느냐에 달려 있다"는 것이다. 예를 들어 기존의 질서를 옹호하는 보수적인 지배 계층은 일정한 의미 내용을 실현 불가능하다는 의미에서 '유토피아적'이라고 낙인찍는 경우가 많으며, 기존의 질서와 긴장 상태에 있는 급진적인 신흥 계층은 기만된 관념이라는 의미에서 '이데올로기적'이라고 폭로하는 경우가 많다는 것이다.

또 어떤 것을 이데올로기 또는 유토피아라고 규정할 것인가의 문제는, 이 두 가지 요소가 역사 속에서 서로 혼동된 상태로 마주칠 수 있다는 점 때문에 더욱 어려워진다고 한다. 왜냐하면 오늘의 유토피아가 내일의 현실로 변화할 수 있는 가능성이 있기 때문이다. 예를 들어 신흥 부르주아지의 '자유' 이념은 현실성을 내포한 유토피아였다. 그러나 이들이 권력을 획득한 다음에는 그 사회 질서 속에서는 더 이상 실현하기 힘든 것들이 있었기에, 여기에는 이데올로기적 요소도 내포되어 있다고 할 수 있다. 만하임은 이러한 이유로 현재 진행 중인 사상 투쟁에서는 유토피아와 이데올로기를 구분하는 것이 매우 힘든 일이라고 주장한다.

만하임의 이러한 주장은 상대주의적 경향을 내포하고 있다. 어느 사상이 유토피아인지 아니면 이데올로기인지를 판단하는 척도가 개인의 가치 기준에 따라 달라진다고 보기 때문이다. 물론 만하임이 적절하게 지적하듯이 역사의 전개 과정에서 유토피아가 실현되어 이데올로기로 전환되기도 한다. 따라서 어떤 사상을 시간성을 배제한 채 절대적으로 유토피아적이라고 할 수는 없다. 그렇다고 사상 투쟁이 이루어지고 있는 특정한 역사적 단계에서조차 유토피아와 이데올로기를 구분하기 어렵다고 하는 것은 판단을 포기한 상대주의적 태도이다. 비록 만하임이 자신의 입장은 상대주의가 아니라고 주장함에도 불구하고 비판 이론가들이 적절히 지적하였듯이 그의 입장은 상대주의적 경향을 내포하고 있다.6)

다른 한편으로 만하임은 현재의 사상에 대해서는 유토피아와 이데올로기의 구분이 어렵지만 과거의 사상에 대해서는 이러한 구분이 가능하다고 말한다. 과거의 사상에 대해서는 "이데올로기와 유토피아의 판단 기준은 현실화의 여부이다."(*IU*, 178) 즉 어떤 사상이 실현되었는지 그렇지 않은지가 판단의 기준이 된다는 것이다. 단순히 은폐 작용만을 했던 이념은 '이데올로기'이고, 이후에 형성된 생활 질서 속에서 적절하게 실현될 수 있었던 이념은 '상대적 유토피아'라는 것이다. 이처럼 만하임에서 현실 타파적인 상대적 유토피아와 현실 은폐적인 이데올로기를 구분하는 것은 역사가 진행된 다음에 사후적으로 가능하다. 현재 진행 중인 사상 투쟁에서는 어느 것이 유토피아이고 어느 것이 이데올로기인지를 구분하기 어렵다는 것이다. 이러한 구분은 역사가 이미 진행된 다음에 과거의 사상에 대해서만 구분할 수 있다는 것이다.

이러한 사후적인 판단은 지금 현재 진행되고 있는 사상 투쟁에 적극적 영향을 주지 못하며 따라서 실천적으로도 거의 의미가 없다고 할 수 있다. 헤겔처럼 만하임에게도 미네르바의 부엉이는 황혼녘이

---

6) M. Jay, *The Dialectical Imagination*, Little, Brown & Company, Boston/ Toronton, 1973, 63-64쪽 참조.

되어 날 뿐이다. 역동하는 역사가 지난 다음에 단지 어떤 일이 일어났는지 사후적으로 반추하는 역할만을 할 수 있을 뿐이다.

이렇게 유토피아와 이데올로기의 구분을 상대화시키는 만하임의 이러한 태도는 그의 '지식 사회학적 입장'과 깊이 관련되어 있다. 만하임은 지식 사회학의 목적이 "이론적으로는 소위 지식의 존재 제약성 (Seinsverbundenheit des Wissens)에 대한 학설을 정립하고 완성하는 것이며, 역사적, 사회적 탐구로서는 과거와 현재의 지식 내용에서 이러한 존재 제약성을 이끌어내는 것"(*IU*, 227)이라고 하였다. 이러한 지식 사회학적 입장에 따르면 모든 지식과 의식이 존재에 구속되어 있다. 여기서 존재 제약성이란, 이론 외적인 요인 즉 존재 요인이 사유를 발생시킨다는 것이다. 존재 요인이 사유에 대해 발생론적 의의만을 지닌 것이 아니라 나아가 사유의 내용이나 형식, 인식의 시각 구조에까지 결정적 영향을 준다.

존재 상황이란 사상의 역사적 발생에만 관련되는 것이 아니라 동시에 사유의 결과에까지 구조적으로 깊숙이 관여하면서 내용과 형식에도 반영된다. 이처럼 모든 사상이나 언표 내용을 일정한 시각 구조 더 나아가 이것을 산출한 존재상의 전제라고도 할 일정한 사회 구조와 상호 관련시키는 것이 지식 사회학의 기본 입장이다. 따라서 유토피아나 이데올로기도 마찬가지로 존재와 연관되어 그것에 제약되어 있는 것으로 간주된다. 이러한 입장에서는 어떤 것이 유토피아인지 아니면 이데올로기인지를 구분하는 객관적 기준을 제시하기 어렵다. 그래서 만하임은 현재 진행 중인 사상 투쟁에서 이러한 구분이 어렵다고 한 것이다.

만하임은 유토피아 개념을 비롯한 모든 지식을 상대화시키고 있는 것이다. 만하임이 마르크스주의를 비판하는 주요 논점들 중의 하나도 이와 관련되어 있다.7) 마르크스주의는 존재 제약성을 단지 자기의 적대자에게만 적용시키고 있으며 자기 자신에게는 적용시키고 있지 않다고 만하임은 비판한다. 만하임은 이러한 태도가 마르크스주의의 일관성을 해치고 있다고 하면서 이것은 탐구의 원칙을 포기한 것이라고 비판한다. 만하임은 마르크스주의를 단지 다양한 이데올로기들 가운데 새로 나타난 하나의 이데올로기에 지나지 않는 것으로 간주하고 있다. 이러한 점에 대해 마틴 제이는 다음과 같이 언급한다. "만하임은 모든 지식이 각각의 사회적 맥락에 근거하고 있다고 즉 존재에 구속되어 있다고 주장함으로써, 비판 이론이 고수했던 참된 의식과 허위 의식 사이의 마르크스주의적인 기본적 구분을 무너뜨린 것으로 여겨진다."8) 이처럼 만하임은 지식 사회학의 관점을 마르크스주의에도 철저하게 적용시켜 마르크스주의를 상대화시키고 있다.

이러한 상대주의적 태도는 만하임 자신이 제시한 근대의 네 가지 유토피아 의식의 유형과 발전 단계에도 나타난다. 만하임은 이러한 유토피아의 형태들에 대해 단지 시대적으로 나열하면서 서로의 차이점을 지적하는 데 그치고 있다. 일정한 역사적 단계에서 자유주의, 보수주의, 사회주의의 사상이 서로 투쟁을 벌일 경우에 어느 것이 유토피아이고 어느 것이 이데올로기인지를 판단하는 기준이 없다는 것이다. 왜냐하면 만하임은 특정한 계급이나 계층이 처한 상황에 따라 현실 판단의 척도가 달라진다고 보기 때문이다. 단지 이러한 싸움이 끝

---

7) 마르크스주의에 대한 만하임의 또 다른 비판 대상은 마르크스주의가 사회 집단을 세분화하지 않았다는 점이다. 만하임은 사회적 단위란 결코 마르크스주의처럼 계급만을 일컫는 것이 아니라, 세대, 생활권, 파벌, 직업 단체, 학교 등등이 될 수 있다는 것이다. 그래서 세분화된 사회 집단과 이에 상응하는 개념, 범주, 사고 모형의 세분화 현상을 고려해야 한다고 주장한다(*IU*, 237 참조).

8) M. Jay, 앞의 책, 63쪽.

난 후에 승패가 가려진 다음에야 사후적으로 유토피아와 이데올로기를 구분할 수 있다.

만하임은 자신의 입장이 상대주의를 함축하고 있다는 이러한 비판을 의식하고 있었다. 지식 사회학은 자신의 주제와 관련해서 "천재적 암시를 준 마르크스"에게서 첫 돌파구를 마련하였다. 만하임이 인정하듯이 마르크스주의는 지식 사회학의 기본적 사고 방식을 "최초로 방법론적으로 철저하게 완성하였으며" 그리고 "계급적 이해 관계에 대한 학설을 마무리하였다." 그런데 만하임은 이러한 마르크주의적 관점에서는 상대주의라는 인식론적 문제가 발생한다는 점을 알고 있었다.

"역사적 지식이 본질적으로 상관적이며(relational), 오직 입장에 연관된 것으로만 정식화가 가능하다는 사실에서 출발함으로써 이러한 인식론적 전환을 일단 이룩하였다면, 다시 진리 결정의 문제가 떠오르게 된다. 왜냐하면 어떤 입장이 최선의 진리를 위한 최대의 기회를 갖는지를 묻게 되기 때문이다."(*IU*, 72)

그러나 월러스틴이 지적하듯이, 만하임은 자신에게 가해진 상대주의라는 비판을 극복하기 위해 자신이 제기한 문제, 즉 진리와 허위를 가리거나 또는 진리에 도달하는 최선의 방법의 문제를 정말로 해결하지는 못했다.[9] 만하임은 진리에 도달하는 최선의 입장으로 어느 한 입장이나 계층에 뿌리를 내리지 않고 있는 '자유롭게 부유(浮遊)하는 인텔리겐치아'(die freischwebende Intelligenz)를 내세웠다. 인텔리겐

---

9) I. Wallerstein, *Unthinking Social Science: The Limits of Nineteenth Century Paradigms*, Polity Press, Cambridge, 1991, 174-175쪽 참조.

치아는 교양을 바탕으로 한 공동의 정신적 유산에 참여함으로써 그 성원 사이에 유대가 형성되었다. 이 인텔리겐치아는 스스로의 존립 근거에 대한 깊은 자성과 더불어 숙명적으로 전체를 위한 지적 관심을 대표하는 입장에 서서 종합적 진리의 담지자로서 동태성과 전체성을 확보할 수 있다는 것이다. 그러나 이것은 방어하기가 힘든 테제이었다. 비판 이론가들은 만하임이 찬양한 '자유롭게 부유하는 지식인 계급'이라는 개념을 수용하지 않았다. 이들은 부유하는 것처럼 가장하는 지식인들이 근본적으로 변동되어야 하는 존재에 근거하고 있다고 보았다.[10] 즉 지식인조차도 일정한 존재 상황에 제약되어 있기에 진리의 담지자가 될 수 없다는 것이다. 만하임의 견해에는 누가 종합적 진리의 담지자가 되어야 하는가라는 문제는 접어두고라도, 진리의 판정 기준이라는 면에서 만하임의 주장은 설득력이 없다고 윌러스틴은 말한다. 그래서 비록 만하임이 유토피아주의가 하나의 이데올로기라는 엥겔스의 견해 속에 깃들인 문제, 즉 상대주의 문제를 간파하기는 했지만 이런 문제를 궤변으로 해결할 수밖에 없었다는 것이다.

만하임은 진리의 판정 기준과 관련하여 자신이 내세운 입장인 상관주의를 상대주의와 혼동해서는 안 된다고 말하지만, 이 양자의 구분이 그렇게 명료하게 보이지는 않는다. 만하임에 따르면 상관주의(Relationismus)에서 말하는 상관화(Relationieren)란 사고나 언표 내용을 일정한 양식의 세계 해석과 관련시키는 것, 더 나아가서는 이러한 해석을 낳게끔 한 존재상의 전제라고도 할 일정한 사회 구조와 관련시키는 것이다. 즉 개개의 사고를 특정한 역사적, 사회적 주체의 전체 구조와 서로 상관 관계에 놓이도록 하는 것이다. 이에 비해 철학적

---

10) M. Jay, 앞의 책, 291-292쪽 참조.

상대주의(Relativismus)란 어떤 기준이나 질서의 존재의 타당성을 부정하는 입장이다. 상관주의는 논쟁의 진위를 판단하는 기준이 없다는 것이 아니라, 일정한 언표 행위는 절대적으로 정식화될 수 없고 단지 '입장에 구속된 시각 구조'를 통해서만 정식화될 수 있다는 의미이다. 만하임은 지식 사회학이 객관성이나 결정 가능성에 대한 요구를 포기하는 것이 아니라, 이러한 것들이 우회적 방법을 통해서만 성립될 수 있다고 본다. 즉 이러한 결정이 본질적으로 시각에 구속된 상태에서만 가능하다는 것이다. 이것이 바로 상관주의이다. 따라서 여기서는 각각의 주장이 임의적이라는 의미의 상대주의와는 다르다는 것이다.

그러나 만하임은 객관성이나 결정 가능성의 타당성이 어떤 방법으로 확보되는지에 대해 명료하게 밝히고 있지 않다. 모든 지식이나 사상이 존재 구속적이기에 여기에서 벗어나서 사태를 객관적으로 볼 수 있는 입장이나 관점이 존재하지 않기 때문일 것이다. 설사 만하임이 제시한 우회적 방법을 통해 어떠한 결정 과정에 영향을 미친 시각 구조나 존재 구조가 밝혀졌다고 할지라도, 이것이 그 결정의 객관성이나 타당성을 확보해 주는 것은 아니다. 만하임이 제안하는 '간격 유지 과정'(Distanzierungsprozesse), '상관화'(Relationieren), '특수화'(Partikularisieren) 과정을 통해서 어떤 한 집단의 내부에서 볼 때는 절대적이라고 생각되는 것이, 다른 외부인의 입장에서 보면 어디까지나 그 집단에 제약된 편파적인 것으로, 즉 특수한 입장에 제약된 것으로 인식된다고 하자. 그렇다고 할지라도 이러한 과정 자체가 사상이나 지식의 객관성을 확보해 주거나 또는 문제 상황에서 결정 가능성에 적극적으로 도움을 주는 것은 아니다. 어느 것이 현실 타파적이고 어느 것이 현실 옹호적인지를 투쟁의 과정에서는 객관적으로 판단하기 어려운 것이다. 따라서 유토피아와 이데올로기를 구분하려는 시도는,

상대주의를 함축하고 있는 지식 사회학의 기본 입장과 어긋나게 된다. 그리고 설사 사후적으로 이러한 구분이 가능하다고 할지라도 이것은 실천적으로 의미가 없다.

그렇다면 만하임은 왜 유토피아와 이데올로기를 굳이 구분하려고 했는가? 만하임이 유토피아를 이데올로기와 다른 어떤 것으로 구분하려고 시도한 점에 대한 엘리아스의 견해는 주목할 만하다.

"만하임이 모든 이론은 이데올로기적이라는 견해에도 불구하고, 그 성격상 확실히 이데올로기적인 유토피아 개념에 이데올로기 이상의 일종의 특별한 지위를 부여하고 있다는 사실은, 하나의 이데올로기로 사회주의를 상대화했을 때의 여러 함의들로부터 사회주의를 구출하기 위한 방법을 본능적으로 모색한 데서 기인하지 않았나 하는 생각이 종종 든다."[11]

만하임의 지식 사회학 관점에서는 모든 이론이나 사상이 존재에 구속되어 있는 이데올로기적 성격을 갖게 되므로, 사회주의도 역시 하나의 이데올로기에서 벗어나기 어렵다는 것이다. 그러나 만하임은 사회주의를 향한 자신의 본능적인 선호를 나타내기 위해 유토피아와 이데올로기를 구분하여 사회주의에 유토피아라는 특별한 지위를 부여했다는 것이다.

그러나 이러한 구분은 그의 전반적인 지식 사회학적 관점에서 수용되기 곤란한 측면이 있다. 이미 지적하였듯이 상대주의를 내포하고 있는 그의 지식 사회학적 관점에서는 유토피아와 이데올로기를 구분하는 타당한 기준을 설정하기가 곤란하다. 또 설사 이데올로기로터

---

11) Elias, "Notizen zum Lebenslauf", in P. Gleichmann et al., *Macht und Zivilization*, Frankfurt a.M., Suhrkamp, 1984, 36쪽. Wallerstein, *Unthinking Social Science*, 183쪽에서 재인용.

유토피아를 구분해 냈다고 할지라도, 여러 가지 유토피아들 중에서 어느 것이 더 타당한지, 어느 것을 선택해야 할지에 대한 판단 기준도 설정하기 어려워서 실천적으로도 기여를 할 수 없다. 지식 사회학적 관점에 토대한 만하임의 유토피아론은 각각의 유토피아에 대한 가치 판단이 들어설 자리가 없는 한계를 안고 있는 것이다.

4. 월러스틴의 '유토피스틱스' 개념

월러스틴도 근대적 유토피아 개념을 정립한 만하임과 마찬가지로 유토피아 개념이 그 동안 통상적으로 상당히 부정적인 의미로 사용되어 왔다는 점을 지적하면서 유토피아 개념의 긍정적, 적극적 의미를 살리려고 한다. 유토피아는 '지금까지 어디에도 존재한 적이 없는 곳'이나 또는 '지상에는 결코 존재할 수 없는 천상의 꿈'이라는 의미로 사용되어 왔다는 것이다. 특히 이러한 유토피아가 정치적으로 이용되면서 환상과 환멸을 낳았으며, 또 잘못을 정당화하는 데 악용되었다는 것이다.[12]

월러스틴은 이렇게 부정적 이미지를 갖고 있는 유토피아 개념에 긍정적이고 적극적인 의미를 부여하여 유토피아의 사회적 기능을 회복시키려고 시도하였다. 『사회 과학으로부터의 탈피』(1991)에서는 "유토피아는 기존 현실에 대해 비판적인 방식으로 항상 더 좋은 것을 정의해 가는 하나의 과정이다"라고 하면서 유토피아의 참된 의미를 되

---

12) I. Wallerstein, *Utopistics: or Historical Choices of the Twenty-First Century*, The New Press, New York, 1998, 1쪽 참조. (이하에서 이 책을 인용할 경우에 *Utopistics*와 쪽수로 표기한다.)

살리려고 하였다.

그러나 '유토피아'라는 용어는 실현 불가능한 것이라는 의미로 사용되거나 또는 그 의미가 왜곡되고 악용되면서 이에 대한 부정적 이미지가 매우 강하여 평판이 별로 좋지 않다고 보았다. 그래서 이와 다른 새로운 생산적인 용어를 사용할 필요가 있다고 생각하여 『유토피스틱스』(1998)라는 저작에서 이 책의 이름이기도 한 '유토피스틱스'라는 말을 의도적으로 고안해 내게 되었다고 말한다.13) 월러스틴이 밝히고 있듯이 'utopistics'는 'utopia'에 지식 활동의 의미를 갖고 있는 '-istics'라는 어미를 붙여 만든 신조어로서 '본격적으로 개선을 이룰 대안들에 대한 지식 활동'이라는 뜻으로 사용되고 있다.

그렇다면 유토피스틱스와 같은 작업이 왜 필요할까? 월러스틴은 우리가 위기에 처한 역사적 체제에 살고 있을 경우 무엇이 그것을 대체할지에 대해 본격적으로 관여할 수 있고 이와 더불어 상당한 범위의 진정한 역사적 대안이 주어진다고 보고 있다. 그리고 월러스틴은 지금을 바로 이러한 위기의 시기로 보고 있다.

"우리는 현존 세계 체제, 즉 자본주의 세계 경제로부터 다른 세계 체제나 체제들로의 이행기(transition)에 살고 있다. 우리는 이러한 이행이 더 나은 것이 될지 더 나쁜 것이 될지 알지 못한다. … 이 이행기는 갈등과 심각한 무질서의 시기가 될 것이며, 많은 사람들이 도덕적 체계의 붕괴로 간주할 시기가 될 것이다. 또한 이 이행기는 '자유 의지' 요소가 최대한에 달하게 될 시기일 것인데, 이것은 개인적 행동과 집단적 행동이 세계의 미래를 구조화하는 데 '정상적인' 시기, 즉 역사적 체제가 지속되는 시기보다 더 큰 영향을 미칠 수 있다는 것을 의미하는 것으로서 역설적인 것

---

13) 월러스틴 / 백낙청, 「21세기의 시련과 역사적 선택」, 『유토피스틱스』, 창작과비평사, 1999, 193쪽 참조.

은 아니다."(*Utopistics*, 35)

월러스틴은 현 시대를 위기의 시대, 즉 기존의 세계 체제가 무너지고 새로운 다른 체제가 들어서는 '이행기'로 진단하고 있다. 그리고 이러한 이행기 또는 변혁기에는 상대적으로 안정된 정상 상태보다는 훨씬 더 인간의 '자유 의지'가 개입할 여지가 많다는 것이다. 그래서 새로운 체제, 새로운 사회를 형성하는 데 의식적인 활동이 필요하며 따라서 이를 위해서는 가능한 대안들을 탐구하고 평가하는 지식 활동인 유토피스틱스가 요청된다는 것이다. "모든 역사적 체제들이 종말에 이른다는 것을 우리가 믿는다면, 우리가 살고 있는 이 체제도 역시 그럴 것이다. 또한 현존 체제의 장기적 추세들이 그것을 체제적 위기 또는 '이행'의 지대로 몰아넣는다 것을 믿는다면, 지금은 우리가 유토피스틱스 작업을 시작해야 할 더없는 때이다."[14]

이처럼 월러스틴은 이미 『사회 과학으로부터의 탈피』에서 세계 체제론(world-systems theory)이 앞으로 탐구해야 할 과제들 중의 하나로 유토피스틱스 작업을 지적하면서[15] 장래의 역사적 선택들에 대한

---

14) I. Wallerstein, *Unthinking Social Science*, 270쪽.
15) 세계 체제론은 근대화론을 비판하면서 1970년대에 형성되기 시작했다. 세계 체제론은 민족 국가가 장기적으로 발전한다든가 상대적으로 자율적인 사회라는 점을 부인하면서 사회적 연구의 적절한 분석 단위가 '민족 국가'가 아니라 '세계 체제'라고 주장한다. 이러한 세계 체제는 다른 체제로 이행이 가능한 역사적 체제라는 것이다. 그리고 근대에 형성된 세계 체제로서의 자본주의적 경제는 중심부가 주변부로부터 잉여 가치를 착취하고 있는 형태를 취하고 있다고 본다. 월러스틴은 세계 체제론의 앞으로의 과제로 다음 네 가지를 지적하고 있다. ① 자본주의 세계 경제 이외의 세계 체제들에 대한 이론을 정립하는 것, ② 자본주의 세계 경제의 양극화를 정의하고 측정하는 방식을 정립하는 것, ③ 장래의 역사적 선택에 대한 연구 작업인 유토피스틱스에 착수하는 것, ④ 통합 학문적인(unidisciplinary) 것을 이론적, 방법론적, 조직적으로 수행하는 것.

연구를 통해 그 대안들의 득과 실을 평가해야 한다고 주장한다. 월러스틴이 말하는 유토피스틱스는 구체적으로 다음과 같은 의미를 담고 있다.

"유토피스틱스는 역사적 대안들에 대한 진지한 평가이며, 가능한 대안적인 역사적 체제들의 실질적인 합리성(substantive rationality)에 대한 우리의 판단 행위이다. 이것은 인간의 사회적 체제들과, 이 체제들이 지닌 가능성의 한계, 그리고 인간의 창조성이 발휘될 수 있는 영역에 대한 냉철하고 합리적이며 현실주의적인 평가이다. 그렇다고 완벽한 (그리고 불가피한) 미래의 모습이 아니고, 대안적이며 신뢰할 수 있을 만큼 더 좋고 그리고 역사적으로 가능한 (그러나 확실한 것과는 거리가 먼) 미래의 모습인 것이다. 따라서 이것은 과학과 정치학, 도덕에서 동시에 이루어지는 작업이다."(*Utopistics*, 1-2)

위에서 알 수 있듯이 유토피스틱스는 실현 가능한 역사적 대안들의 실질적 합리성을 평가하는 지적 활동이다. 그리고 이러한 '더 좋은 실현 가능한 대안적 사회'를 탐구하기 위해 과학, 정치학, 도덕 등 제반 학문의 통합적 연구를 요구한다. 이러한 '유토피스틱스'에서 추구하는 새로운 사회상의 주요 특징은 대안성, 현실 비판성, 실현 가능성, 진보성이라고 할 수 있다.

5. 만하임과 월러스틴의 유토피아론 비교

월러스틴의 이러한 유토피스틱스 개념은 근대적 유토피아 개념을 잘 보여주는 만하임의 유토피아 개념과 우선 '실현 가능성'이라는 측면에서 공통점을 갖고 있다. 월러스틴이 자신이 고안한 유토피스틱스 개념을 사용하게 된 가장 결정적인 이유들 중의 하나는 '역사적 실현 가능성'이라는 문제 때문이었다. 유토피아라는 용어가 실현 불가능한 환상이라는 부정적 이미지가 강해서 이 용어의 사용을 포기하고 유토피스틱스라는 개념을 고안한 것이다. 그래서 역사적 실현 가능성이 유토피스틱스 개념의 핵심이 되고 있다.

월러스틴은 우리가 아무 것이나 할 수 있는 것은 아니기에, 세계를 멋대로 조작하는 철인왕이 아니라는 인식을 해야 한다고 말한다. 비록 주어진 가능성을 최대한으로 확장하여 새로운 방향으로 나아가고자 하더라도, 어디까지나 "실제로 현실성이 있고 가능한 것들의 틀 안에서"[16] 이러한 방향을 모색해야 한다고 강조한다. 그래서 월러스틴은 이런 측면에서 만하임을 상당히 높게 평가한다. "우리가 유토피아를 요구하지 않는다면, 우리는 이성적 의지를 요구하지 않았을 것이라는 만하임의 결론은 절대적으로 옳다. 게다가 유효하지 않은 유토피아는 유토피아라고 불릴 만한 자격이 없다는 말도 또한 옳다."[17]

이처럼 월러스틴은 유토피아의 적극적이고 긍정적인 사회적 기능을 인식한 만하임을 긍정적으로 평가한다. 또 만하임이 유토피아의 중요한 요소로서 실현 가능성이라는 실천적 성격을 강조한 점은 매우 타당하다고 평가한다. 그래서 월러스틴은 유토피아를 실현 불가능한 공상이 아니라 만하임처럼 유효하고 합리적인 변혁의 매개물로 간주한다. 즉 일정한 역사적, 사회적 맥락 속에서 실현 가능한 대안이나 새로운 사회상을 제시하는 것으로 유토피아를 자리매김하고 있다. 따라

16) 월러스틴 / 백낙청, 「21세기의 시련과 역사적 선택」, 『유토피스틱스』, 창작과비평사, 1999, 194쪽.

17) I. Wallerstein, *Unthinking Social Science*, 183쪽.

서 유토피아의 적극적인 사회적 기능을 인정하고 또 역사적 실현 가능성을 유토피아의 중요한 특성으로 간주한 점에서 만하임의 유토피아 개념과 월러스틴의 유토피스틱스는 공통점을 갖고 있다.

그러나 다른 한편으로 만하임과 월러스틴의 유토피아론에는 차이점이 있다. 이미 위에서 지적하였듯이 만하임은 지식 사회학적 입장이 안고 있는 상대주의적 경향을 의식하고 이로부터 탈피하기 위해 몇 가지 시도를 하였지만, 그러한 시도는 그다지 성공적이지 못하였다. 월러스틴도 이러한 점에 주목하여 만하임의 유토피아론을 비판했다. 월러스틴은 이데올로기와 유토피아를 대립시킨 만하임의 견해가 잘못이라고 비판하면서, 엥겔스의 입장에 동조하여 "유토피아는 항상 이데올로기적이다"라고 주장한다. 비록 만하임이 이러한 엥겔스 주장에 깃든 상대주의적 문제를 간파하고 이를 이데올로기와 유토피아의 구분을 통해 해결하려고 했지만, 그러나 이 문제를 그러한 방식으로 해결하려는 것은 설득력이 없다는 것이다.

또 만하임은 자신에게 가해진 상대주의라는 비판을 피하기 위해, 진리에 도달하는 최선의 입장으로 '자유롭게 부유하는 인텔리겐치아'를 내세웠다. 그러나 월러스틴은 이 테제가 방어하기 힘들다고 하면서, 만하임의 설명을 궤변적이라고 비판한다. 월러스틴은 기존 현실을 비판하고 좀더 좋은 것을 정의해 나가는 과정인 유토피아의 작업은 소수가 아니라 다수에 의해서 가능하다고 본다. "사회적으로 중립적인 인텔리겐치아도, 그 어떠한 정당도 이러한 변혁을 불러일으킬 수 없다. 그렇다고 해서 다른 한편으로 이들이 전혀 아무런 역할도 할 수 없다는 것을 말하는 것은 아니다." 즉 유토피아의 이론적, 실천적인 주체는 만하임이 내세우는 가치 중립적인 인텔리겐치아도 아니고 정통 마르크스주의가 내세우는 전위적 정당도 아니라는 것이다. 주체는

이러한 소수가 아니라 다수로서, 이들 다수가 자신을 위해 스스로 나설 수밖에 없다는 것이다.[18]

월러스틴과 만하임의 유토피아론에서 가장 핵심적인 차이점은, 월러스틴이 가능한 역사적 대안들의 실질적 합리성에 대한 평가를 강조한 점이다. 이것은 만하임에 가해진 상대주의라는 문제를 해결을 하기 위한 하나의 전략으로 볼 수 있다. 유토피스틱스는 역사적으로 가능한 여러 가지 대안들을 비교하고 판단하며 그 중에서 더 좋은 대안을 모색하여 그것을 지향하는 것이다. 이 과정에서 중요한 것이 바로 '실질적 합리성'에 대한 평가이다. 위에서 지적했던 '진보성'이라는 유토피스틱스 개념의 특성에서 알 수 있듯이, 유토피스틱스는 '확실히 더 나은' 미래의 모습, 즉 진보적 사회를 추구한다. 따라서 이러한 진보성을 확보하기 위해서는 여러 가능한 대안들을 비교하여 평가하는 작업이 필요한데, 이것이 바로 '실질적 합리성'에 대한 평가이다.

여기서 실질적 합리성이란 베버가 사용한 개념으로서 '형식적 합리성'과 대조된다. 형식적 합리성(formale Rationalität)이란 특정 목적을 효율적으로 달성하기 위한 수단을 선택하기 위해 기술적이고 계산적으로 행위하는 것으로서 수단의 합리성이라고 할 수 있다. 이에 비해 실질적 합리성(materiale Rationalität)이란 가치 평가적인 전제가 되는 정치적, 윤리적 요구와 같은 궁극적인 가치에 의거하여 판단하고 행위하는 것으로서 가치의 합리성이라고 할 수 있다.[19]

---

18) 월러스틴은 토마스 모어의 '유토피아'에서는 공복(公僕)이 변혁의 주체로 설정되어 입법을 통한 개혁을 시도한다고 본다.

19) M. Weber, *Wirtschaft und Gesellschaft*, J. C. B. Mohr, Tübingen, 1972, 44-45쪽 참조. 베버에 있어서 형식적 합리성은 목적의 효율적인 성취를 추구하는 목적 합리적(zweckrational) 행위와 관련되며, 실질적 합리성은 궁극적이고 절대적인 가치를 추구하는 가치 합리적(wertrational) 행위와 관련된다.

월러스틴은, 잉여 가치의 착취가 이루어지는 기존 사회를 해체하고 이를 대체할 새로운 사회를 구성하기 위한 대안적 전략이나 시나리오를 세울 때, 반성적이면서 도덕적인 적극적 지성과 적극적 조직력이 요구된다고 주장한다. 대안적 체제를 평가하고 선택하는 작업에서 도덕적 가치 평가의 중요성을 강조하고 있는 것이다.

> "물론 우리의 도덕률은 우리에게 최선의 목표에 대한 지침을 제공하고
> 자 한다. 그리고 정치는 이러한 목표의 현실적 성취에 관한 일이며, 적어
> 도 그렇다고 주장한다. 유토피스틱스는 우리의 목표가 무엇이어야 하는가,
> 다시 말해서 수단이라 불리는 부차적이고 부수적인 목표가 아니라 우리의
> 전반적인 목표에 대해 과학과 도덕 그리고 정치학으로부터 우리가 배우는
> 것을 조화시키는 일이다."(*Utopistics*, 2)

유토피스틱스는 단지 특정 목적을 달성하기 위해 필요한 효율적인 수단을 탐구하는 활동, 즉 형식적 합리성만을 평가하는 것이 아니다. 이것은 실질적 합리성을 평가하는 활동으로서 목적 자체, 즉 최고의 목적을 탐구하여 결정하는 학문적 활동이다. 우리가 어떤 목적을 설정해야 하는지, 어떤 목표가 최선인지를 판단하는 작업이다. 이것은 어떠한 새로운 사회적 원리 그리고 어떠한 새로운 사회적 모습이 우리의 대안적 체제가 되어야 하는지를 평가하는 작업이다. 이것은 가능한 다양한 유토피아들을 비교하고 평가하여 그 중에서 더 나은 유토피아를 선택하는 작업이다.

월러스틴의 이러한 입장은 '비판 이론'의 전통과 맥을 같이 하고 있다. 호르크하이머는 '전통 이론'과 '비판 이론'을 구분하면서 전통 이론을 비판한다. 전통 이론에서는 사업이나 과학적 작업 등 사고 행위의 능력은 그 '효과'에 의해서 판단된다. 즉 기존 질서를 유지하는 데

얼마만큼 효과적으로 기여하느냐가 판단의 기준이다. 이에 비해 비판 이론은 기존 질서를 비판하면서 그것을 불변의 것으로 간주하지 않는다. 오히려 기존 질서를 변화 가능한 것으로 간주하면서, 이성적인 사회를 건설하려고 한다. 여기서는 '구성적 사고'가 중요한 역할을 하며, 이론가들은 정당한 사회로의 발전을 추구한다. 마르쿠제도 우리의 이성이나 학문이 단지 수단적 효율성의 논리만 추구하는 것을 비판하면서 이것을 '1차원적'이라고 명명하였다. 이에 비해 목적 자체의 합리성과 정당성을 고찰하고 평가하는 것을 '2차원적'이라고 명명하면서 이러한 2차원성을 회복할 것을 강조한다. 우리의 이성이나 학문이 기술적 도구적 합리성에 매몰되지 않고 목적 자체의 정당성과 합리성을 추구하는 실천적 합리성을 확보하려고 한다는 점에서 월러스틴과 비판 이론은 공통점을 갖고 있다.

그렇다면 실질적 합리성에 대한 평가는 어떤 방식으로 가능할까? 월러스틴은 가능한 역사적 대안의 실질적 합리성을 평가하는 유토피스틱스를 위해서는 "과학과 정치학, 도덕에서의 동시적인 작업"이 요구된다고 말한다.

그는 과학, 정치학, 도덕의 밀접한 연관이 근대 과학의 정신에 어긋나지 않는다고 하면서 뒤르켐의 말을 인용한다. "과학이 우리가 최선의 목표를 선택하는 데 도움을 줄 수 없다면, 과학이 목표에 도달하는 최선의 경로를 어떻게 지시해 줄 수 있겠는가?"(*Utopistics*, 2) 즉 과학이 최선의 목표를 선택하는 실질적 합리성을 평가하는 작업에 도움을 줄 수 있다는 것이다. 전반적인 목표를 정립하는 것이 어려운 작업이지만 그러나 체제의 분기점이나 역사적 이행기에는 이러한 것을 실현할 수 있다는 것이다. 그리고 과학은 이러한 도덕적이고 정치적인 결정을 내리는 데 중요한 역할을 담당한다. 그래서 이행기에는 정치적, 지적, 도덕적 선택들 사이의 실제적 구분이 점점 더 약해지고 있다고 말한다.

유토피스틱스에서 과학, 정치학, 도덕의 밀접한 연관성을 강조하는 월러스틴의 태도는 그의 학문관과 직접 관련되어 있다. 월러스틴은 19세기의 사회 과학이 우리의 판단을 그르치고 편협하게 만든다고 하면서 이로부터 '탈피'(unthinking)할 필요가 있다고 강조한다. 이러한 19세기 사회 과학의 문제점들 중의 하나가 바로 학문의 세분화와 고립화이다. 그래서 "19세기 사회 과학의 가장 끈질긴 (그리고 그릇되게 이끄는) 유산, 즉 경제적인 것, 정치적인 것, 사회-문화적인 것이라는 세 분야, 세 논리, 세 '수준'으로의 사회 분석을 구분하는 것을 극복하는 길"[20]을 모색해야 만 우리가 지적으로 전진할 수 있다고 말한다.

월러스틴은 학문 분과의 통합의 필요성을 주장하면서 이것을 세계 체제론의 중요한 과제들 중의 하나로 제시하고 있다. 그에 따르면 이러한 세 분야는 밀접하게 서로 연관되어 있다. 모든 경제적 활동은 사회 문화적 규범 및 편향들을 드러내며 또 정치적인 제약 요소들 안에서 이루어진다.

시장들 자체가 사회-정치적인 창조물이다. 또 모든 정치적 활동은 사회-문화적 목적들의 보강뿐만 아니라 경제적 이익의 추구라는 목적에도 이바지한다. 마찬가지로 사회-문화적 활동은 그 자체가 경제적, 정치적 입지에 의해서 가능하다. 이처럼 "제약 요소들, 선택안들, 결정들, 규범들, '합리성'들이 마치 그물망처럼 서로 뒤얽혀 있어서, 경제와 정치, 사회의 범주들에 따라 '요소들'을 격리시킬 수 없다"[21]는

---

20) I. Wallerstein, *Unthinking Social Science*, 4쪽.
21) 같은 책, 242쪽.

것이다. 즉 이러한 세 영역은 자율적인 사회 행위의 장이 아니기에 개별적인 논리들을 갖고 있지 않다는 것이다. 그는 단 하나의 '규칙들의 체계'나 '제약 요소들의 체계'가 있을 뿐이라고 주장한다. 월러스틴은 바로 이러한 통합 학문적 관점에서 실질적 합리성을 평가하는 작업에서도 도덕뿐만 아니라 과학과 정치학이 도움을 줄 수 있다고 보는 것이다.

월러스틴에 따르면, 근대 세계에서는 자신의 주장에 대한 지지를 얻기 위하여 많은 사람들에게 호소하며, 이를 통해 정당성을 확보하게 된다. 정당성이란 특정 종류의 설득이 핵심 성분으로 포함되는 장기적인 과정의 결과이다. 즉 체제 구조의 덕택으로 장기적으로 처지가 더 나아질 수 있다는 점을 설득하면서 지지를 호소한다. 이렇게 새로운 사회 질서를 재창출하는 일은 대안적 체제를 구성하는 일과 함께 이에 대한 정당화 작업이 요구된다. 체제를 정당화하기 위해서는 합리적 주장이 필요한 것이다. 그리고 이러한 합리적 주장들은 과학의 담론으로 제공되며, 공인된 과학적 지식을 근거로 그 타당성을 주장한다. 물론 과학적 지식도 절대적으로 참인 것은 아니다. 따라서 실질적 합리성을 구성하는 과정에서 집단적 지식의 타당성 문제가 핵심적인 쟁점이 된다.

월러스틴의 이러한 논의는 하버마스의 '의사소통 행위 이론'을 수용했다고 볼 수 있다. 하버마스에 따르며 의사소통적 합리성을 바탕으로 행위의 목적이나 목표의 설정과 같은 가치 문제에 대한 합의를 도출할 수 있다. 인간에게는 의사소통 능력을 통해 합의에 도달하고 그것을 실천에 옮길 수 있는 행위 능력이 있다는 것이다. 그리고 이를 위해 제반 담론의 영역에서 타당성을 확보하려고 시도한다.

이처럼 월러스틴은 새로운 사회를 구성하기 위해서는 대안적 체제를 선택하여 구성하고 이를 정당화하는 작업이 요구되는데, 이때 합리적 주장을 하기 위해 과학이 필요하다는 것이다. 따라서 유토피스틱스는 과학, 정치학, 도덕의 성과물을 활용하여 단순한 수단이 아니라 전반적인 목표를 설정하는 작업으로서 여기서는 실질적 합리성에 대한 평가가 핵심이 된다.

만하임의 유토피아론에는 유토피아의 실질적 합리성과 관련된 도덕적 가치 평가가 배제되어 있으며, 이를 정당화하기 위한 절차나 과정에 대한 논의도 빠져 있다. 이것은 이미 지적하였듯이 그의 지식 사회학이 내포하고 있는 상대주의로 인한 것이다. 이에 비해 월러스틴은 유토피스틱스에서 가능한 역사적 대안들에 대한 실질적 합리성을 평가하는 작업을 강조하면서 이를 위해 과학, 정치학, 도덕 등이 서로 통합될 수 있음을 밝히고 있다. 비판 이론의 기본 입장을 수용한 것으로 보이는 이러한 전략을 통해서 월러스틴은 만하임과는 달리 가능한 대안이나 유토피아에 대한 가치 평가가 들어설 자리를 마련하려고 했던 것이다.

유토피스틱스는 '기존 현실을 비판하면서 더 좋은 실현 가능한 대안적 사회'를 탐구하는 작업이다. 따라서 이것을 유토피아 개념으로 수용한다면 유토피아 개념은 대안성, 현실 비판성, 실현 가능성, 진보성이라는 특성을 갖추어야 한다. 월러스틴의 이러한 논의는 비판적 사회 이론에서 유토피아가 현실 비판과 현실 변혁의 유용한 도구로 자리잡는 데 도움이 되리라 본다.

『철학』 67집, 2001년 5월

2장

비판적 사회 이론에서 유토피아가 왜 중요한가?

블로흐의 논의를 중심으로

철학의 기본적 주제는 아직 이루어지지 않은,
아직 성공을 거두지 않은 고향에 관한 문제이다.

바로 가장 가까운 근처로 침투하기 위해서는 가장 강력한 망원경,
잘 연마된 유토피아적 의식이라는 망원경이 필요하다.

— 블로흐, 『희망의 원리』

1. '희망의 원리'로서 유토피아

비판적 사회 이론은 기존 현실을 비판하는 데 그치는 것이 아니라 여기서 나아가 더 좋은 사회를 추구한다. 따라서 여기서는 더 좋은 사회란 어떤 상태를 가리키는지를 규명하는 이론적 작업이 필요하며, 이를 위해서는 그것의 구체적인 사회적 원리와 모습을 그려보고 이를 평가하는 유토피아론이 중요한 역할을 담당하게 된다. 그래서 마르쿠제와 같은 비판이론가들은 실증주의적 경향에 의해 상실된 유토피아적 차원을 복원시키기 위해 많은 이론적 노력을 기울였던 것이다.

블로흐는 실증주의적 경향에 의해 유토피아적 차원이 상실되고 있는 이론적 현실을 비판하면서 철학에서 유토피아적 차원이 얼마나 중요한 의의를 지니는지에 대해 언급하고 있다. "우리는 누구인가? 우리는 어디서 오는가? 우리는 어디로 가는가? 우리는 무엇을 기대하는가? 무엇이 우리를 기다리고 있는가?"[1] 블로흐는 이 물음들이 매우 중요함에도 불구하고 이에 대해 많은 사람들이 혼란을 느끼고 있는데 그 이유들 중의 하나는 희망을 상실한 서구 철학 때문이라고 본다. 최근 서구의 '철학의 빈곤'은 오직 상승 내지는 초월을 남에게 저당 잡히고 있기 때문에 '빈곤의 철학'을 제시하고 있을 뿐이라는 것이다. 즉 실증주의를 비롯한 서구 철학이 주어진 사실에 대한 분석과 기술에 그치고 있어서 상승이나 초월과 관련된 희망을 제대로 연구하지 못하고 있다는 것이다. 심지어 마르크스조차도 어느 정도 이러한 전통적 사고 방식에 둘러싸여 있었는데, 여기서는 인간뿐만 아니라 희망조차도 사악한 것으로 치부되었다고 본다.

블로흐는 '아직 의식되지 않은 것'(das Noch-Nicht-Bewußte)이나 '아직 이루어지지 않은 것'(das Noch-Nicht-Gewordene)으로서의 '미래'나 '희망'이 철학의 영역에서 지금까지 아주 적절하게 해명된 적이 없었다고 본다. 칸트나 헤겔에 의해 희망이 탐구되었지만 그러나 그것이 제대로 되지 못했다는 것이다. 희망의 속성을 가장 깊이 탐구한 헤겔의 경우에도 과거에 존재했던 어떤 것이 앞으로 도래할 어떤 것을 압도하고 있어서 이미 이루어진 것의 집약체가 '미래', '전선', '새로움'과 같은 카테고리를 방해하고 있다고 본다.

---

1) E. Bloch, *Das Prinzip Hoffnung I*, Suhrkamp, 1977, 1쪽. (이하에서 이 책을 인용할 경우에는 *Hoffnung I*과 쪽수로 표기한다.)

블로흐는 이러한 태도를 비판하면서 "아직 이루어지지 않은 가능성을 기대하고 희망하며 지향하는 것"과 같은 유토피아적 의식을 인간 의식의 기본 형태로 간주하고 있다. 블로흐는 "각각의 예술 작품이나 주요 철학은 하나의 유토피아적 창문을 갖고 있었거나 갖고 있다"고 말하였다. 즉 예술과 철학은 유토피아적 창을 통해 새롭게 형성되는 어떤 풍경을 제시하는데, 이것은 '아직 이루어지지 않은 것' 즉 유토피아적 요소와 관계된다. 인간의 영혼 속에 '아직 의식되지 않은 것'이 떠오르듯이, 그렇게 이 세상에서 '아직 이루어지지 않은 것'이 창조된다. 세계 전체 속에는 아직 개념화되지 않은 놀라운 '새로운 무엇'이라는 카테고리가 내재해 있다. 인간과 세상에 대한 모든 지식은 근본적으로 유토피아라는 기본적 소재를 함축하고 있다.

블로흐는 이와 관련하여 인간의 사고에서 초월적 행위가 중요한 기능을 맡고 있다고 본다. '초월'은 기존의 현실에서 찾아낼 수 없는 어떤 새로운 것을 포착하는 행위로서 새로운 무엇으로 향하는 의지를 요구한다. 또 역사 속에 담겨 있는 변증법적으로 이행하는 경향성을 인식할 뿐만 아니라 그것을 추동한다. 왜냐하면 진정한 존재란 실제로 주어진 현실에는 거의 존재하지 않기 때문이다. 그래서 블로흐는 아직 이루어지지 않은 것, 아직 성공을 거두지 않은 것에 관한 문제가 철학의 기본 테마라고 한다. 철학적 테마의 징표는 '아직 아니다' (Noch-Nicht)이다. 즉 철학에서 다루어야 할 중요한 주제는 유토피아와 같은 미래의 희망과 관련된 것이다. 지금까지의 많은 철학자들이 존재의 고유성을 이미 '존재론적으로 정적이고 폐쇄적인 것'으로 규정하였는데, 이러한 존재 개념과 결별한다면 '희망'의 실질적 차원이 다시 떠오르게 된다는 것이다. '본질'은 결코 과거 속에 있지 않으며, 오히려 그 반대로 최전방의 미래에 있다는 것이다.

유토피아는 '더 나은 삶에 대한 꿈'으로서 희망을 토대로 한 미래 지향적 표상이다. 이것은 현실을 초월하는 의식으로서 기존 현실을 비판하고 변혁하려는 의지를 불러일으킨다. 블로흐나 비판 이론가들은 기존 현실을 초월하여 더 좋은 사회를 추구하려는 이러한 유토피아적 의식을 인간 이성의 본질적 측면의 하나로 간주하고 있다. 그리고 현실이나 존재 그 자체도 고정적이고 폐쇄적인 것이나 단순하게 주어진 사실로서가 아니라, 인간의 능동적인 실천적 활동에 의해서 변화 가능한 것으로 간주하고 있다. 특히 기존 현실이 억압적일 경우에는 이러한 현실을 초월한 아직 이루어지지 않은 미래가 진리나 본질을 담지하고 있다고 보았다. 따라서 이러한 측면에 보았을 때 철학이나 비판적 사회 이론에서 유토피아가 갖는 의의는 매우 크다고 할 수 있다.

2. 유토피아는 어떤 역할을 담당하는가?

마르크스 사상이 실증주의, 과학주의로 인해 반유토피아주의적 경향을 강하게 띠고 있음에도 불구하고 마르크스는 초기 저작뿐만 아니라 후기 저작에서도 때때로 초기 사회주의자들을 긍정적으로 평가하면서 유토피아의 역할에 대해서도 언급하고 있다. 비록 초기 사회주의가 현실에 기반하고 있지 않아서 비과학적이고 공상적이지만 그러나 다른 한편으로 그들의 유토피아론에 긍정적 측면도 있다는 것이다.

마르크스는 푸리에, 오웬 등에 의해서 대표되는 19세기의 초기 사회주의가 18세기의 프랑스 유물론에 그 근원을 두고 있다고 하면서 모든 사회주의의 이론적 체계를 단지 '공상적'이라고 매도하는 태도는 옳지 않다고 말한다. 마르크스는『철학의 빈곤』에서 프루동의 소시민적 성격을 비판하면서 초기 사회주의의 긍정적 측면을 언급한다. 프루동이 초기 사회주의자들보다 더 못한 점은 "비록 사변적이라고 할지라도 부르주아적 지평선을 넘어서려고 하는 용기나 통찰력을 충분히 갖고 있지 않았기 때문"[2]이라는 것이다. 마르크스는 초기 사회주의자들이 사변적으로나마 '부르주아적 지평선을 넘어설 용기와 통찰력'을 갖고 있다고 본 것이다. 즉 그들이 제시하는 유토피아적 전망이 비록 현실성은 없지만 그래도 기존 자본주의 사회의 한계를 뛰어넘어 새로운 사회의 모습을 보여주는 통찰력이 있다는 것이다. 마르크스는 다른 곳에서도 프루동을 비판하는 반면에 초기 사회주의자들에 대해서는 그들의 유토피아가 "새로운 세계에 대한 예견이자 환상적인 표현"[3]이라고 말하고 있다. 이처럼 마르크스는 초기 사회주의자들의 유토피아가 기존 사회를 초월하는 상상력을 토대로 새로운 사회에 대한 예기적 성격을 지닌다는 점에서 긍정적 측면이 있다고 보았다.

마르크스는 또한 초기 사회주의자들의 유토피아가 현실 비판적 성격을 지닌다는 점도 긍정적으로 평가한다. 마르크스는『공산당 선언』에서 비록 이들이 프롤레타리아 해방을 위한 물질적 조건이 결여된 상태에서 프롤레타리아의 독자적 역할을 제대로 인식하지 못한 한계가 있지만 그러나 긍정적 측면도 있다고 하였다. "이러한 사회주의 및 공산주의 저술들에는 비판적 요소도 들어 있다. 그 저술들은 현존 사회의 모든 기초를 공격한다. 그러므로 그것은 노동자들의 계몽을 위한 가장 가치 있는 자료를 제공했다."[4] 즉 유토피아적 미래상이 기존

---

2) K. Marx, *Das Elend der Philosophie*, MEW 4, 144쪽.

3) K. Marx, "Brief von K. Marx an L. Kugelmann vom 9. Oktober 1866", MEW 31, 530쪽.

의 사회 질서의 문제점을 공격하는 데서 비판의 기준이 되었다는 것이다.

이처럼 마르크스의 저작에 부분적으로 드러나듯이 유토피아는 기존의 현실을 초월하여 새로운 사회를 미리 보여주는 예기적 성격을 지니며 또 기존의 질서를 부정하는 비판적 성격을 지닌다. 그래서 유토피아는 현실 비판과 변혁의 도구로 기능할 수 있다.

물론 유토피아가 실현 불가능한 공상으로서 현실 도피적인 부정적 기능을 하는 경우도 있다. 이러한 문제와 관련하여 블로흐는 낮꿈과 밤꿈을 구분하면서 유토피아를 낮꿈과 연관시킨다. 밤꿈은 아편의 기능을 담당하면서 퇴행적인 데 비해, 낮꿈은 새로운 계획에 대한 광기로서 진보적이라는 것이다. 노동자의 의식 속에는 낮꿈들(Tagträume)이 형성되는데, "이러한 낮꿈들은 결핍으로부터 발생한 것으로서 이러한 결핍을 제거하기를 원한다." 따라서 낮꿈들은 '더 나은 삶에 대한 꿈들'이라는 것이다.

그런데 낮꿈들 중에서 비참한 현실을 일시적으로 잊게 해주는 대리 만족적 기능을 하는 '도피적 꿈'도 있지만, 그러나 대부분의 '갈망의 낮꿈'은 현실로부터 시각을 돌리지 않는다. 이것은 '현실적 상황이 어떻게 점진적으로 변화하고 있는가?' 그리고 '주어진 현실 여건이 어떠한 지평 속에서 해결될 것인가?'를 예의 주시한다. 그렇게 함으로써 낮꿈은 사람들에게 용기와 희망을 준다. 낮꿈은 인간과 관련된 미래의 무엇을 선취하게 하고, 이를 인간의 의식 속에 증폭시킨다. 유토피아 사회상은 낮꿈이라는 안식처를 토대로 하고 있다. 이처럼 블로흐

---

4) K. Marx / F. Engels, *Manifest des Kommunistischen Partei*, MEW 4, 490-491쪽.

는 유토피아로서 낮꿈을 현실에 기초하면서 이러한 현실을 개선하여 좀더 진보적인 유토피아적 사회를 만들려고 하는 선취된 의식으로 보고 있다. 이처럼 비판성, 실현 가능성, 대안성, 진보성 등의 특성을 갖춘 유토피아는 사회 비판과 사회 변혁의 기능을 수행하게 된다. 여기서는 이러한 유토피아가 비판적 사회 이론에서 어떤 역할을 수행하는지 몇 가지 측면으로 구분하여 살펴보도록 하자.

1) 예기적 기능 : 선취된 의식으로서 미래 지향성

유토피아는 미래 사회상을 예기하는 기능, 즉 미래 사회상을 미리 선취하여 보여주는 기능을 담당한다. 만하임이 지적하였듯이 유토피아의 중요한 특성들 중의 하나는 현실 초월성으로서 이것은 기존 현실을 넘어서는 새로운 사회 질서와 모습을 미리 보여준다. 마르쿠제는 유토피아적 상상력이 무의식에 보존된 과거의 행복했던 기억을 되살려 유토피아적인 미래상을 보여주는 예기적 성격을 갖고 있다고 말한다. 즉 유토피아는 태초의 황금 시절뿐만 아니라 또한 아직 실현되지 않았으나 그러나 실현 가능한 세계에 대한 전망을 보여준다는 것이다. 미학적 상상력의 자유로움과 창조력에 의해 형성된 유토피아는 과잉 억압적인 기존 질서와 다른 '억압 없는 문명'이라는 새로운 미래상을 제시해 준다. 유토피아의 이러한 예기적 기능과 관련하여 블로흐는 다음과 같이 말한다.

"아직 의식되지 않은 것 전체는 한 시대와 그 세계에서 아직 이루어지지 않은 것을 세계의 최전선에서 심리적으로 보여주는 것이다. 아직 의식되지 않은 것을 의식하게 하고, 아직 이루어지지 않은 것을 형상화하는 일은 오직 구체적인 선취(Antizipation)가 이루어지는 이러한 공간에서만

가능하다."(*Hoffnung I*, 143)

아직 의식되지 않은 것은 무의식으로서 새로움을 준비하고 혁신적인 무엇을 생산할 수 있는 영역이다. 여기에서 유토피아는 현재 아직 의식되지 않았거나 현실 속에서 아직 이루어지지 않은 것을 형상화해서 보여준다. 예를 들면 역사에 등장한 각각의 유토피아론은 다음 시대의 경향을 미리 표출시키면서 각각의 유토피아적 미래상을 보여주고 있다. 아우구스티누스에게서는 서서히 싹트는 봉건 경제가, 모어에게서는 자유로운 상업 자본이, 캄파넬라에게서는 절대주의적인 매뉴팩처가, 생시몽에게서는 새로운 공업적 생산이 각각 커다란 작용을 하고 있는 것이다. 그래서 헤르쫄러는 유토피아 사상가를 '사회 발명가'(social inventor)라고 부르고 있다.5) 유토피아 사상가는 기존 사회의 문제들을 해결하기 위한 새로운 치료책을 제시하는 등 사회적 갈등이나 문제를 조정할 수 있는 새로운 방안을 제안한다는 것이다. 이처럼 유토피아 사상가는 사회를 진보의 방향으로 인도하면서 인간의 새로운 가능성을 보여주기 위해 기존 사회를 초월하는 대안적인 사회상을 추구한다.

그렇다고 유토피아가 환상처럼 공허한 가능성에 바탕을 두고 있는 것은 아니다. 고전적 유토피아에 비해 근대적 유토피아는 시간과 공간 개념에 입각해 있기 때문에 역사성과 현실성을 갖추고 있다. 즉 유토피아는 기존 현실에 대한 구체적 분석을 통해 얻어진 현실에 내재하는 경향성이나 잠재성을 바탕으로 하고 있다. 따라서 현실적 가능성을 심리적으로 선취하는 행위로 볼 수 있다. 유토피아적 작업은 기

---

5) J. O. Hertzler, *The History of Utopian Thought*, Cooper Square Publishers Inc., 1965, 270쪽 참조.

존의 현실적 조건을 토대로 하여 바람직한 미래의 모습을 창의적으로 그려보고 이를 통해 새로운 가능성을 창출하는 일종의 '사고 실험'인 것이다. 그리고 한소트(E. Hansot)의 지적처럼 여기서 제시되는 미래적 사회상은 한두 가지의 사회적 제도에 제한되는 것이 아니라 좋은 삶과 관련된 전반적인 사회 제도를 포함한다. 블로흐도 유토피아적 의식의 영역을 바람직한 법이나 국가의 문제 등에 제한시켜서는 안 되며 그 영역을 사회적으로 확장시켜 인간의 노동에 의해서 산출된 세계 전체를 대상으로 삼아야 한다고 말한다.

새로운 대안적 사회상을 예기하는 이러한 유토피아의 기능은 이론적으로는 정치적 이론과 이념들을 명료화하고 정교화하는 데도 크게 기여한다. 정치 이론이나 이념 사이에 원리적인 대립이 발생할 때 유토피아는 이러한 이념들이 작동하는 구체적 모습을 보여줌으로써 이에 대한 평가를 돕는 역할을 한다. 즉 반사실적인 사고 실험을 통해 정치 이론이나 이념이 구현하게 될 사회적 모습을 구체적으로 드러냄으로써 이에 대한 이해를 심화시킨다는 것이다.

그리고 이러한 예기적 기능에 의해 제시된 대안적 사회상은 실천적으로도 새로운 사회를 건설하는 작업에서 기본적인 방향을 설정하는 데 도움을 준다. 기존의 사회 질서와는 다른 새로운 사회 질서를 형성하는 과정에서 여러 가지 실제적인 문제들, 예들 들면 자원의 분배나 사회 조직, 정치 제도 등을 어떻게 할 것인가와 같은 문제에 부딪치는 데 유토피아는 이러한 상상적인 사고의 실험을 통해서 이러한 문제를 해결하는 창조적 원천이 될 수 있다.

이처럼 유토피아는 선취된 의식으로서 예기의 기능을 담당한다. 유토피아는 '진지하게 예측된 가상'으로서 실현 가능한 미래의 모습을 미리 보여주는 역할을 담당한다. 그리고 이러한 작업을 통해 형성된 구체적인 유토피아적 미래상은 정치 이론을 명료화하거나 또는 실제적인 문제를 해결하는 데 도움을 주는 역할을 하게 된다.

2) 현실 비판적 기능 : 현실 분석과 비판의 도구

유토피아는 현실 비판적 기능, 즉 기존 현실을 분석하고 그 문제점을 비판하는 도구로서 기능한다. 만하임의 지적처럼 유토피아가 이데올로기와 다른 점은 그것이 기존 질서를 부정하고 파괴하는 성격을 지닌다는 것이다. 근대적 유토피아는 '사회 비판'을 위한 기준과 수단의 역할을 담당함으로써 실천적 성격을 강하게 띠고 있다. 마르쿠제는 유토피아적 상상력이 불러일으키는 '억압 없는 문명'의 자유롭고 행복한 모습이 수행 원칙에 의해서 지배되는 억압적인 현실을 비판하고 거부한다고 본다. 순수한 형식적 질서와 아름다움을 추구하는 예술의 자율성에 의해서 형성된 유토피아는 현존하는 문제점을 은폐하는 것이 아니라 그것을 폭로한다는 것이다. 유토피아의 이러한 비판적 기능과 관련하여 블로흐는 다음과 같이 말한다.

> "바로 가장 가까운 근처로 침투하기 위해서는 가장 강력한 망원경, 즉 잘 연마된 유토피아적 의식이라는 망원경이 필요하다. 이러한 유토피아적 의식은 가장 직접적인 직접성으로서 이 속에는 존재나 현존의 핵심이 들어 있으며, 동시에 세계의 비밀을 풀 수 있는 모든 매듭이 내재되어 있다."(*Hoffnung I*, 11)

유토피아 의식은 망원경이지만, 세상과 멀리 떨어져 있는 사물을 파악하기 위한 것이 아니다. 오히려 가장 가까운 것에서 아직 아무도 밝혀내지 못한 새로운 무엇을 찾아내는 작업이 유토피아 작업이다.

따라서 이 망원경은 인간의 내면과 외부적 사실을 예리하게 파악할 수 있는 '의식적 현미경'이나 다름없다는 것이다.

헤르쯜러는 이와 관련하여 유토피아적 이상이 '길잡이 별'(guiding star)처럼 하나의 목표이자 길잡이로서 기능한다고 말한다. "하늘을 목표로 삼는 사람은 나무를 목표로 삼는 사람보다 더 높이 쏘게 된다."6) 즉 길잡이 별과 같은 높은 이상적 기준이 있음으로써 기존의 현실을 좀더 적극적으로 비판하여 개선시킬 수 있는 계기가 마련된다는 것이다. 유토피아적 원리와 이상들은 현실적 조건들을 판단할 수 있는 기준으로서 기능한다. 비록 그것들이 실현될 수 없다고 할지라도 그것들은 우리에게 참된 것이 무엇인지 이해시켜 주면서 본질적 진리의 성격을 알려준다. 유토피아적 이상은 기존의 사회 현실이나 제도의 문제점, 비정상성, 도착 현상 등을 인식할 수 있는 규범적 기준을 제공하는 것이다.

이처럼 유토피아 사회상은 기존 현실을 결코 당연한 것으로 받아들이지 않도록 하는 비판적 역할을 하면서 현실의 변화를 추구하도록 한다. 유토피아는 현실을 분석하고 비판하는 도구의 역할을 담당하는 것이다. 유토피아 의식은 아직 이루어지지 않은 진실을 의식시키고 드러냄으로써 기존 현실의 문제점을 좀더 잘 파악하도록 하는 역할을 한다. 유토피아는 기존 현실을 외재적으로 비판하는 기준의 역할을 맡고 있는 것이다.

3) 변혁적 기능 : 변혁적 의식과 행동의 고취

유토피아는 변혁적 기능, 즉 새로운 미래 사회를 지향하는 역동성

---

6) 같은 책, 277쪽.

과 변혁적 의식을 고취시키는 기능을 담당한다. 만하임이 지적하듯이 유토피아는 이데올로기와 다르게 기존 현실을 부정하고 비판할 뿐만 아니라 여기서 더 나아가 새로운 사회를 위한 변혁적 행동을 불러일으키는 역할을 한다. 근대적 유토피아는 기존 현실을 변화시켜서 유토피아적 전망을 현실화시키려고 하기 때문에 변혁에 대한 희망과 기대를 고취시킨다. 마르쿠제도 예술 작품에 나타난 유토피아가 급진적인 변혁적 성격을 띠고 있다고 말한다. 즉 예술이 현실 원리에 의해서 억압되지 않은 본능적인 쾌락 원리를 드러냄으로써 현실 비판적인 급진성과 함께 해방의 이미지를 보여준다는 것이다. 비록 예술이 혁명적인 정치적 실천 활동을 대신할 수는 없지만 그러나 예술이 유토피아적 전망을 통해 혁명을 환기시키면서 급진적인 변혁적 의식과 행동을 고취시킬 수 있다는 것이다. 유토피아의 이러한 변혁적 기능과 관련하여 블로흐는 다음과 같이 말한다.

"깨어 있는 따라서 개방된 꿈은 결코 체념하지 않는다. 낮꿈은 가상적으로 만족하거나 또는 갈망을 단지 정신적인 차원의 문제로만 만드는 것을 거부한다. 낮의 환상은 물론 밤꿈처럼 갈망에서 출발하지만, 그러나 그것은 갈망을 급진적으로 최후로 이끌면서 갈망을 성취하는 장소에 도달하려고 한다."(*Hoffnung I*, 107)

즉 낮꿈으로서 유토피아는 개방되어 있으며, 무엇인가를 창안하거나 선취하려고 한다는 것이다. 유토피아는 더 나은 것을 소유하려는 욕망 내지는 더 나은 것을 알려는 욕망으로서 이러한 욕망을 달성하기 위해 앞으로의 전진을 부추긴다. "유토피아적 의식은 훌륭하게 이루어진 결말로 나아가려는 의지를 끝까지 포기하지 않는다." 유토피아적 의식은 미래에 대한 희망을 불러일으켜서 현실과 타협하지 않으려는 의지를 강하게 만드는 것이다. 유토피아가 '앞으로 나타날 무엇'을 예기한다면, 이것은 어떤 행동을 위한 지침서가 될 수 있다. 즉 구체적이고 미래지향적인 목표는 구체적인 행동의 방향을 주도하게 된다. 이처럼 유토피아는 기본적인 목표에 대한 열정을 불러일으켜서 행동으로 유도하는 기능을 담당한다. 이데올로기가 기존의 현실을 미화하고 옹호한다면, 유토피아는 기존의 현실을 비판하면서 소외당하는 계급의 혁명적 이데올로기에 활력을 불어넣는 역할을 하는 것이다.

그래서 라클라우와 무페는 유토피아에 기반한 급진적 상상력이 모든 좌파 사상에 필수적임을 강조하였다. " '유토피아' 없이는 … 민주주의적 유형이든 다른 유형이든 간에 급진적 상상계(a radical imaginary)의 구성 가능성은 전혀 없다. … 일련의 상징적 의미로서 이러한 상상계의 존재는 모든 좌파 사상의 구성을 위해 절대적으로 필수적인 것이다."7) 라클라우와 무페는 '정치의 환속'(laicization of politics)이란 계급이나 당을 절대시하는 본질주의에 대한 비판이지 정치적인 것(the political)의 영역으로부터 유토피아를 배제하는 것은 아니라고 말한다. 모든 급진적 민주주의8) 정치는 한 극단으로서 이상적 도시라는 전체주의적 신화를 거부할 뿐만 아니라 또한 다른 한 극단으로서 기

---

7) E. Laclau / C. Mouffe, *Hegemony & Socialist Strategy*, Verso, 1985, 190쪽.
8) 라클라우와 무페가 추구하는 '급진적 다원적 민주주의'(radical and plural democracy)는 정통 마르크스주의의 계급 환원론이나 경제 결정론을 본질주의라고 비판하고 대신에 탈중심적 다원주의라는 비본질주의적 입장에서 가치의 다원성과 같은 민주주의적 가치를 인정한다. 그러면서 동시에 대립과 적대의 영속성도 인정하면서 다양한 투쟁 전선에서의 헤게모니적 전략을 통해 급진적인 사회 변혁을 추구한다. (C. Mouffe, *The Return of the Political*, Verso, 1993, 6-11쪽 참조)

획 없는 개혁주의라는 실증주의적이고 실용주의적인 태도도 거부한다는 것이다. 유토피아는 급진적 상상력의 원천으로서 사회 변혁을 추구하는 좌파 사상을 형성하는 데 중요한 기능을 담당하는 것이다.

헤르쯜러도 유토피아적 사상가들이 대중의 상상력을 장악하여 집단 속에 새로운 이념이나 이상을 불어넣음으로써 대중들을 정신적으로 자유롭게 만들고 나아가 두려움 없이 더 좋은 것을 모색하도록 고무시킨다고 말한다.[9] 대다수의 민중의 마음 속에 스며든 유토피아적 미래상이 사회 개혁을 위한 행동을 고취시킨다는 것이다. 이처럼 유토피아는 미래의 모습을 선취하여 보여줌으로써 이러한 미래를 향해 나아가도록 하는 급진적 충동을 불러일으킨다. 유토피아는 변혁적 의식과 행동을 고취시키는 기능을 하는 것이다.

이처럼 유토피아는 "이데올로기적으로 왜곡되지 않은 인간적인 희망의 내용에 대한 전망"을 열어서 보여준다. 그리고 이러한 유토피아의 예기적 기능에 의해 선취된 미래의 모습과 유토피아적 의식은 현실에 대한 비판과 함께 급진적 변혁을 추동시키는 기능을 담당하게 되는 것이다.

3. 마르크스주의에 대한 블로흐의 유토피아적 해석은 타당한가?

블로흐는 마르크스를 유토피아 사상의 발달에서 획기적인 전환점을 이룬 인물로 간주하면서 마르크스 사상을 유토피아주의적 관점에서 해석하고 있다. 블로흐에 따르면 모어, 캄파넬라, 베이컨, 피히테로 이

---

9) J. O. Hertzler, 앞의 책, 269쪽 참조.

어지는 유토피아 사상은 인식론적으로 제대로 발전하지 못한 한계를 갖고 있다. 이들은 '사물들의 영원한 질서'라는 개념과 연관된 정태적 세계관을 갖고 있다. 이에 비해 마르크스는 "이미 이룩된 것이 아니라 오히려 도래하고 있는 경향과 관계되는 지식의 개념"을 세상에 알려 주는 등 동태적 세계관을 갖고 있다. 마르크스는 과거와 미래 사이의 경직된 구분을 타파하였으며, 현재의 진정한 행위는 앞으로 또는 뒤로 향하는 결코 끝나지 않은 과정 즉 총체성 속에서 발생한다고 하였다. 그래서 "마르크스주의 철학은 미래의 철학이며 따라서 과거 속에 들어 있는 미래의 철학이다"라고 할 수 있다. 마르크스주의 철학은 의식된 경향을 새로움으로 창출해 내는 과정에 주목함으로써 미래와 유토피아의 개념을 본격적으로 다루었다. 그래서 블로흐는 "마르크스주의가 관념론의 경향성의 변증법의 합리적 핵심뿐만 아니라 또한 유토피아의 합리적 핵심을 구출하여 이를 구체화시켰다"(*Hoffnung I*, 160)고 주장하는 것이다.

그러나 마르크스는 전반적으로 특히 후기에는 반유토피아주의적 경향을 강하게 띠고 있기에 블로흐의 이러한 유토피아주의적 해석에는 문제점이 있다. 마르크스는 초기 저작에서는 어느 정도의 유토피아적 경향을 보여주었지만, 그러나 후기 저작에서 인간학이나 가치 판단을 토대로 하여 유토피아적 미래상을 제시하는 작업을 비과학적인 것으로 간주하여 이를 꺼려하거나 비판하는 등 반유토피아주의적 경향을 강하게 드러낸다. 물론 마르크스가 해방된 공산주의 사회를 지향하는 유토피아적 충동을 포기한 것은 아니지만 그러나 이러한 충동을 표출하려고 하지는 않았다. 그는 기존 현실을 분석하고 비판하는 일에만 치중하였으며, 우리가 추구해야 할 이상적인 미래상을 기획하는 작업을 불필요하거나 비과학적인 것으로 간주하여 이것을 과학적 사회주의의 임무에서 제외시켰다. 마르크스는 대안적인 미래 사회의 모습을 체계적으로 제시하지 않았을 뿐만 아니라 유토피아적 기획 자체의 필요성을 부정하고 있기에 그의 이러한 입장은 반유토피아주의라고 할 수 있다. 이것은 마르크스 사상에 내재하는 실증주의와 역사주의, 경제 결정론의 태도 때문이었다.

블로흐도 마르크스가 이처럼 구체적인 유토피아적 사회상을 제시하지 않았다는 점은 인정하고는 있지만, 그렇다고 그가 마르크스주의를 반유토피아주의라고 생각하는 것은 아니다. 블로흐는 '추상적 유토피아'와 '구체적 유토피아'의 구분을 통해 이러한 자신의 입장을 옹호하려고 한다.

블로흐에 따르면 '추상적 유토피아'는 더 나은 사회를 위한 장기적인 원대한 목표를 제공하는 데 비해 '구체적 유토피아'는 더 나은 사회를 위한 단기적인 구체적 목표를 제공한다. 그런데 마르크스주의는 이 중에서 구체적 유토피아에 해당한다. 추상적 유토피아는 가상적인 미래 국가를 묘사하는 데 거의 90%를, 현재의 구체적인 현실상을 부정적으로 고찰하거나 비판하는 데는 겨우 10%를 할애하고 있는 데 비해, 마르크스주의와 같은 구체적 유토피아는 저작의 90%를 현재의 구체적 현실상을 비판하는 데 바치고 있고 미래에 출현할 국가에 관해서는 비교적 약간만을 언급하고 있다는 것이다.

그리고 추상적 유토피아는 미래 지향적인 요소를 대체로 외부로부터 도입하며 목표를 달성하기 위한 수단도 은밀하게 감추고 있는 데 비해, 마르크스의 구체적 유토피아는 구체적 현실에 대한 분석을 통해서 그러한 미래 지향적 요소들을 도출한다. 마르크스주의는 구체적인 주어진 경제적 현실을 분석하고 이로부터 유토피아를 위한 구체적인 수단과 방법을 도출한다는 점에서 추상적 유토피아와 차이가 있다는 것이다. "마르크스주의는 결코 (유토피아의 기능인) 예기가 아닌 것이 아니라, 과정을 중시하는 구체적인 예기라는 새로운 사고이다. 바로 그렇기 때문에 마르크스주의에서는 열광과 냉정, 목표에 대한 의식과 주어진 것에 대한 분석이 서로 제휴하여 결합되어 있다." (*Hoffnung II*, 726) 마르크스주의는 역사의 운동 속에 담겨 있는 인간의 삶에 관한 꿈을 정확하게 이해하기 위해 현실 속에서 '경향성' (Tendenz)과 '잠재성'(Latenz)을 파악하려고 노력한다. 경향성과 잠재성은 보수주의적 사고와 대립하면서 아직 실현되지 못했지만 그러나 객관적이면서도 실현 가능한 유토피아를 위한 터전이 된다.

이처럼 블로흐는 추상적 유토피아와 구체적 유토피아의 구분을 통해 과거의 유토피아 사상과 구분되는 마르크스의 유토피아적 경향을 지적하고 있다. 마르크스주의는 과거의 유토피아 사상과는 다르게 미래의 사회상을 구체적으로 묘사하는 대신에 주로 현실에 대한 분석에 치중하고 있다는 것이다. 이렇게 마르크스가 구체적인 경제적 현실에 대한 분석에 입각해서 미래 사회의 경향성과 잠재성을 이끌어낸 점은 '현실 비판성'이나 '실현 가능성'이라는 측면에서 유토피아적 요소를 갖고 있다고 할 수 있다. 그러나 미래 사회상을 명료하게 구체적으로 제시하지 못했다는 점에서는 '대안성'이라는 유토피아적 특성을 충족시키고 있지는 못하다.

이러한 비판에 대해 블로흐의 관점에서 다음과 같은 반박이 있을 수 있다. 비록 마르크스주의에 유토피아의 세부적인 사회상이 나타나 있지 않다고 해서 마르크스가 기본적인 유토피아적 목표를 무시한 것은 아니며 단지 이것을 표현하지 않았을 따름이다. 이에 비해 편협한 경험주의자나 수정주의자가 미래 사회상을 묘사하지 않은 것은 이들이 새로운 사회로 나아가려는 목표를 갖고 있지 않았기 때문이다. 이들은 '구체성'을 단지 '경험'으로만 이해하면서, '목표에 관한 표현은 완만하게'라는 마르크스의 주장을 '목표 자체는 완만하게'로 변형시켰다는 것이다.

여기서 블로흐는 '목표로서의 미래'와 '목표로서의 미래에 관한 표현'을 구분하고 있다. 즉 '사물 자체'와 '사물에 대한 표현'을 구분하고 있다. 현실에 대한 유물론적 해명에 기초하여 미래는 정확히 파악되고 형상화될 수 있기에, 마르크스는 '미래에 대한 고유한 표현'을 일부러 생략했다는 것이다. 그러나 블로흐의 이러한 주장은 설득력이 부족하다. 미래의 목표가 자신에게 분명하다면 이것을 굳이 표현하지 않을 이유가 없는 것이다. 마르크스가 미래의 목표를 생각은 하고 있었지만 이것을 직접적으로 표현하지 않고 완만하게 표현했다는 것인데, 그렇다면 마르크스가 이렇게 해야 했던 이유는 무엇인가? 블로흐는 이에 대해 설득력 있는 답변을 제시해 주지 못하고 있다.

그리고 블로흐는 마르크스가 미래 사회상을 구체적으로 언급하지 않음으로써 미래 사회상을 개방시켰다고 긍정적으로 해석한다. 즉 '개방된 미래 사회상'을 갖고 있다는 것이다. 이것은 마르크스가 구체적인 미래 사회상을 갖고 있지 않았거나 또는 비록 그러한 구체적 미래 사회상을 갖고 있었음에도 불구하고 그것을 '경험적', '과학적'으로 정당화시키기 어렵다고 생각하여 표현하지 않은 데서 기인할 수도 있다. 그런데 만약 전자일 경우에 마르크스가 미래의 목표, 즉 미래의 사회상을 갖고 있었다는 앞의 주장에 어긋나게 된다. 만약 후자일 경우에는 마르크스가 개방된 미래상을 갖게 된 것은 마르크스 자신의 원래 생각이거나 의도라기보다는 미래 사회상을 표현하지 않음으로써 파생된 부수적 결과에 불과하다.

따라서 마르크스가 유토피아 사회의 구체적 모습을 제시하지 않은 점에 대한 블로흐의 이러한 해석과 옹호에는 동의하기 어렵다. 우리는 마르크스가 이러한 태도를 갖게 된 원인을 마르크스의 기본적인 이론적, 사상적 입장과 관련하여 다른 곳에서 찾아야 할 것이다. 마르크스주의는 블로흐의 표현대로 '아직 의식되지 않은 것'을 의식하게 하고, '아직 이루어지지 않은 것'을 형상화는 '선취된 의식'으로서의 유토피아로서는 부족한 점을 갖고 있다. 마르크스는 유토피아적 미래상을 명료하게 구체화하지 못한 것이다.

4. 유토피아적 전망의 결핍은 어떤 문제를 낳는가?

앞에서 살펴보았듯이 유토피아는 예기적 기능, 비판적 기능, 변혁적 기능 등을 통해 비판적 사회 이론에서 중요한 역할을 담당하는데, 마르크스는 반유토피아주의적 경향으로 인해 이러한 유토피아의 기능과 힘을 제대로 활용하지 못하였다. 여기서는 이러한 유토피아의 기능의 측면에서 유토피아적 미래상의 결여에 따른 문제점들을 살펴보겠다.

(1) 유토피아는 미래를 선취하는 예기적 기능을 통해 대안적인 미래 사회상을 보여준다. 그러나 이미 앞에서 지적하였듯이 마르크스는 실증주의, 역사주의, 경제 결정론 등의 태도로 인해 이러한 대안적인 미래 사회상을 적극적으로 제시하지 않는 등 반유토피아주의적 경향을 보이고 있다. 이와 관련하여 룩스는 "마르크스주의의 반유토피아주의가 자신의 유토피아주의를 약화시키고 파괴시킴으로써 이론적, 실천적으로 마르크스주의 자체에 상당한 손상을 입혔다"[10]고 하면서

---

10) S. Lukes, *Marxism and Morality*, Oxford, 1988, 37쪽.

그 문제점을 지적하였다. 켈러도 "마르크스주의의 위기는 부분적으로 유토피아적 사고의 결핍 및 사회주의와 해방에 대한 전망의 부재 때문이었다"[11]고 말한다. 이러한 지적처럼 마르크스주의는 반유토피아주의로 인해 유토피아의 기능과 힘을 제대로 활용하지 못하였던 것이다.

유토피아의 예기적 기능에 의해 제시된 새로운 대안적 사회상은 이론적으로는 정치적 이론이나 이념들을 명료화하고 정교화하는 데 큰 도움을 준다. 그런데 마르크스는 대안적 사회상을 적극적으로 모색하지 않음으로써 이러한 이점을 제대로 활용하지 못하였다. 마르크스의 저작에 나타난 공산주의 사회의 정치적 원리나 이념에는 애매한 측면이 있다. 마르크스가 제시하는 공산주의 사회에는 자유의 모형과 질서의 모형이 두 가지 다 내재되어 있다. 그래서 공산주의가 계획과 질서의 원리를 바탕으로 한 질서의 왕국인지 아니면 자유의 원리를 바탕으로 한 자유의 왕국인지가 불분명하다. 생산성의 향상을 위한 계획적 생산과 자아 실현을 위한 개인적 자유의 보장은 서로 상충하는 경향도 있기 때문이다. 정치적 원리나 이념에서의 이러한 애매함의 문제는 사회주의적 미래상을 적극적으로 모색하는 유토피아적 작업을 통해 해결되어 좀더 명료화될 수도 있는데, 마르크스는 이러한 작업을 수행하지 않았던 것이다.

그리고 이러한 대안적 사회상은 실천적으로는 새로운 사회를 건설하는 과정에서 부딪치는 여러 가지 실제적 문제를 해결하기 위한 기본적 방향을 제시해 준다. 그런데 마르크스주의는 유토피아적 전망을

---

11) D. Kellner, *Herbert Marcuse and the Crisis of Marxism*, Macmillan, 1984, 371쪽.

제대로 제시하지 않음으로써 사회주의의 건설 과정에서 발생한 혼란의 한 원인을 제공하는 등 실천적인 문제를 낳기도 하였다. 근대의 자연 과학을 과학의 전형으로 삼은 마르크스는 자연 과학의 경험론적 탐구 방법을 과학적 방법으로 간주하여 실증주의적 태도를 강하게 띠게 된다. 마르크스가 역사적 유물론을 토대로 하여 내세운 과학적 사회주의는 경험적으로 확인할 수 있는 자본주의의 경제 현실에 대한 분석을 통해 그 내적 모순과 필연적 붕괴를 입증하는 것을 과제로 삼았다. 즉 마르크스는 기존 현실에 대해 내재적 비판을 가하면서 이를 부정하였다.

그러나 기존의 현실에 대한 이러한 내재적 비판이나 부정이 새롭게 형성될 사회의 구체적 모습을 함축하고 있는 것은 아니다. A에 대한 부정은 ~A이다. 즉 '어떤 것'에 대한 부정은 '어떤 것이 아닌 것'이 된다. 그런데 ~A의 상태는 아주 다양한 형태가 될 수 있다. 즉 B, C, D 등이 될 수 있다. 여기서 B, C, D 각각은 A와는 모순 관계가 아니라 대립적 관계에 불과하다. 따라서 단순한 비판과 부정만으로는 다음 단계를 확정할 수 없다. ~A에 대한 좀더 구체적인 논의가 이루어져야 한다. 예를 들면 '자본주의'에 대한 부정은 '자본주의가 아닌 것'이 된다. 그런데 이 '자본주의가 아닌 것'은 그 스펙트럼이 매우 넓다. 자본주의 경제의 핵심적 특징이 '생산 수단의 사적 소유'라고 한다면, 그 부정은 '생산 수단의 사적 소유가 아닌 것'이다. 그렇다면 그것은 구체적으로 어떤 모습인가? 그 모습은 다양한 형태를 띨 수 있다. 국가적 소유가 될 수도 있고, 아니면 소비에트나 평의회 등의 집단적, 협동적 소유가 될 수도 있다. 즉 중앙의 통제에 의해 사회 전체적인 계획적 생산이 이루어질 수도 있고, 아니면 평의회나 협동 조합 등에 자율권이 많이 부여된 분권화된 형태로 생산이 이루어질 수도 있다.

따라서 기존 현실에 대한 내재적 비판이나 부정만으로는 미래 사회의 모습을 확정할 수 없기에 유토피아적 전망을 통해 미래 사회상을 모색하는 작업이 필요한 것이다.

예를 들면 러시아 혁명 이후에 레닌 정권은 구체적인 사회 개혁 프로그램을 갖고 있지 못했는데, 그것은 마르크스나 다른 정통 마르크스주의자들이 미래 사회에 대한 전망을 적극적으로 제시하는 것을 꺼려했기 때문이다. 이와 관련하여 포퍼는 좀 과장된 측면이 있기는 하지만 레닌의 주장을 인용하면서 마르크스의 저작 속에는 사회주의 경제와 관련된 내용은 거의 없었으며 단지 '능력에 따라 분배되는 사회로부터 필요에 따라 분배되는 사회로'라는 추상적인 슬로건밖에 없었다고 말한다. 이것은 다른 정치적, 사회적 요인들과 더불어 볼셰비키가 혁명 과정에서 혼란을 겪게 된 한 요인이 되고 있다. 볼셰비키는 공산주의 사회의 실제적 내용을 채울 구체적인 모습이나 프로그램을 갖고 있지 않았으며 이로 인해 혁명 과정에서 경제 형태나 정치 형태 등의 문제와 관련하여 우왕좌왕하는 시행착오를 겪게 되었다. 그 단적인 사례가 전시 공산주의 정책과 신경제 정책(NEP)을 둘러싼 혼란이다.[12] 농민으로부터 식량과 종자를 뺀 나머지 모든 잉여 생산물을 일정 가격으로 공출할 것인가, 아니면 잉여 생산물의 일부만을 수취하고 나머지는 농민들이 자유롭게 시장에서 판매할 수 있게 할 것인가의 문제를 둘러싸고 일관성 있는 정책을 시행하지 못하였다.

부버도 마르크스주의가 새로운 사회에 대한 구체적 미래상을 갖고 있지 않았기 때문에, 살아 있는 공동체를 위해 매우 중요한 협동 조합과 같은 문제에서 지그재그 노선 즉 정치 전술적 접근을 취했다고 비

---

12) 황인평 편,『볼셰비키와 러시아 혁명 3』, 거름, 1986, 137-148쪽 참조.

판했다.13) 프롬도 마르크스를 비롯한 사회주의자들이 새로운 사회의 실현을 위한 구체적 계획을 갖고 있지 못했던 것이 결국 사회주의의 약점이 되었다는 점을 지적하면서 새로운 사회 구조를 세우기 위해서는 수많은 설계와 모델, 연구, 그리고 가능한 것과 필수적인 것 사이의 틈을 이어주는 적절한 실험이 필요하다고 주장하였다.14)

(2) 유토피아는 현실 비판적 기능, 즉 기존 현실을 분석하고 그 문제점을 비판하는 도구로서 기능한다. 유토피아는 바람직한 미래상을 통해 아직 이루어지지 않은 진실을 의식시키고 드러냄으로써 기존 현실의 문제점을 좀더 잘 파악하도록 한다. 그런데 마르크스는 외재적 비판의 기준으로 작용하는 이러한 유토피아를 적극적으로 모색하지 않음으로써 이와 같은 유토피아의 기능을 제대로 활용하지 못하였다.

앞에서 지적하였듯이 마르크스는 과학주의, 실증주의의 태도로 인해 주로 자본주의에 대한 내재적 비판에 치중하였다. 자본주의의 내적 모순을 드러냄으로써 필연적 붕괴를 입증하려고 했던 것이다. 그러나 이러한 내재적 비판만으로는 한계가 있다. 블로흐의 지적처럼 현실 속으로 예리하게 침투하기 위해서는 유토피아 의식과 같은 강력한 망원경이 요구되기 때문이다. 자본주의에 대한 비판이 좀더 힘을 얻기 위해서는 내재적 비판뿐만 아니라 유토피아적 미래상을 통한 외재적 비판도 필요한 것이다. 그리고 비록 마르크스가 도덕이나 인간론에 토대한 유토피아적 미래상을 통해 자본주의 사회를 비판하는 것을 비과학적이라고 간주하여 꺼려했음에도 불구하고, 그는 초기 저작에서뿐만 아니라 후기 저작에서도 자아 실현적인 윤리의 관점을 보여

---

13) M. Buber, *Paths in Utopia*, Macmillan, 1960, 96-98쪽 참조.
14) E. Fromm, 『소유냐 존재냐』(*To Have or To Be*), 차경아 역, 까치, 1996, 236-238쪽 참조.

주고 있다. 마르크스는 유적 본질의 실현으로서 공산주의를 더 바람직한 모습으로 간주하면서 이를 기준으로 자본주의의 인간 소외를 비판하였다. 그렇지만 마르크스는 자신이 실제로 이러한 작업을 하고 있었음에도 불구하고 이러한 작업을 비과학적인 것으로 간주하여 체계적으로 수행하지 않았을 뿐만 아니라 이를 명시적으로 드러내려고 하지도 않았던 것이다. 이것은 이율 배반적인 태도라고 할 수 있다.

룩스는 "스스로 변화하고 있는 현재에 대해 알고 있다고 가정하는 것은, 미래 사회의 모습에 대해 알고 있거나 또는 그것을 믿을 만한 충분한 이유를 갖고 있다고 가정하는 것이다"[15]라고 말한다. 낡은 사회 안에 숨어 있는 '새로운 사회'가 해방적 형식을 갖게 되리라는 것을 알지 못한다면, 사회 현실 속에서 이미 작용하고 있는 힘들의 결과가 궁극적 목표의 현실화 즉 사회주의적 해방임을 알 수 없다는 것이다. 즉 미래 사회의 모습에 대한 지식 없이는 스스로 변화하고 있는 현재에 관한 지식을 얻기 어렵다는 것이다. 이처럼 기존 현실을 좀더 날카롭게 분석하고 비판하기 위해서는 이러한 유토피아의 기능과 힘을 적극적으로 활용했어야 함에도 불구하고 마르크스는 그렇게 하지 못했던 것이다.

(3) 유토피아는 변혁적 기능, 즉 더 좋은 새로운 사회를 지향하는 급진적 충동과 변혁적 의식을 고취하는 기능을 담당한다. 그런데 마르크스는 실증주의, 역사주의의 태도로 인해 이러한 유토피아적 차원을 약화시켰으며, 이러한 경향은 과학주의를 표방한 제2 인터내셔날을 비롯한 정통 마르크스주의에 의해 더욱 심화되면서 마르크스주의는 비판성과 실천성을 상실하고 경제주의나 수정주의 형태로 전락하

---

15) S. Lukes, 앞의 책, 42쪽.

게 되었다. 그래서 마르쿠제를 비롯한 비판 이론가들은 이러한 경향을 비판하면서 비판적 사회 이론이 비판성과 변혁성을 확보하도록 하기 위해 유토피아적 차원의 복원을 시도하였던 것이다.

마르크스는 역사주의적 태도에 입각하여 역사에는 필연적 법칙이 존재하며 따라서 이에 대한 인식을 통해 미래 사회를 예측하는 것이 중요하다고 하면서, 미래 사회에 대한 가치 평가를 통해 미래를 계획하고 선택하려는 유토피아적 기획은 비과학적이며 무의미한 작업이라고 간주하였다. 그런데 이러한 역사주의의 태도는 포퍼의 지적처럼 개인의 의지로부터 독립된 필연적인 역사적 사건과 역사의 법칙을 강조함으로써 개인의 책임감을 제거시키고 개인의 수동성을 조장하는 측면이 있다. 개인을 역사에 내맡기고 역사에 종속시킴으로써 개인의 변혁적 의식과 충동을 약화시키는 것이다.

물론 마르크스는 역사의 필연적 발전 법칙에 대한 인식을 토대로 역사에서 "출산의 고통을 단축시키고 완화시킬 수 있다"[16]는 측면에서, 즉 역사의 발전 속도를 가속화시킨다는 측면에서 변혁적인 활동에 의미를 부여하고 있기는 하다. 그러나 이러한 주장은 딜레마의 문제에 부딪친다. 역사의 법칙이 필연적으로 작용한다면 굳이 이러한 변혁적 활동이 필요 없게 되며, 만약 그렇지 않다면 이러한 변혁적 활동이 추구하는 목표에 대한 가치 평가가 이루어져야 하기 때문이다. 만약 마르크스의 주장처럼 역사에서 산고의 아픔을 줄이기 위해 변혁적 행동이 필요하다면, 이것은 변혁적 행동이 추구하는 목표로서의 다음 단계의 사회가 더 바람직하다는 가치 판단을 전제로 해야 한다. 왜냐하면 역사의 다음 단계가 어떻게 될지 정확히 안다고 가정하더라

---

16) K. Marx, *Das Kapital I*, MEW 23, 15쪽.

도 여기에서 우리가 다음 단계를 위해 적극적으로 행동해야 할 필요성이 도출되는 것은 아니기 때문이다.

그래서 엘스터는 "하나의 정치 이론이 가치들의 개입 없이 작동하면서 대신에 확고하게 필연적인 역사 법칙에 의존한다는 것은 있을 수 없다"[17]고 하였다. 왜냐하면 개인들은 가치 판단에 입각해서 행동하기 때문에 정치 이론에는 가치가 개입할 수밖에 없다는 것이다. 그러나 마르크스는 변혁적 활동을 강조하면서도 이러한 변혁적 활동이 추구하는 미래 사회에 대한 가치 평가적인 정당화를 적극적으로 하지 않음으로써 딜레마의 문제에 부딪치게 되었으며, 이러한 반유토피아주의적 경향은 결국 변혁적 충동이나 변혁적 활동의 의미를 약화시키는 결과를 낳게 되었다.

『철학논구』제29집, 2002년 2월

---

17) J. Elster, *An Introduction to Karl Marx*, Cambridge, 1986, 188쪽.

3장

마르크스가 꿈꾼 유토피아

유적 본질의 실현으로서 공산주의

공산주의 사회에서 사적 소유의 지양은
모든 인간적 감각과 속성의 완전한 해방이다.

— 마르크스, 『경제학 철학 수고』

　과연 마르크스주의는 유토피아주의적인가 아니면 반유토피아주의적인가? 마르크스주의는 그 동안 다양한 비판을 받아 왔는데, 그 중의 하나가 이러한 유토피아 문제와 관련되어 있다. 그런데 이 비판은 겉으로 보기에는 아주 대립되는 두 가지 근거에서 이루어졌다. 한편으로 마르크스주의가 유토피아적이라는 이유로 공격받아 왔고, 다른 한편으로는 마르크스주의가 유토피아적이지 못하다는 이유로 공격받아 왔다. 월러스틴이 지적하듯이 이 문제에 대한 대답은, 유토피아 개념을 무엇으로 채워 넣느냐 그리고 무엇을 마르크스주의라고 하느냐에 따라 크게 달라질 수 있다.

예를 들면 하이에크(F. A. Hayek)는 마르크스 사상을 의식적 계획을 바탕으로 합리적인 사회의 구성을 추구하는 '구성주의'로 간주하면서, 복잡한 사회 구조에서는 예측과 통제라는 이러한 이상은 달성될 수 없기에 이것을 유토피아주의적이라고 비판한다. 다른 한편으로 룩스(S. Lukes)는 마르크스 사상에는 유토피아주의적 측면과 반유토피아주의적 측면이 동시에 존재하는데 바로 이러한 반유토피아주의적 경향으로 인해 마르크스가 유토피아의 잠재력을 충분히 활용하고 있지 못하다는 점을 비판한다. 여기서 하이에크는 유토피아적이라는 말을 비현실적이고 실현 불가능하다는 의미로 부정적으로 사용하고 있으며, 이에 비해 룩스는 더 좋은 미래 사회에 대한 기획이나 전망이라는 의미로 긍정적으로 사용하고 있다. 그리고 포퍼가 마르크스 사상을 반유토피아주의로 해석하는 반면에, 블로흐는 유토피아주의로 해석하기도 한다. 그런데 앞에서 정립했던 '유토피아적' 개념의 의미, 즉 실현 가능한 역사적 대안들의 실질적 합리성에 대한 평가를 통해서 더 좋은 대안적 사회에 대한 전망을 제시하는 작업이라는 의미에서 보았을 때 하이에크와 같은 부정적인 유토피아 개념은 여기에서 배제된다.

이러한 마르크스 사상의 유토피아 문제와 관련하여 룩스는 '역설 속의 역설'(a paradox within a paradox)을 보게 된다고 하면서 마르크스 사상이 반유토피아적이면서도 동시에 유토피아적이라고 주장한다.[1] 여기서 전자의 역설은 큰 역설 즉 상위 역설로서 마르크스주의가 반도덕적이면서 동시에 도덕적이라는 것이다. 그리고 후자의 역설은 작

---

1) S. Lukes, *Marxism and Morality*, Oxford University Press, 1988, 특히 3장의 '역설의 해소' 참조.

은 역설 즉 하위 역설로서 마르크스주의가 반유토피아적이면서 동시에 유토피아적이라는 것이다.

룩스는 이러한 문제와 관련하여 마르크스가 권리의 도덕은 비판했지만 그러나 해방의 도덕은 인정하고 있다고 해석한다면 도덕과 관련된 큰 역설은 해소된다고 보았다. 그러나 이 큰 역설이 해소되었지만 유토피아와 관련된 다른 작은 역설이 마르크스 사상에는 내재해 있다는 것이다. 그것이 바로 반유토피아적 요소와 유토피아적 요소의 대립이다. 마르크스는 유토피아 사회주의를 비판하면서 자신의 이론의 과학적, 혁명적 성격을 강조했지만, 그러나 다른 한편으로 현재 사회 속에 내재되어 있는 해방된 미래 세계에 대한 전망에 초점을 맞추기도 하는 등 유토피아주의적 측면이 있다는 것이다. 즉 마르크스가 반유토피아주의를 표방했음에도 불구하고 그의 사상에는 유토피아주의적 요소가 있다는 것이다. 비록 룩스가 도덕과 관련된 큰 역설을 해소시키듯이 유토피아와 관련된 작은 역설을 설득력 있게 해소시켰는지는 의심스럽지만, 마르크스 사상의 유토피아 문제에 대한 룩스의 이러한 문제 제기는 적절하다고 본다.

룩스의 지적처럼 마르크스 사상에는 유토피아적 요소와 반유토피아적 요소가 모두 존재한다. 그러나 마르크스는 후기로 갈수록 반유토피아주의적 경향을 더욱 강하게 드러내면서 유토피아적 요소와 그 잠재적 힘을 제대로 살리지 못했다. 그렇다면 마르크스 사상에서 유토피아적 요소란 구체적으로 무엇인가?

"각 개인이 배타적인 행위의 영역을 갖지 않고 각자가 원하는 어떤 분야에서나 스스로를 도야시킬 수 있는 공산주의 사회에서는, 사회가 전반적인 생산을 조절하기 때문에 사냥꾼이나 어부나 양치기나 또는 비판가가 되지 않고서도 내가 욕구하는 대로 오늘은 이것을, 내일은 저것을, 아침에는 사냥을, 오후에는 낚시를, 저녁에는 목축을, 밤에는 비판을 하는 것이 가능하게 된다."[2]

이것은 『독일 이데올로기』의 한 구절로서 마르크스가 공산주의 사회를 묘사한 부분으로 널리 알려져 있다. 이것은 배타적인 노동 분업으로부터 해방된 유토피아의 모습으로서 아무 때나 자유롭게 직업이나 행위를 선택할 수 있다는 주장이다. 이 주장에 대해 "젊은 시절 한 때의 어리석은 판단"[3]이라는 비판이 가해지기도 하였지만, 마르크스는 여기서 부분적이지만 상당히 구체적이며 생생하게 미래의 공산주의 사회를 묘사하고 있다. 아마 마르크스의 저서 다른 곳에서 이보다 더 구체적으로 더 생생하게 공산주의 사회를 묘사한 부분을 찾기는 어려울 것이다. 그 이유는 마르크스 자신이 스스로 밝히고 있듯이 그는 "주어진 것에 대한 단순한 비판적 분석에만 국한하고 미래의 음식점을 위한 요리법"[4]에 대해서는 저술하지 않았기 때문이다. 마르크스는 미래의 공산주의 사회의 구체적인 운영 원리나 모습에 대해 총괄적으로 서술하지 않았다. 룩스의 주장처럼 마르크스는 권리의 도덕을 비판하고 해방의 도덕을 인정하면서도, 해방의 도덕이 지닌 미래 사회에 대한 구체적이고 실천적이며 제도적인 함축을 분명히 제시하기를 꺼려했다. 즉 해방의 도덕과 관련된 공산주의 사회의 모습을 구체적으로 드러내려고 하지 않았다.

그럼에도 불구하고 우리는 마르크스와 엥겔스가 언급한 위와 같은

---

2) K. Marx / F. Engels, *Die deutsche Ideologie*, MEW 3, 33쪽.

3) A. Schaff, 『마르크스주의와 개인』, 김영숙 역, 중원문화, 1988, 141쪽.

4) K. Marx, *Das Kapital I*, MEW 23, 25쪽. (이하에서 이 책을 인용할 경우에 *Kapital I*과 쪽수로 표기한다.)

구절들에서 유토피아주의적 요소나 맹아들을 찾아볼 수 있으며, 이를 통해 유토피아의 모습을 전체적으로 그려보고 이에 대해 평가할 수 있다.

1. '유적 본질'의 실현으로서 공산주의

블로흐는 마르크스의 유토피아가 '인간은 타인에 대해 인간적이어야 한다'는 더 좋은 세상의 기본 법칙을 추구하면서 소외가 없는 새로운 사회를 형성할 수 있는 실마리를 제공해 준다고 말한다. 이러한 언급처럼 마르크스의 유토피아론은 더 좋은 사회란 어떤 것인지를 인간다운 삶과 관련시켜 제시하고 있다. 마르크스는 자본주의 사회에서는 인간 소외로 인해 인간다운 삶이 보장되지 않는다고 비판하면서 더 좋은 사회로서 인간다운 삶이 실현되는 공산주의 사회를 내세우고 있는데, 마르크스는 이러한 논의의 과정에서 인간론과 소외론을 바탕으로 유토피아주의적 측면을 드러내 보이고 있다.

"인간의 자기 소외인 사적 소유의 실증적 지양으로서의 공산주의, 따라서 인간에 의한 인간을 위한 인간적 본질의 현실적 전유로서의 공산주의, 따라서 이제까지 이룩한 발전의 전체적인 성과물 내부에서 사회적 인간 즉 인간적 인간으로의 의식적이고 완전한 복귀로서의 공산주의. 이러한 공산주의는 완성된 자연주의(Naturalismus) = 휴머니즘(Humanismus), 완성된 휴머니즘 = 자연주의로서 존재하며, 인간과 자연 그리고 인간과 인간 사이에 일어나는 모순의 진정한 해결이요, 실존과 본질, 대상화와 자기 확인, 자유와 필연성, 개체와 유 사이에 일어나는 투쟁의 진정한 해결이다. 공산주의는 역사의 해결된 수수께끼이며, 자기 자신을 이러한 해결책으로서 인지한다."[5]

  이처럼 마르크스는『경제학 철학 수고』에서 사적 소유의 철폐를 통해 형성된 공산주의에서는 인간 소외가 극복된다고 말한다. 그리고 이를 통해 인간적 본질이 실제적으로 회복되어 인간이 인간다운 모습을 갖추게 되며, 나아가 자신을 인간으로서 인식하게 된다. 그래서 마르크스는 공산주의를 '휴머니즘'이라고 부르거나 또는 인간의 자연적 본질을 회복하게 된다는 의미에서 '자연주의'라고도 부른다. 그리고 공산주의에서는 이외에도 역사에서 발생하는 여러 가지 문제들이 해결된다고 보았다. 이러한 측면에서 보았을 때, 공산주의는 마르크스가 '유토피아'라는 용어를 비록 꺼려했음에도 불구하고 환상적이라는 의미에서가 아니라 현실 비판적인 더 좋은 대안적 체제라는 의미에서 하나의 '유토피아'라고 할 수 있다. 따라서 마르크스가 제시한 공산주의를 통해 그의 유토피아적 요소나 경향을 살펴볼 수 있다.

  그렇다면 마르크스가 말하는 인간의 본질이란 무엇인가? 마르크스는 자본주의 사회에서 소유욕과 경쟁에 사로잡혀 사적 이익을 추구하는 개별적 인간이 아니라, 유(Gattung)로서의 인간 즉 유적 존재(Gattungswesen)로서 인간 종족 전체의 특성을 지닌 보편적 인간을 논의의 대상으로 삼고 있다.[6] 그는 유적 존재로서의 인간의 본질에

---

5) K. Marx, *Ökonomisch-philosophische Manuskripte*(1844), MEW 40, 536쪽.

6) 'Gattunswesen'이라는 용어는 원래 슈트라우스(D. F. Strauß)에 의해서 대중화된 개념으로서 인간들은 아주 다양하고 상이한 성질을 지니고 있기 때문에 그들은 더불어 있을 때 비로소 완전한 인간을 형성할 수 있다는 의미를 지닌다. 포이에르바하도『기독교의 본질』등에서 'Gattung'이라는 용어를 사용했지만 그러나 그 이후에는 '공동체'라는 용어로 대체하였다. (D. McLellan,『청년 헤겔 운동』(*The Young Hegelians and Karl Marx*), 홍윤기 역, 학민사, 1984,

대해 다음과 같이 말한다. "종의 전체적 성격 즉 종의 유적 성격은 삶의 활동이며, 자유로운 의식적 활동(die freie bewußte Tätigkeit)은 인간의 유적 성격이다." 마르크스는 사회적 존재로서 인간의 본질을 '자유로운 의식적 활동'에서 찾고 있는 것이다. 마르크스는 동물과의 비교를 통해서 이러한 인간의 본질을 설명한다. 동물은 직접적인 신체적 욕구를 충족시키기 위해 생산하지만 인간은 이러한 신체적 욕구에서 벗어나서 자유롭게 생산한다. 동물은 자기 종의 수준과 욕구에 따라서 생산하지만, 인간은 사물 각각의 종의 수준에 생산하는 방법을 알고 있으며 미적으로도 생산한다. 자연은 동물에게 단지 신체적 욕구를 충족시키기 위한 대상에 불과하지만, 인간에게는 학문적 대상이자 예술적 대상이 되기도 한다. 그래서 동물이 일면적(einseitig)이라면 인간은 다양한 사물을 대상으로 삼고 있기에 보편적(universell)이다. 그래서 인간은 자유로운 존재인 것이다.

또 동물은 자신의 생명 활동과 직접적으로 통합되어 있지만, 인간은 자기의 삶의 활동을 자기의 의지와 의식의 대상으로 삼는다. "인간은 바로 대상 세계의 가공을 통해서 비로소 자기 자신이 유적 존재임을 현실적으로 입증한다. … 노동의 대상은 인간의 유적 삶의 대상화이다." 즉 인간은 창조적 노동을 통해서 자신의 삶을 대상화시키고, 또 이러한 대상화된 세계에서 자기를 직관하고 자신의 모습을 인식한다. 그래서 인간은 의식적인 존재인 것이다.

129-130쪽 참조.) 이처럼 이 용어에는 사회적 존재로서 인간이 갖고 있는 '사회성' 또는 '공동체성'이라는 특성이 함축되어 있다. 그런데 마르크스도 초기 저작에서 이러한 'Gattungswesen'이라는 용어를 사용하고 있기는 하지만 그러나 '사회성'이라는 특성과 함께 '자유롭고 의식적인 활동'으로서 노동의 특성을 강조하는 등 그 구체적 내용에서는 포이에르바하와 차이를 보이고 있다.

이처럼 사회적 존재로서 인간은 자유롭고 의식적인 활동인 노동을 통해서 유적 존재로서의 인간의 본질을 보여주며, 이러한 노동을 통해서 생산된 대상 속에서 자기를 의식한다. 노동은 단지 생계의 수단이 아니라, 인간의 유적 본질을 실현하고 그것을 확인하는 장인 것이다.

그런데 자본주의 사회에서는 '소외된 노동'으로 인해 인간 소외가 발생한다고 하면서 마르크스는 네 가지 형태의 소외를 지적한다. 노동 생산물은 노동이 대상화된 것인데, 자본주의 사회라는 특수한 상황에서는 노동자가 그 대상물을 전유하지 못하고 상실하기 때문에 여기서 소외가 발생한다. 자신이 생산한 생산물이 낯선 존재로서 자립화되면서 자기에게 오히려 대립하는 것으로 나타나는 것이다. 이것이 '노동 생산물로부터의 소외'이다. 이러한 소외는 '생산 과정으로부터의 소외'에 기인한다. 노동자는 자발적이 아니라 강제적으로 노동하며, 노동 그 자체가 욕구의 충족이 아니라 다른 욕구를 충족시키기 위한 수단으로 전락한다. 그래서 노동자는 노동 과정에서 행복보다는 불행을 느끼며 비인간화된다.

이러한 두 가지 소외로부터 '유적 본질로부터의 소외'가 발생한다. 노동이 신체적 욕구를 충족시키기 위해 어쩔 수 없이 해야 하는 하나의 생계 수단으로 전락함으로써 노동을 통해 자신의 유적 본질을 자유롭게 실현하지 못한다. 또 노동 생산물을 상실하고 그것과 대립함으로써 노동 생산물을 통해 유적 존재로서의 자신을 의식하지 못하게 된다. 노동이 자유롭고 의식적인 행위로서 유적 본질을 실현하는 장이 아니라 오히려 비인간화가 발생하는 것이다. 그리고 이러한 소외들로부터 인간이 다른 인간과 맞서고 대립하는 '인간의 인간으로부터의 소외'가 발생한다는 것이다. 즉 노동자와 자본가가 대립하는 인간 관계가 산출된다.

마르크스는 이러한 인간 소외를 극복하기 위해서는 사적 소유를 철폐한 공산주의가 성립되어야 한다고 주장한다. 공산주의에서는 인간이 유적 본질을 회복하여 자유롭고 의식적인 활동을 할 수 있으며, 인간다운 삶을 살 수 있다. 사적 소유의 자본주의가 인간을 일면적으로 만들고 비인간화시키는 데 비해, 사적 소유를 지양한 공산주의에서는 "인간은 전면적 방식으로, 따라서 전체적 인간으로서 자신의 전면적 본질(allseitiges Wesen)을 획득한다." 그래서 "모든 인간적 감각들과 속성들의 완전한 해방"이 이루어진다는 것이다.

결국 공산주의는 자유롭고 의식적인 활동을 통해 모든 인간이 유적 본질, 즉 인간의 고유한 능력과 개성을 전면적으로 발휘할 수 있는 사회이다. 이처럼 마르크스는 소외론과 인간론을 바탕으로 공산주의 사회에서의 이상적인 인간의 모습을 보여주고 있다.

마르크스는 『경제학 철학 수고』 이후의 저작에서 포이에르바하의 인간학적 유물론 및 헤겔의 관념론의 영향으로부터 벗어나서 역사적 유물론의 관점을 체계화하기 시작한다. 이 과정에서 마르크스는 '유적 존재', '유적 본질의 회복', '인간 본질', '소외' 등의 용어를 『경제학 철학 수고』에서처럼 핵심적인 개념으로 자주 사용하지 않았으며 때로는 이 용어에 대해 비판적인 태도를 보이면서 이 용어의 사용을 꺼려하기도 하였다.[7]

7) 이와 관련하여 여러 가지 논쟁이 있다. 다니엘 벨은 마르크스 사상에서 초기의 철학적 범주가 후기에는 경제적 범주로 전환한다고 하면서, 소외가 마르크스의 중심 개념이 아니라고 주장한다. 알튀세도 초기의 인간학적이고 이데올로기적인 철학이 후기에는 과학주의로 전환하면서 '소외'나 '인간 본질' 개념이 폐기된다고 본다. 이에 비해 아담 샤프나 메스자로스는 초기의 '소외'나 '인간 본질' 개념이 후기에도 지속된다고 하면서 '소외' 개념을 마르크스 전체 사상의 핵심

그것은 마르크스가 보편적이고 추상적인 '인간 본질' 개념보다는 구체적이고 역사적인 계급적 인간 개념을 강조한 것인데, 이러한 관점은 「포이에르바하에 대한 테제」의 6번째 테제에 정식화된 형태로 잘 표현되어 있다. "인간의 본질은 개별적인 개인에게 내재하는 추상물이 아니다. 인간의 본질은 현실적으로 사회적 관계의 총체이다."[8] 이것은 사회적 산물로서의 인간을 강조한 7번째 테제와 함께 인간을 사회적, 역사적 관계 속에서 파악한 것으로서 계급으로서의 인간의 의식과 행위를 중시한 부분이다. 이러한 관점은 『자본론』에도 단적으로 드러난다. "여기서 개인들이 문제로 되는 것은 오직 그들이 경제적 범주의 체현 즉 일정한 계급관계와 이해관계의 담지자(Träger)인 한에서 그렇다."(*Kapital I*, 16)

그렇지만 「포이에르바하에 대한 테제」에서 대부분의 다른 테제들은 변혁적 실천성을 강조하고 있다. 『독일 이데올로기』에서도 마르크스는 포이에르바하의 인간학적 또는 직관적 유물론을 실천적 활동성과 역사성의 결여라는 두 가지 측면에서 비판하고 있는데, 이러한 것이 그의 인간론에도 반영되어 있다.

포이에르바하는 종교의 본성을 설명하면서 개체가 아니라 유(Gattung)로서의 보편적인 인간 본성이 신적 본성과 동일하다고 말한다. 인간은 개별자로 존재할 때는 유한한 존재이지만 유로서 사회 속에 존재할 때는 무한자라는 것이다. 포이에르바하는 사회성을 인간의 유적 속성으로 보면서 인간을 사회적 존재로 이해하고 있는 것이다. 그리고 포이에르바하는 감각적인 사랑을 유적 존재의 본질적인 특성

으로 본다.

8) K. Marx, "Thesen über Feuerbach", MEW 3, 6쪽.

으로 보고 있다. 따라서 포이에르바하에서 유적 존재는 '감각적 존재'이자 '사회적 존재'라고 할 수 있다.

그런데 마르크스는 이러한 포이에르바하의 '유적 존재' 개념에 대해 두 가지 측면에서 비판하고 있다. 첫째, 포이에르바하가 인간을 '감성적 대상'(sinnlicher Gegenstand)으로서만 파악하고 '감각적 행위'(sinnliche Tätigkeit)로 파악하고 있지 않다는 것이다. 인간을 감성적 활동으로서, 즉 자유롭고 의식적인 활동을 하는 노동하는 존재로서 파악하고 있지 못하다는 것이다. 둘째, 비록 포이에르바하가 인간을 '유'로서, 즉 사회성을 가진 존재로서 파악하고 있지만 그러나 이러한 '유'는 "다수의 개인을 순전히 자연적으로 결합하는 내적인 무언의 보편성"[9]에 머무르고 있다는 것이다. 즉 인간을 '사회적 관계의 총체'로서 즉 일정한 생산 관계나 사회적 조건 속에서 계급적 이해 관계를 담지하고 있는 자로 인식하고 있지 못하다는 것이다.

여기서 알 수 있듯이 마르크스는 후기에도 초기의 '유적 존재' 개념에서 핵심이 되었던 측면, 즉 '사회성'(공동체성)을 지닌 사회적 존재로서 '자유롭고 의식적인 실천적 활동'(노동)을 하는 측면을 강조하고 있다. 마르크스는 『자본론』에서도 "가장 서투른 건축가를 가장 훌륭한 꿀벌보다 더 뛰어나게 만드는 것은 그가 집을 짓기 전에 그것을 머리 속에 그려본다는 점이다"라고 하면서 합목적적 활동으로서 노동의 측면을 강조하고 있다. 따라서 마르크스가 『경제학 철학 수고』에서의 '자유롭고 의식적인 행위를 하는 유적 존재'라는 규정을 후기에는 배제하고 '사회적 관계의 총체'라는 규정만을 수용하고 있다는 주장은 옳지 않다. 전자가 다른 존재로부터 인간을 구분해 주는 보편적

---

9) 같은 책, 6쪽.

인 질적 규정이라면, 후자는 구체적이고 역사적인 계급적 인간을 이해하기 위한 규정이다. 따라서 이 두 가지 규정을 대립적인 것으로 이해해서는 안 되고, 인간에 대한 이중적인 규정으로서 통일적으로 이해해야 한다.

마르크스가 후기로 갈수록 과학주의적 사회 과학의 영향으로 실증주의적, 역사주의적 태도를 보이고 있기에 비록 소외 개념이 후기에도 마르크스 사상의 중심적 개념이라는 주장에는 동의하기가 어렵지만, 마르크스가 후기에도 '소외'나 '인간 본질' 개념을 전혀 사용하지 않은 것도 아니고 또 이와 연관된 문제나 관점을 포기한 것은 아니다.

우리는 『경제학 철학 수고』 이후의 그의 여러 저작에서 공산주의 사회에서의 인간 본질과 관련된 이상적인 인간의 모습에 대해 설명한 부분을 찾을 수 있다. 마르크스는 『독일 이데올로기』(1846)에서 공산주의에서의 "생산 도구 전체의 전유는 개인들 자신의 능력 전체의 발전이다"라고 하면서 바로 이러한 공산주의 단계에서는 노동이 자아 실현으로 전환된다고 말한다. 공산주의 사회에서는 사적 소유가 지양되므로 개인은 "자신의 소질을 전면적으로 도야시킬 수 있는 수단"을 갖게 되며 이를 통해 노동이 자아 실현의 계기가 된다는 것이다. 「고타 강령 비판」(1875)에서도 공산주의 사회에서는 "노동이 생활을 위한 수단일 뿐만 아니라 또한 그 자체가 삶의 제 1 차적 욕구가 되고" 그리고 "개인들의 전면적 발전"이 이루어진다고 말한다.

이처럼 비록 마르크스가 후기 저작에서 『경제학 철학 수고』에서처럼 '유적 본질'이나 '인간 본질' 등의 용어를 중심적으로 사용하고 있지는 않지만, 후기 저작의 이러한 내용들은 인간 본질과 관련된 공산주의 사회에서의 이상적인 인간의 모습을 『경제학 철학 수고』와 동일하게 보여주고 있다는 것을 알 수 있다.

테일러도 마르크스가 『자본론』 등 후기 저작에서 과학을 표방하지만, 그렇다고 마르크스가 초기의 사상을 버린 것은 아니라고 주장한다. 마르크스는 처음부터 급진적 계몽주의와 표현주의를 종합하려는 의도를 갖고 있었다는 것이다.[10] 마르크스 사상 전체에는 과학을 통해서 자연과 사회를 지배하고 대상화하는 것, 즉 인간의 의지로 자연을 변형시키는 급진적 계몽주의(the radical Enlightenment)의 측면과 함께 유적 인간으로서 자유롭게 자아를 실현하려는 표현주의(expressivism)의 측면이 동시에 있다는 것이다. 표현주의는 고전 경제학의 원자론과 공리주의적인 계몽 철학을 비판하면서 『경제학 철학 수고』의 '소외' 개념에서 드러나듯이 현존 질서의 비인간적인 인간 소외를 고발한다는 것이다. 따라서 표현주의의 완성으로서 공산주의는 비인간적인 인간 소외가 사라지고 자유롭게 자아를 실현할 수 있는 사회이다. 이처럼 마르크스의 후기 저작에서도 공산주의 사회는 자유롭고 의식적인 활동을 통해 인간의 유적 본질이 현실화되어 각자가 고유한 능력과 개성을 전면적으로 발휘할 수 있는 이상적 사회로서 제시되고 있다.

2. '유적 본질'의 실현에 나타난 유토피아적 요소

마르크스가 소외론과 인간론을 바탕으로 제시한 이러한 유적 본질의 실현으로서 공산주의 사회는 유토피아적 요소를 갖고 있다. 즉 공산주의 사회에서 개인이 고유한 능력과 개성을 전면적으로 실현하는

---

10) C. Taylor, *Hegel and Modern Socirty*, Cambridge University Press, 1979, 140-154쪽 참조.

이상적인 인간의 모습은 진보성, 비판성, 대안성 등과 같은 유토피아 개념의 특성들을 보여주고 있다.

사적 소유가 철폐된 공산주의 사회에서는 이러한 노동 소외가 극복되어 개인이 자유롭고 의식적으로 행위하며 따라서 자신의 능력과 개성을 전면적으로 발휘할 수 있다. 즉 인간 소외가 극복된 상태이다. 따라서 인간 소외를 지양한 상태인 공산주의는 비인간적 모습을 극복하고 인간적 모습을 획득한 상태로서 '더 좋은 상태'이자 '더 바람직한 상태'이다. 이것은 인간의 본질을 회복한 상태, 즉 인간의 원래의 모습을 되찾은 상태이다.

마르크스가 말하는 '유적 존재'란 자본주의 사회에서 소유욕과 경쟁에 사로잡힌 현실적인 개별적인 인간이 아니다. 이것은 인간 종족 전체의 보편적 성격을 지닌 '유'로서의 인간이다. 즉 인간 종의 공통적인 성격인 유적 본질을 소유한 보편적인 인간으로서 인류가 지향해 나아가야 할 일종의 이상적인 인간의 모습이다. 그래서 마르크스는 "공산주의적 의식의 대량 산출과 임무 자체의 완수를 위해서도 인간의 대폭적인 개조가 필요하다"고 하였던 것이다. 엥겔스도 공산주의는 "완전히 새로운 인간을 요구하며 또한 그러한 인간을 만들어낼 것"이라고 말하면서 그러한 것이 교육을 통해서 가능하다고 말한다. 유적 존재는 마르크스가 이상적인 것으로 상정하는 인간의 자연적이고 본질적인 모습인 것이다. 그래서 마르크스는 이러한 인간의 본질이 전면적으로 실현되는 공산주의를 휴머니즘 또는 자연주의라고 부른다. 마르크스가 이처럼 인간의 본질적 모습, 이상적인 모습을 상정하고 이것이 공산주의 사회에서 실현된다고 보는 것은 결국 이 상태가 더 좋다는 것이며, 이에 비해 인간 소외가 발생하는 그렇지 못한 자본주의 사회는 더 나쁘다는 것으로서 이것은 휴머니즘의 관점에서 일정한 가치 판단을 내리고 있는 것이다.

물론 마르크스주의의 도덕성과 관련된 문제에 대해서는 다양한 관점이 있지만,[11] 그러나 카멘카의 지적처럼 마르크스가 사용하고 있는 '유적 본질'이나 '인간적'이라는 말에는 경험적인 사실로부터 이끌어내지 않은 도덕적 내용이 부과되어 있다.

이러한 가치 판단의 문제와 관련하여 엘스터는 마르크스가 자본주의의 주요 결점으로 비효율성, 착취, 소외를 들고 있다고 하면서, 이 중에서도 특히 소외가 규범 이론의 핵심이라고 주장한다.[12] 엘스터에 따르면 이 세 가지 결점들은 한편으로는 자본주의의 붕괴와 공산주의의 도래를 설명하는 이론의 부분이기도 하면서 다른 한편으로는 자본주의에서 무엇이 잘못되었는가를 규범적으로 평가하는 기준이 된다. 생산 양식의 변화에 대한 설명에서는 '비효율성' 개념이 가장 중요한 역할을 하며, 계급 투쟁 이론에서는 '착취' 개념이 핵심이 되고, 규범 이론에서는 '소외' 개념이 핵심이 되는데, 마르크스가 공산주의를 무엇보다도 높이 평가하는 이유는 공산주의 사회에서는 소외 문제가 해결되리라 믿었기 때문이었다는 것이다.

---

11) 마르크스주의의 도덕성과 관련된 문제에 대해서는 다양한 관점이 있다. 첫째, 마르크스주의를 과학주의적 관점에서 해석하는 좀바르트나 알튀세는 마르크스 사상이 도덕과는 무관하다고 주장한다. 둘째, 마르크스주의를 인간론이나 소외론에 입각하여 도덕주의로 해석하는 러브나 아담 샤프는 마르크스의 후기 저작까지 이러한 윤리적 관점이 관철되어 있다고 본다. 셋째, 마르크스주의를 이러한 과학주의와 도덕주의라는 두 가지 대립적 관점이 동시에 존재하는 것으로 해석하는 카멘카, 테일러 등이 있다. 필자는 이 중에서 셋째 입장이 타당하다고 보는데, 이에 대해서는 다음 장에서 좀더 자세하게 다루고 있다.

12) J. Elster, *An Introduction to Karl Marx*, Cambridge University Press, 1986, 41-43쪽 참조. 여기서 엘스터는 마르크스의 소외 개념을 자아 실현의 결여, 자율성의 결여, 노동에 대한 자본의 지배 등 세 가지 의미로 설명하고 있다.

"마르크스 자신은 주로 자본주의가 인간의 발전과 자아 실현을 좌절시켰기 때문에 자본주의를 비난했다. 이와 관련하여 마르크스는 공산주의를 사람들이 완전하게 인간이 될 수 있는 사회, 즉 전면적인 창조자로서 자신들의 잠재력을 완전히 실현할 수 있는 사회로 보았다."[13]

마르크스는 자본주의가 소수에게만 자아 실현의 기회를 부여하고 대다수에게는 이러한 기회를 주지 않고 소외시키는 데 비해, 공산주의 사회에서 모든 개인이 풍부하고 적극적인 삶을 살 수 있는 기회를 줄 것으로 믿었다. 이처럼 마르크스는 소외의 관점에서 자본주의를 비판하면서 전면적인 자아 실현이 가능한 공산주의를 높이 평가하는 규범적인 가치 판단을 내리고 있는 것이다.

룩스도 이러한 유적 본질의 실현이라는 관점을 자아 실현론적인 윤리설의 전통 속에서 이해하면서 이것을 마르크스에서 공산주의의 도덕 원리로 간주한다. 비록 마르크스의 저작에는 공산주의의 도덕 원리를 의무론이나 공리주의 또는 자아 실현적인 완전론 등으로 다양하게 해석할 가능성이 모두 존재하지만[14], 그러나 우리가 " '무엇이 자유의 왕국을 (형식적으로가 아니라) 실제적으로 자유롭게 만드는가'라는 질문에 관심을 갖고 있다면, 우리는 목적론적이고 아리스토텔레스적인 완전론자(perfectionist)로서의 마르크스를 따라야 한다"[15]는 것이다. 왜냐하면 공산주의가 약속하는 자유는 '유적 능력', 잠재력, 자

---

13) J. Elster, *Making Sense of Marx*, Cambridge University Press, 1985, 83쪽.

14) 마르크스가 자본주의적 교환 관계에 대해 인간이 수단으로 전락한다고 비판하는 부분이나 자본주의를 노예 상태라고 비난하는 부분을 칸트적인 의무론적 입장으로 해석할 수도 있으며, 또 공산주의가 민중들의 비참이나 불행을 없애고 좀더 편안하고 안락한 삶을 가져다줄 것이라고 말한 부분을 공리주의적 입장으로 해석할 수도 있다는 것이다.

15) S. Lukes, *Marxism and Morality*, Oxford University, 1988, 87쪽.

아 실현과 같은 개념들 속에 체계적으로 나타나 있기 때문이라는 것
이다. 마르크스는 공동체 안에서 인간의 힘과 전면적인 개성을 최대
한으로 발휘하여 모든 개인의 자유롭고 완전한 발전이 사회의 지배
원리가 되는 사회를 최선의 상태로 보았기에, 이것은 완전론적인 결
과주의의 형태를 취하고 있다는 것이다.16) 어떤 존재자의 완전성
(perfection)이란 일반적으로 그 존재자의 완성, 즉 모든 자기 가능성
의 실현이나 또는 그 존재자에게 주어진 목적의 달성이라고 할 수 있
다.17)

　이러한 엘스터나 룩스의 주장처럼 마르크스는 아리스토텔레스적인
자아 실현적 윤리의 관점을 갖고 있다. 마르크스는 이러한 관점에서
가능태로서 존재하는 인간의 잠재적인 능력이 발휘되어 그것이 현실
화되는 공산주의 사회가 더 좋다는 윤리적인 가치 판단을 내리고 있
는 것이다. 한소트가 지적하였듯이 근대적 유토피아 개념의 한 요소
는 진보성인데, 유적 본질의 실현은 '더 좋은 상태'이자 '더 바람직한
모습'으로서 이러한 진보성의 특성을 보여주고 있다. 월러스틴의 유토
피스틱스 이론에 따르면 실질적 합리성에 대한 가치 평가를 내리고
있는 것이다. 즉 공산주의 사회가 대안적 사회로서 왜 더 좋은가를 설
명하고 있는 것이다. 그리고 이것은 자본주의 사회에서의 인간 소외
문제에 대한 비판의 도구이자 대안적인 모습으로 기능하기에 비판성
과 대안성의 특성도 갖고 있다.

---

16) 같은 책, 142-144쪽 참조.
17) J. de Vries, 『스콜라 철학의 기본 개념』, 신창석 역, 분도출판사, 68쪽 참조.

3. 공산주의 사회 원리에 나타난 유토피아적 요소

마르크스가 제시하는 이상적인 공산주의의 사회적 원리나 모습은 어떠한지 구체적으로 살펴보면서, 여기에 드러난 유토피아적 요소나 경향을 마르크스의 자아 실현론적인 인간론과의 관계 속에서 검토해 보겠다. 엥겔스는 「공산주의 원리」에서 사적 소유가 철폐된 공산주의 사회의 모습에 대해 개괄적으로 다음과 같이 설명하고 있다.

"생산력을 공동으로 그리고 계획적으로 이용하기 위한 모든 사회 구성원의 보편적인 연합, 모든 사람의 욕구를 충족시킬 정도의 생산의 확대, 한 사람의 욕구가 다른 사람의 욕구의 희생을 통해서 충족되는 상태의 제거, 계급 및 계급 대립의 완전한 폐지, 그리고 종래의 분업의 제거, 산업적 교육, 활동 분야의 교체, 모든 사람에 의해 생산된 것의 향유에 모든 사람의 참여, 도시와 농촌의 융합 등을 통해 모든 사회 구성원의 능력의 전면적인 발전 — 이것이 사적 소유의 폐지의 주요 결과들이다."[18]

이것은 공산주의 사회의 전체적 모습을 가장 압축적으로 보여주는 부분들 중의 하나로서 공산주의의 대부분의 사회적 원리나 모습이 잘 드러나 있다. 우리는 이 부분을 토대로 하면서 여기에는 빠져 있지만 다른 부분에서는 언급되고 있는 내용들을 보완하여 공산주의 사회의 사회적 원리나 모습을 다음과 같이 정리해 볼 수 있다. ① 사적 소유의 폐지, ② 분업의 철폐, ③ 생산력의 고도의 발전, ④ 보편적 교류, ⑤ 계획적 생산, ⑥ 필요에 따른 분배, ⑦ 사회에 대한 의식적 지배와 통제(자유의 왕국), ⑧ 자유로운 개인들의 연합으로서의 공동체(계

---

18) F. Engels, "Grundsätze des Kommunismus", MEW 4, 377쪽.

급과 국가의 소멸).

여기에는 '사적 소유의 폐지', '분업의 철폐', '고도의 생산력', '계획적 생산', '필요에 따른 분배' 등 주로 경제와 관련된 원리가 많이 언급되고 있지만 '계급과 국가가 소멸된 자유로운 개인들의 연합체'와 같이 사회나 정치에 관련된 원리도 있다. 그리고 '보편적 교류'처럼 초기에는 언급되다가 나중에는 거의 언급되지 않는 원리도 있고, '계획적 생산'처럼 초기에는 별로 언급되지 않다가 후기에 갈수록 더욱더 강조되고 있는 원리도 있다. 이제 이러한 사회적 원리들 각각을 구체적으로 살펴보면서 이것들이 유토피아적 요소를 내재하고 있는 유적 본질의 실현이라는 인간론의 관점과 어떻게 연관되는가를 검토해 보겠다.

① 사적 소유의 폐지

공산주의 사회의 가장 중요한 사회적 원리는 사유 재산의 폐지로서 마르크스와 엥겔스의 대부분의 저작에서 핵심적 문제로 다루어지고 있다. 마르크스는 「헤겔 법철학 비판 서문」(1844)에서 "프롤레타리아트가 사유 재산의 부정을 갈망한다"[19]고 하면서 프롤레타리아 해방을 통한 보편적 인간 해방을 추구한다. 마르크스가 이러한 사유 재산 문제를 본격적으로 다루고 있는 저작은 『경제학 철학 수고』(1844)이다. 마르크스는 사적 소유를 소외된 노동의 결과로 본다. 즉 노동자의 소외된 노동의 결과로서 자본가의 사적 소유가 발생한다는 것이다. 물론 이러한 관계가 상호 작용으로 전환되어 사적 소유가 노동 소외를 발생시키기도 한다. 그리고 이러한 "소외된 노동의 물질적이고 총괄

---

19) K. Marx, "Zur Kritik der Hegelschen Rechtsphilosophie. Einleitung", MEW 1, 391쪽.

적인 표현으로서 사적 소유"에는 노동과 노동 생산물에 대한 노동자의 관계가 포함되어 있고, 또 노동자와 그의 노동 생산물에 대한 자본가의 관계가 포함되어 있다. 즉 앞의 소외에 대한 논의에서 다루었던 여러 가지 형태의 소외, 예를 들면 노동 과정으로부터의 소외, 노동 생산물로부터의 소외, 유적 본질로부터의 소외, 인간의 인간으로부터의 소외 등이 모두 사적 소유와 연관되어 있다.

따라서 이러한 소외를 극복하기 위해서는 사적 소유의 철폐가 요구되며 그래서 마르크스는 공산주의를 "인간의 자기 소외인 사적 소유의 실증적 지양"이라고 말한 것이다. 마르크스는 사적 소유의 철폐를 통해서 노동 소외를 포함한 모든 인간 소외가 극복되고 인간의 유적 본질이 회복된다고 본다. 자유롭고 의식적인 활동으로서의 노동이 바로 인간의 유적 본질이고 따라서 소외된 노동의 극복은 곧 인간 소외의 극복이 되기 때문이다. 이것은 사적 소유의 철폐를 통해서 노동 그자체가 욕구의 충족이 되어 노동 과정이 즐겁고 자유롭게 되기 때문이며, 또 자신의 노동 생산물을 전유함으로써 자신의 유적 능력을 확인하고 의식할 수 있기 때문이다. 그래서 자신의 고유한 능력과 개성을 전면적으로 발휘하고 이것을 의식하는 과정을 통해 인간은 유적 본질을 실현하고 인간다운 삶을 살 수 있다. 이처럼 『경제학 철학 수고』에서는 사적 소유의 철폐가 소외론이나 인간론과 직접적으로 연관되어 논의되고 있다.

마르크스는 『독일 이데올로기』에서도 사적 소유의 철폐를 통한 "생산 도구 전체의 전유는 개인들 자신의 능력 전체의 발전이다"라고 하면서 이와 동일한 관점을 보여준다. 이처럼 마르크스에서 사적 소유의 철폐와 이를 통한 공동체적 소유는 유적 본질의 실현, 즉 자유롭고 의식적인 활동을 통해 개인의 능력과 개성을 전면적으로 발휘하기 위해 요구되는 필수 조건인 것이다.

후기에도 마르크스와 엥겔스는 사회적 생산과 자본주의적인 사적 소유를 자본주의의 기본 모순으로 보면서, 사적 소유가 철폐되어 이러한 모순이 지양된 공산주의에서는 사회적 소유 또는 공동체적 소유가 핵심적인 사회 원리가 된다고 보고 있다. 물론 초기처럼 유적 본질의 실현이라는 목적을 위해 사적 소유가 철폐되어야 한다고 주장하지는 않지만, 사적 소유가 자본주의의 근본 문제이기 때문에 이 문제가 해결되면 위에서 언급한 '사회 성원 전체 능력의 전면적 발전'과 같은 공산주의 사회의 제반 특징들이 현실화될 수 있는 조건이 마련된다고 주장한다. 사적 소유의 철폐는 유적 본질의 실현을 위한 중요한 조건인 것이다.

② 분업의 철폐

마르크스가 제시하는 공산주의 사회의 또 하나의 원리는 분업의 철폐이다. 마르크스는 『경제학 철학 수고』에서 "분업은 노동의 생산력 및 사회의 풍부함과 세련성을 높이는 데 반해, 분업은 노동자를 기계로 전락시키기도 한다"고 말한다. 이러한 노동 분업의 문제는 『독일 이데올로기』에서 좀더 자세하게 다루어진다. 마르크스는 "분업으로 인해 정신적 활동과 육체적 활동, 향유와 노동, 생산과 소비가 서로 다른 개인들에게 속하게 될 가능성 아니 현실성이 주어진다"고 하면서 이러한 문제를 해결하기 위해서는 분업을 지양해야 한다고 주장한다.

마르크스는 분업이 가족 내에서 처음으로 자연 발생적으로 발생하였으며, 이로 인해 불평등한 분배가 이루어지기 시작했다고 본다. 즉 가족 내에서 남편으로서, 처로서, 자식으로서의 역할이 구분되면서 분업이 시작되어 타인의 노동력을 지배하고 이를 처분할 수 있는 일종의 소유권이 발생했다는 것이다. 그래서 마르크스는 "분업과 사적 소유는 동일한 표현이다"라고 말한다. 분업이 활동 과정을 표현한다면, 사적 소유는 활동의 산물을 표현한다는 것이다.

그러나 분업과 사적 소유를 동일시하는 이러한 주장에는 문제가 있다. 여기서 마르크스가 말하는 분업은 한 작업장 내에서의 '기술적 분업'이 아니라 사회 구성원들이 서로 다른 직업에 종사하는 '사회적 분업'을 의미하는 것으로 보인다. 그런데 그것이 기술적 분업이 되었든 아니면 사회적 분업이 되었든 간에 분업 자체가 사적 소유와 동일한 것은 아니다. 마르크스의 주장처럼 역사적으로 분업이 사적 소유와 동시에 발생했다고 해서 양자가 동일하다고 할 수는 없다. 논리적으로 보았을 때, 분업이 없어도 사적 소유가 존재할 수 있으며 또 사적 소유가 없어도 분업이 존재할 수 있기 때문이다. 실제로 사적 소유가 철폐된 사회주의 사회에서도 여전히 분업은 존재한다. 물론 마르크스가 여기서 분업을 사회적 분업의 의미로 사용하여 사회적 역할의 구분을 토대로 한 계급 분화를 염두에 두었다면 일면 타당한 측면도 있다. 역사적으로 계급 분화는 사적 소유의 발생과 긴밀하게 연관되어 있다고 볼 수 있기 때문이다. 그러나 분업의 의미를 계급 분화가 아니라 일반적인 사회적 분업의 의미에만 국한시킨다면 마르크스의 이러한 견해는 타당하지 않다. 따라서 분업의 문제를 사적 소유의 문제와 구분해서 고찰해야 한다.

마르크스는 분업이 시작되면서 각 개인이 일정한 배타적인 행위의 영역을 갖게 되어 이 영역에서 벗어날 수 없다고 하면서 각 개인은 생계를 유지하기 위해서 어쩔 수 없이 그렇게 살아야 한다고 말한다. 즉 배타적인 분업으로 인해 노동 소외가 발생한다는 것이다. 이에 비해 분업이 지양된 공산주의에서는 "각 개인이 배타적인 행위의 영역을 갖지 않고 각자가 원하는 어떤 분야에서나 스스로를 도야시킬 수 있다"는 것이다. 그래서 "내가 욕구하는 대로 오늘은 이것을, 내일은 저것을" 할 수 있다는 것이다. 분업이 지양된 공산주의에서는 배타적 영역이 사라지기에 자유스럽게 활동을 선택할 수 있으며 이로 인해 개인의 능력을 전면적으로 자유롭게 발휘할 수 있다.

엥겔스도 「공산주의 원리」에서 이와 같이 분업이 폐지된 모습을 설명하고 있다. "한 사람은 농민으로, 다른 사람은 구두공으로, 또 다른 사람은 공장 노동자로, 또 다른 사람은 증권업자로 만드는 분업은 완전히 사라질 것이다." 자본주의 사회에서는 분업으로 인해 각 개인이 어느 한 생산 부문에 종속되어 자기 능력의 한 측면만을 발전시키고 다른 측면들은 희생되었는데, 공산주의에서는 이러한 분업이 폐지되고 개인이 자신의 능력에 따라 여러 부문을 옮겨 다니면서 종사할 수 있다는 것이다. 이것은 교육을 통해서 개인이 생산의 전 체계를 파악하는 것, 즉 전면적으로 자신의 능력을 발전시키는 것에 의해서 가능하다는 것이다.

마르크스는 후기 저술인 「고타 강령 비판」에서 공산주의 사회의 높은 단계에서는 "개인들이 분업에 노예적으로 종속되는 것이 사라지고 이와 함께 정신 노동과 육체 노동의 대립도 사라진다"고 말하는 등 이러한 분업의 폐지 주장은 이후의 저작에서도 계속 이어진다. 사적 소유의 철폐가 후기에는 주로 자본주의적 내적 모순의 필연적 지양의 차원에서 설명되고 있는 데 비해, 분업의 철폐는 후기에도 여전히 유적 본질의 실현의 차원에서 설명되고 있다. 이처럼 분업의 지양은 유적 본질, 즉 개인의 능력과 개성을 자유롭게 전면적으로 실현시키기 위해 필요한 조건으로서 제시되고 있다.

③ 생산력의 발전

마르크스는 『독일 이데올로기』에서 공산주의 사회의 특징으로 고도의 생산력의 발전을 언급하고 있는데, 이것은 공산주의 사회가 유지되기 위한 물질적 조건들 중의 하나로서 간주되고 있다. 공산주의 사회에서는 사적 소유를 지양하더라도 생산력이 고도로 발전되지 않는다면 궁핍으로 인해 갈등이 발생하는 등 이전의 사회에서와 같은 여러 가지 문제가 발생한다는 것이다. 특히 생산력이 낮은 단계에서는 개인들이 단지 신체적 욕구를 충족시키기 위해 노동에 매달리게 되므로 유적 본질을 제대로 실현할 수 없게 된다. 생산력이 높은 단계로 발전해야만, 노동이 단지 생계를 유지하기 수단이 아니라 자신의 능력과 개성을 발휘하고 나아가 자기의 인간성을 의식하고 확인하는 장이 될 수 있다. 자연 전체를 이론적, 실천적 대상으로 삼는 자유롭고 의식적인 활동은 높은 생산력이 확보될 때 가능한 것이다. 결국 고도의 생산력 발전은 개인이 자유롭게 자신의 능력과 개성을 전면적으로 발휘하기 위한 필요 조건이라고 할 수 있다.

④ 보편적 교류

마르크스는 공산주의 사회의 또 하나의 특징으로 보편적 교류의 확대를 지적한다. 마르크스는 『독일 이데올로기』에서 "공산주의는 경험적으로 오직 '일시에' 그리고 동시적으로 이루어지는 지배적인 민족들의 행위로서만 가능하며, 이것은 생산력의 보편적 발전과 그것과 연결된 세계적 교류를 전제로 한다"고 말한다. 즉 공산주의가 국지적인 형태로는 불가능하며, 세계적인 형태로서만 존재할 수 있다는 것이다.

마르크스에 따르면 생산력이 발전하면 세계 시장을 대상으로 하는 생산이 이루어지고 이와 더불어 교류가 세계적으로 활발하게 이루어

진다. 특히 많은 국가에서의 노동자 계급의 형성은 개인들에게 세계
사적인 보편적 관점을 갖게 해준다. 보편적 생산력의 발전과 더불어
사람들 사이의 '보편적 교류'가 확립되고 그리고 이로 인해 지역적으
로 국한된 개인들이 경험적으로 보편적인 세계사적인 개인들로 바뀐
다. 그리고 이러한 조건에서 사유 재산의 폐지를 통해 성립된 공산주
의에서는 "개인들의 전면적 의존, 즉 개인들의 세계사적 협동"이 이루
어진다. 그래서 개인들이 민족적, 지역적 한계를 넘어서서 "전지구의
모든 측면의 생산(인간의 창조물)을 향유할 수 있는 능력"을 갖게 된
다는 것이다.

이처럼 공산주의 사회에서는 보편적 교류가 확대되고 이와 더불어
개인들이 세계사적인 보편적 관점을 가질 뿐만 아니라 또한 인류가
창조한 성과물들을 함께 누릴 수 있게 된다. 따라서 보편적 교류는 개
인의 전면적인 발전을 도와주는 기능을 한다고 볼 수 있다.

⑤ 계획적 생산

마르크스와 엥겔스는 『경제학 철학 수고』나 『독일 이데올로기』에
서와는 다르게 「공산주의 원리」(1847)나 『공산당 선언』(1848) 등과
같은 후기 저작에서는 공황의 문제를 지적하면서 계획적 생산을 매우
강조하였다. 그들은 초기에는 자본주의의 문제점을 주로 유적 본질의
상실과 같은 인간 소외의 관점에서 비판하였으나, 후기에 공황의 문
제를 다루면서는 이러한 관점은 약화되고 대신에 자본주의 체제 자체
의 문제점을 지적하는 방식으로 비판이 가해지고 있다. 그렇지만 계
획적 생산의 문제도 어떤 측면에서는 유적 본질의 실현과 연관되어
있다고 볼 수 있다.

엥겔스는 산업혁명으로 인해 대공업이 발전하면서 생산력이 크게

향상되었으며, 이 과정에서 상품이 수요 이상으로 생산되는 과잉 생산으로 인해 공황이 발생한다고 하였다. 이러한 공황이 주기적으로 반복됨으로써 공장이 문을 닫는 등 생산력이 급격히 파괴되고, 노동자들이 일자리를 잃게 되어 극심한 빈곤에 시달리는 등 사회가 전반적으로 동요하고 혼란에 빠진다는 것이다. 이러한 문제를 해결하기 위한 방안은, 계획적인 생산이 이루어지도록 새로운 사회 조직을 만드는 것이다. 엥겔스는 대공업 자체를 포기하는 것이 절대로 불가능하다고 본다. 따라서 공황의 문제를 해결하기 위해서는 공업 생산 전반을 계획하고 지도하는 것이 필요하다는 것이다. "모든 생산 부문이 사회 전체에 의하여, 즉 공동체적 회계를 위해 공동체적 계획과 모든 사회 구성원의 참여 속에서 운영되어야 한다. 따라서 이 새로운 사회 질서는 경쟁을 폐지하고 그 대신에 연합이 들어설 것이다."

즉 사적 소유의 철폐에 의해 생산 수단이 공동의 소유가 되었기 때문에 계획적인 공동 생산과 공동의 이익을 위한 운영이 가능하고 이로 인해 공황과 빈곤이 사라진다는 것이다. 계획적 생산은 "공황에서 절정에 도달하는 생산력과 생산물의 커다란 낭비와 파괴를 제거함으로써" 생산력의 향상을 가져온다는 것이다. 결국 계획적 생산과 이로 인한 생산력의 향상 및 빈곤의 퇴치는 개인이 신체적 욕구의 충족에서 벗어나서 자유롭게 자신의 능력과 개성을 실현할 수 있는 물질적 토대를 마련해 준다고 할 수 있다.

⑥ 필요에 따른 분배

엥겔스는 「공산주의 원리」에서 사적 소유가 폐지되는 공산주의에서는 "모든 생산 도구의 공동 이용, 공동의 합의에 의한 모든 생산물의 분배, 즉 이른바 재산의 공유가 나타날 것"이라고 말한다. 사유 재산의 폐지에 의해서 생산 수단을 공동으로 소유하게 되어 공동의 이익을 위한 생산과 분배가 이루어진다는 것이다. 그러나 공동 분배, 즉 '공동의 합의에 의한 생산물의 분배'가 구체적으로 어떤 방식으로 행해지는가에 대해서는 자세한 설명이 이어지고 있지 않다.

공산주의 사회의 분배 원리에 대한 좀더 자세한 설명은 마르크스의 「고타 강령 비판」에서 찾아볼 수 있다. 마르크스는 공산주의의 낮은 단계에서는 개인의 노동량에 따라 분배해야 한다고 말한다. 이 단계는 자본주의 사회로부터 방금 생겨났기 때문에 여전히 경제적, 도덕적, 정신적인 면에서 낡은 사회의 흔적을 지니고 있기에 이러한 방식의 분배가 불가피하다는 것이다. "각각의 생산자는 공제한 후에 그가 사회에 준 것만큼 정확하게 돌려받게 된다. 그가 사회에 주었던 것은 자신의 개인적 노동량이다." 그러나 이러한 노동에 대한 동등한 권리는 부르주아적 권리로서 공산주의의 높은 단계에서는 폐기된다. 여기서는 필요에 따른 분배가 이루어진다. 이 단계에서는 분업이 사라지고, 노동이 삶의 일차적 욕구가 되며, 개인의 전면적 발전과 함께 생산력이 고도로 성장하여 부가 흘러 넘치게 된다고 본다. 이러한 조건에서 노동에 따른 분배라는 부르주아적 권리의 좁은 한계가 완전히 극복되어 "사회는 자신의 깃발에다 '각자는 자신의 능력에 따라, 각자에게는 자신의 필요에 따라!'라고 쓸 수 있다"는 것이다.

여기서는 개인의 전면적 발전이 분업의 폐지나 생산력의 고도의 발전 등과 함께 필요에 따른 분배를 위한 조건들 중의 하나로 제시되어 있다. 분업이 폐지되어 개인이 자신의 고유한 능력을 여러 방면에서 발휘할 수 있으며, 또 생산력이 고도로 발전하여 개인이 기본적인 욕구를 충족시킬 수 있을 만큼 재화가 풍부하게 생산될 때, 더 이상 자신의 노동이나 기여에 따라 자기 몫을 굳이 요구할 필요가 없게 되고,

대신에 '필요에 따른 분배'가 가능하다는 것이다.

여기서는 이렇게 개인의 전면적 발전이 필요에 따른 분배를 위한 하나의 조건으로 제시되어 있지만, 그러나 다른 한편으로 필요에 따른 분배가 개인의 전면적 발전을 위한 유리한 조건이 될 수도 있다. 생산력의 발전으로 필요에 따른 분배가 가능하다면 개인은 더 이상 단지 신체적 욕구를 충족시키기 위한 일면적 노동을 할 필요가 없으며, 다양한 자유로운 활동을 통해 자신의 소질과 개성을 발휘할 수 있는 조건을 갖게 되기 때문이다.

⑦ 사회에 대한 의식적 지배와 통제(자유의 왕국)

마르크스는 공산주의에서는 생산이나 사회 관계 등에 대한 의식적 지배와 통제가 가능하다고 본다. 공산주의에서는 자신의 생산물에 대한 낯선 태도를 지향하는 것과 함께 "생산에 대한 공산주의적 조절"이 이루어져 자본주의적인 수요와 공급 법칙의 위력이 무력화되고 "교환, 생산, 인간들 상호간의 행위 방식에 대한 통제"가 가능하게 된다. 인간 상호간의 작용에서 생겨났지만 그러나 소외된 상태에서 인간에게 낯선 힘으로 맞서면서 인간을 지배해 왔던 힘들을 이제 의식적으로 지배하고 통제할 수 있게 되었다는 것이다.

엥겔스도 공산주의 사회에서 생산 수단의 사적 소유의 폐지와 계획적이고 의식적인 생산에 의해서 "지금까지 인간을 지배해 온 인간을 둘러싼 주변의 생활 조건들이 이제는 인간의 지배와 통제하에 들어가게 되어, 인간은 처음으로 자연에 대한 현실적이며 의식적인 지배자가 된다"고 하였다. 그래서 엥겔스는 이것을 "필연의 왕국으로부터 자유의 왕국으로의 인류의 비약"이라고 하였다. 공산주의에서는 사회적 조건과 법칙에 인간이 종속되는 것이 아니라 이것들을 인간이 의식적으로 자유롭게 통제하고 이용할 수 있다는 점에서 공산주의를 '자유의 왕국'이라 부른다. 따라서 사회에 대한 이러한 의식적 지배와 통제는 인간 소외의 지양이자 유적 본질의 실현을 위한 계기라고 볼 수 있다.

⑧ 자유로운 개인들의 연합으로서의 공동체(계급과 국가의 소멸)

마르크스는 『경제학 철학 수고』에서 공산주의적 공동체에서는 "개인적 삶과 유적 삶이 서로 다르지 않다"고 하면서 개인과 사회의 대립이 사라진다고 말한다. 이러한 공동체에서는 사회가 개인을 더 이상 억압하지 않으므로 개인이 자유를 누릴 수 있다는 것이다. 그러나 이러한 공산주의적 공동체에 대한 좀더 분명한 개념은 이후의 저작에 나타난다.

마르크스는 『독일 이데올로기』에서 공산주의적 공동체의 형태로 '자유로운 개인들의 연합체'를 제시한다. 공산주의적 공동체 속에서 개인은 자신의 자질을 다방면으로 발전시킬 수 있으며 비로소 인격적 자유도 가능하다. 그래서 마르크스는 환상적이 아닌 "실제적 공동체에서 개인들은 자신들의 연합(Assoziation) 속에서 그리고 그러한 연합을 통해서 자신들의 자유를 획득한다"고 말한다. 지금까지의 공동체에서는 개인들이 계급 성원으로서 참가하는 관계였지만, 그러나 공산주의적 공동체에서는 개인들이 개인으로서 참가하는 관계가 형성된다. 그래서 공산주의적 공동체는 "개인들의 자유로운 발전 및 운동의 조건들을 개인들 자신이 통제하는 개인들의 연합체"인 것이다.

『공산당 선언』에서는 프롤레타리아 혁명을 거친 다음에 공산주의가 더욱 더 발전하면 계급적 차이가 점차 사라지고 이에 따라 특정 계급의 이익을 옹호하는 국가도 사라진다고 말한다. 국가가 참으로 전사회의 이익을 대표하기에 사회 관계에 대한 국가 권력의 간섭은 한 분야씩 점차 불필요하게 되어 결국 소멸한다는 것이다. 그래서 엥겔스는 "국가는 '폐지되는' 것이 아니라 소멸하는 것이다"라고 하였다. 공산주의에서는 인간에 대한 관리는 사라지고 대신에 물건에 대한 관리와 생산 과정에 대한 지도를 하는 기구만이 남아 있을 뿐이다. 계급 국가 대신에 개인과 전체의 발전이 서로 조화를 이루는 자유로운 연합체가 형성된다.

이처럼 공산주의는 계급과 국가가 타파된 자유로운 개인들의 연합체로서 개인들이 자유롭게 자기 발전을 추구할 수 있는 사회인 것이다. 따라서 자유로운 개인들의 연합으로서의 공동체는 유적 본질을 전면적으로 실현할 수 있는 사회라고 할 수 있다.

지금까지 살펴보았듯이 마르크스가 제시한 공산주의의 사회 원리나 모습은 자아 실현론적인 마르크스의 인간론과 관련성을 갖고 있거나 또는 그러한 관련성을 갖고 있는 것으로 해석될 수 있다. 마르크스는 『경제학 철학 수고』와 같은 초기 저작에서는 사적 소유와 분업의 철폐는 인간 소외를 극복하고 유적 본질을 실현하기 위한 목적을 위해 반드시 요구된다고 직접적으로 말했다. 즉 공산주의의 사회 원리가 유적 본질의 실현이라는 목적을 위해 필요한 조건으로서 제시되고 있다. 여기서는 공산주의의 사회 원리나 사회 형태의 최고 목적은 유적 본질의 실현으로서 마르크스의 인간론과 직접 관련되어 있다.

다른 한편으로 후기 저작에서는 계획적 생산과 같은 원리는 유적 본질의 실현이라는 목적을 위해 직접적으로 요구되고 있는 것이 아니라, 자본주의의 경제 체제 자체의 문제점을 해결하기 위한 형태로 제시되고 있다. 물론 인간 소외의 지양 및 유적 본질의 실현을 위해 제시된 사적 소유의 폐지도 자본주의의 내적 모순을 해결하기 위한 형태로 제시되기도 한다. 그래서 유적 본질의 실현, 즉 후기 저작의 표현 방식으로는 '개인적 능력의 전면적 발전'은 공산주의 사회의 최고의 목적으로서가 아니라 단지 공산주의 사회의 여러 원리나 모습들 중의 하나로서 병렬적으로 제시되고 있을 뿐이다.

이처럼 마르크스에서 공산주의의 사회 원리는 공산주의의 인간론 즉 자아 실현론적인 휴머니즘과의 직접적인 연관 속에서 제시되는 경우도 있지만 그렇지 않은 경우도 있다. 그렇지만 인간론과의 직접적인 연관 속에서 제시되지 않은 사회 원리들의 경우에도 이것들이 결과적으로 유적 본질을 실현하는 데 좋은 조건을 형성하는 것으로 설명되고 있기도 하다. 따라서 공산주의의 사회 원리나 모습은 휴머니즘적인 자아 실현론적 인간론과 직접적 또는 간접적으로 연관되어 있다고 해석할 수 있다.

마르크스에서 공산주의의 사회 원리는 인간의 유적 본질을 실현할 수 있는 휴머니즘적 사회, 즉 자유롭고 의식적인 행위를 통해서 개인의 능력과 개성을 전면적으로 발휘할 수 있는 사회를 위한 조건으로서 기능한다. 공산주의의 사회 원리는 더 좋은 삶을 위한 더 좋은 사회적 조건을 형성해 주는 것으로서 진보성이라는 유토피아적 특성을 갖고 있는 것이다. 그리고 이것은 인간의 유적 본질의 실현을 억압함으로써 인간 소외를 야기하는 자본주의적 사회 원리를 비판하면서 이에 대한 대안적 원리로서 기능할 수 있기에 비판성과 대안성이라는 특성도 갖게 된다. 따라서 마르크스의 공산주의적 사회 원리는 이러한 측면에서 유토피아적 요소나 경향을 갖고 있다고 볼 수 있다.

4. 공산주의 사회 원리의 몇 가지 문제점

마르크스가 제시한 공산주의적 사회 원리와 모습을 그의 자아 실현 론적 인간론과의 연관성 속에서 고찰할 때 여기에 유토피아적 요소나 경향이 있음을 보았다. 그러나 공산주의적 사회 원리에 대한 마르크 스의 논의는 완결된 형태로서 제시된 것은 아니어서 상당히 단편적인 미완성의 형태를 취하고 있다. 논의가 충분히 전개되지 않아서 보완 해야 할 부분도 있고 또 견해가 명료하게 드러나지 않아서 애매하거 나 때로는 그 내용에서 서로 대립적인 경향이 있기도 하다. 이것은 마 르크스가 미래 사회의 모습이나 전망과 관련하여 유토피아론을 세우 는 것을 불필요한 작업으로 여겼거나 또는 이것을 의식적으로 회피하 려고 한 데서 기인한 것으로 보인다.

1) 소외 문제의 해결에서 사적 소유 폐지의 과도한 중심성 :
사적 소유의 폐지만으로 인간 소외가 극복되는가?

마르크스가 공산주의를 "인간의 자기 소외인 사적 소유의 실증적 지양"이라고 한 데서 알 수 있듯이, 사적 소유의 철폐는 공산주의 사 회의 가장 핵심적 원리로 간주되고 있다. 사적 소유의 철폐를 통해서 노동 소외를 비롯한 모든 인간 소외가 극복되고 인간의 유적 본질이 회복된다는 것이다. 그러나 과연 사적 소유가 철폐되면 모든 인간 소 외가 극복되고 유적 본질이 실현될 수 있는가?

다니엘 벨은 마르크스가 소외를 단지 사적 소유에서만 찾음으로써 편협된 길을 가게 되었다고 비판한다.[20] 마르크스가 사적 소유라는

---

20) D. Bell, 「소외에 관한 논쟁」, 『현대 소외론』, 조희연 편역, 참한, 1983, 95-110쪽 참조.

경제적 개념에만 매몰됨으로써 다른 영역에서의 인간 소외의 다른 형태들을 간과하고 있다는 것이다. 즉 노동 분업에 따른 비인간화, 위계적인 관료적 조직, 비민주적인 의사 결정 과정 등 인간 소외를 발생시키는 다른 원인들이 있는데, 이러한 것들이 제대로 다루어지지 않았다는 것이다. 그래서 벨은 사적 소유가 철폐되면 인간 소외가 완전히 극복되어 인간이 자유롭게 될 것이라는 마르크스의 주장은 일종의 공상이라고 비판한다.

물론 마르크스가 분업의 문제를 간과했다는 벨의 주장에는 동의할 수 없다. 이미 위에서 지적하였듯이 마르크스가 초기뿐만 아니라 후기에서도 지속적으로 분업의 철폐를 공산주의 사회의 중요한 원리로 강조하고 있기 때문이다. 그러나 사적 소유가 철폐된다고 해서 인간 소외 전반이 극복되는 것은 아니라는 벨의 주장은 타당하다고 본다. 사적 소유의 철폐가 분업에 따른 문제를 해결하는 데 좋은 조건은 될 수는 있지만 그렇다고 이로 인해 분업에 따른 인간 소외가 저절로 사라지는 것은 아니기 때문이다. 이미 위에서 지적하였듯이 분업의 문제는 사적 소유와는 또 다른 문제로 다루어져야 한다. 그리고 베버가 주제적으로 다루었던 관료제와 같은 문제가 사적 소유가 철폐되더라도 여전히 존재할 수 있기 때문이다.

마르크스와 엥겔스도 이러한 문제를 의식해서인지 초기와는 다르게 후기에서는 사유 재산의 폐지가 자동적으로 모든 소외를 종식시킬 것이라고 단언적으로 주장하지는 않았지만 그렇다고 이 주장을 명백하게 포기한 것도 아니다. 사회적 생산과 자본주의적인 사적 소유를 자본주의 사회의 기본 모순으로 보면서 여기에 자본주의 사회의 모든 충돌과 문제점의 맹아가 포함되어 있다고 보기 때문이다.

마르크스는 인간 소외의 다양한 측면들을 제대로 보지 못하고 이것을 경제적 범주와의 관계 속에서만 이해함으로써 사적 소유의 철폐에 과도한 중심성을 부여하고 있는 것이다. 아담 샤프의 주장처럼 사적 소유의 철폐는 "자본주의 사회에 존재하는 소외의 소멸과 그에 따른 인간적 조건을 위해서 필수적인 선행 조건"[21]으로만 보아야 한다. 즉 사적 소유의 철폐는 인간 소외를 극복하기 위한 필요 조건이지 충분 조건은 아닌 것이다. 공산주의 사회에서 인간 소외를 극복하고 유적 본질을 실현하기 위해서는 사적 소유의 철폐 이외에도 다른 여러 가지 조건들이 요구되기 때문이다.

2) 분업 문제의 해결 방향의 애매성 : 자유로운 작업의 교체인가, 노동 시간의 단축인가?

분업의 철폐는 사적 소유의 철폐와 함께 공산주의 사회의 핵심적 원리로서 지속적으로 제시되고 있다. 초기에는 분업의 철폐를 사적 소유의 폐지와 동일시하거나 또는 분업의 철폐가 사적 소유의 폐지를 통해서 자동적으로 달성될 것으로 보았지만, 후기에는 분업의 철폐를 어느 정도 독자적인 문제로 간주하는 경향도 보인다. 그리고 사적 소유의 폐지와 달리 분업의 철폐는 후기에도 대부분의 경우에 인간 본질의 실현이라는 휴머니즘적 차원과 직접적으로 연관된 상태에서 제시되고 있다. 그렇지만 분업의 철폐가 상당히 중시되고 있음에도 불구하고 여기에는 몇 가지 애매한 점이 있다.

마르크스는 초기에 주로 도시와 농촌의 분업을 사례로 들면서 분업의 문제를 지적하였다. 즉 단일한 작업 과정에서의 기술적 분업이 아니라 직종에 따른 사회적 분업 문제를 주로 언급하고 있다. 이와 관련

---

21) A. Schaff, 『마르크스주의와 개인』, 김영숙 역, 중원문화, 1988, 142쪽.

하여 다니엘 벨은 마르크스가 기술적인 분업의 문제를 간과하고 있다고 비판한다. "『자본론』에도 노동의 비인간화와 분업에 대한 문학적 표현이나 예시적 언급들을 제외하고는 비인간화의 측면이 제대로 다루어지고 있지 않다"[22])는 것이다. 그러나 이러한 벨의 주장의 타당하지 않다. 비록 초기에는 마르크스가 기술적 분업의 문제를 제대로 포착하지 못한 것으로 보이지만 그러나 이후에는 기술적 분업의 문제도 중시하면서 이에 대해 관심을 표명하고 있다. 엥겔스는 공장 제도의 도입에 따른 기술적 분업의 문제를 다음과 같이 지적하였다.

"노동은 개별 노동자들 사이에서 더욱 더 분할되어, 이전에는 하나의 작업 전체를 담당했던 노동자가 이제는 그 작업의 일부분만을 담당하게 되었다. 이 분업은 생산물을 더 빨리 따라서 더 값싸게 공급될 수 있도록 해 주었다. 분업은 노동자 각자의 행위를 매우 단순하고 매순간 반복되는 기계적인 동작으로 전락시켰다."[23)]

따라서 마르크스나 엥겔스가 기술적 분업 문제보다는 사회적 분업 문제에 더 치중한 것에는 문제가 있다고 비판할 수는 있겠지만, 그러나 기술적 분업에 따른 인간 소외 문제를 간과했다는 주장은 타당하지 않다. 오히려 문제는 분업에 따른 인간 소외 문제를 어떤 방식으로 해결할 것인가이다. 그런데 마르크스는 이에 대해 단편적으로 언급하면서 애매한 입장을 취하고 있다.

위의 인용문에서 알 수 있듯이 기계적 대공업의 분업에는 이중적 측면이 있다. 분업은 한편으로는 짧은 시간에 대량 생산을 가능하게

---

22) D. Bell, 앞의 책, 100쪽.
23) F. Engels, "Grundsätze des Kommunismus", MEW 4, 364쪽.

해주는 등 생산성을 향상시켜 주지만 그러나 다른 한편으로 단순 작업의 기계적 반복으로 인해 노동 소외 문제를 발생시킨다.

이러한 문제를 해결하기 위해 기계적 대공업을 폐지하고 수공업적 생산으로 되돌아갈 수도 있다. 거기에서는 기술적인 분업이 거의 없기 때문이다. 그러나 마르크스와 엥겔스는 대공업을 포기하는 것이 절대로 불가능하다고 말한다. 이들은 대공업의 문제점으로 기술적 분업으로 인한 노동자의 기계화, 비인간화와 함께 과잉 생산으로 인한 공황의 문제를 지적한다. 그리고 이에 대한 해결책으로 제시하는 것이 사회 전체에 대한 확고한 계획에 입각한 생산이다. 즉 공산주의적 계획을 내세운다.

그러나 이러한 사회 전반적인 계획에 의해서 공황과 같은 무정부성은 극복될 수 있다고 할지라도 기술적 분업에 따른 문제가 해결되는 것은 아니다. 왜냐하면 사회 전반적인 계획적 생산이라고 할지라도 여전히 대공장에서는 기술적 분업을 요구하기 때문이다.

따라서 분업의 지양을 『독일 이데올로기』에 묘사되어 있는 것처럼 자기 마음대로 직업이나 활동을 선택할 수 있다는 의미로 이해할 수는 없다. 마르크스나 엥겔스도 이러한 문제점을 인식해서인지 후기에는 모든 분업의 지양이 아니라 "종래의 분업의 제거"나 "예전의 분업을 폐지하는 것"[24]이라고 표현하고 있다. 따라서 여기서 분업의 지양이란 "하나의 사회적 세부 기능의 단순한 담당자인 부분적 개인을 다양한 사회적 기능을 자신의 다양한 활동 양식으로 바꿔가며 행하는 전체적으로 발달한 개인으로 대체하는 것"(*Kapital I*, 512)이다. 따라서 이것이 가능하려면 개인이 교육을 통해 "생산의 전체 체계를 통찰

---

24) F. Engels, *Anti-Dühring*, MEW 20, 274쪽.

할 수 있는 인간"이 되어야 한다. 그래야 자기 능력을 발휘할 수 있는 자기가 원하는 활동이나 직업을 가질 수 있다. 이것은 하나의 작업 과정에서 담당 분야를 서로 바꿔가면서 근무하는 것이며, 이것을 좀더 확대하면 직업 자체를 바꿀 수도 있을 것이다.

그렇지만 단순한 작업에서는 이러한 업무 교체가 가능할 수 있겠지만, 그러나 고도의 전문적 지식을 요구하는 분야에서 이러한 업무나 직업의 교체에는 한계가 있을 수 있다. 한 개인이 가진 여러 소질을 다방면으로 발전시키기 위한 전문적 교육에는 많은 시간이 요구되기 때문이다.

그런데 마르크스와 엥겔스는 다른 한편으로 노동 시간의 단축에 대해서도 언급한다. 엥겔스는 자본주의의 여러 병폐가 사라지고 "노동에 모든 사람들이 일반적으로 참여함으로써 노동 시간을 지금의 관점에서 보면 매우 적은 정도로 줄일 수 있다"고 말한다. 사적 소유의 철폐에 의해서 타인의 노동력에 대한 착취가 사라지고, 계획적 생산에 의해서 공황과 같은 생산물과 생산력의 낭비가 사라진다면 노동 시간을 줄일 수 있다는 것이다. 마르크스도 "자유의 왕국은 자신의 토대로서 필연성의 왕국 위에서만 번영할 수 있다. 노동 일수의 단축은 기본 조건이다"(*Kapital III*, 828)라고 말한다. 인간이 더 자유롭게 활동하기 위해서는 노동 시간의 단축이 요구된다는 것이다.

그렇다면 마르크스는 공산주의 사회에서도 노동이 유적 본질을 실현하는 자유로운 행위가 되지 못하고 여기서 소외가 발생한다는 것을 인정하는 것인가? 그래서 노동 시간의 단축이 요구된다는 것인가? 만약 공산주의에서 노동이 소외를 발생시키지 않고 유적 본질을 실현하는 계기가 된다면, 굳이 노동 시간을 단축할 필요가 없는 것이다. 마르크스는 공산주의에서도 대공업이 불가피하다고 보았기 때문에 그 과정에서 기술적 분업이나 사회적 분업에 의해 소외가 발생하는 것도 피할 수 없다고 본 것 같다. 그래서 사회를 유지하기 위해 기본적인 생필품을 생산해야 하는 노동 시간은 가능한 한 단축하고, 대신에 자아를 실현할 수 있는 여가 시간을 확대하려고 했던 것이다.

이처럼 노동 분업에 따른 인간 소외 문제를 해결하기 위한 방향이 불분명하고 또 그 해결책의 실현 가능성에도 문제가 있다. 자신의 능력을 발휘하기 위해 자유롭게 다양한 활동 영역을 교체하는 방향을 추구하는 것인지, 아니면 분업은 불가피하게 노동 소외를 발생시키므로 필요 노동 시간을 단축하는 방향을 추구하는 것인지가 명료하지 않다. 그리고 전자의 방향을 추구할 경우에 그것의 실현 가능성이 의문스럽고, 후자의 방향을 추구할 경우에는 마르크스의 핵심적 주장인 노동을 통한 유적 본질의 실현이라는 관점과 어긋나게 된다.[25]

3) 계획적 생산과 개인적 자유의 대립 :
질서의 왕국인가, 자유의 왕국인가?

마르크스에서 생산력의 발전은 공산주의 사회의 필수적인 전제들 중의 하나로 간주되고 있다. 생산력이 발달해 풍부한 재화를 제공해야만 생필품을 둘러싼 갈등이 사라지고 인간의 욕구를 충족시킬 수 있으며 필요에 따른 분배도 가능하기 때문이다. 그리고 계획적 생산도 자본주의에서 발생하는 공황에 따른 생산물과 생산력의 파괴를 극

---

25) 토마스 모어의 『유토피아』에서 주민들이 하루 6시간을 일하고 나머지 시간에는 자유로운 여가를 즐기는 모습이나 요즘 우리 사회에 도입되고 있는 주 5일 근무 등은 노동 시간의 단축을 통해 노동 소외 문제를 해결하기 위한 것으로서 후자의 방향과 일치한다고 볼 수 있다. 이에 비해 제레미 리프킨이 『노동의 종말』에서 언급하고 있는 로테이션제, 다기능적인 팀제 등의 포스트 포디즘적 생산 방식은 전자의 방향과 일치한다고 볼 수 있다.

복하여 생산력을 향상시켜 준다. 또 보편적 교류도 세계사적 협동을 통해 전 세계적 생산력을 향유할 수 있게 해준다. 이처럼 여기서 언급한 계획적 생산, 보편적 교류, 필요에 따른 분배는 생산력의 발전과 긴밀히 연관되어 있다.

공산주의 사회가 더 나은 사회, 더 진보된 사회라고 할 수 있는 이유는 무엇일까? 물론 위에서 살펴보았던 것처럼 공산주의에서는 (1) 보편적인 인간 해방을 통해 개인의 능력을 전면적으로 자유롭게 발휘할 수 있기 때문이다. 그리고 앞의 2절에서 밝혔던 것처럼 이러한 자아 실현적인 휴머니즘의 관점에서 볼 때, 생산력의 발전도 개인의 능력을 자유롭게 발휘할 수 있는 조건을 마련해 준다는 점에서 가치가 있다고 할 수 있다. 즉 생산력의 발전이 유적 본질을 실현하는 데 필수적 조건으로 기여하기 때문에 생산력의 발전을 진보라고 할 수 있는 것이다.

그러나 다른 한편으로 마르크스와 엥겔스의 저작에는 (2) 생산력의 발전 자체를 진보로 여기는 경향도 있다. 이들은 후기 저작에서 자본주의의 문제점을 설명할 때 공황의 문제에 대해 자주 언급한다. 즉 자본주의의 무정부적 생산에 의해서 공황이 발생하는데 이것은 자본주의의 기본 모순이라고 할 수 있는 생산의 사회적 성격과 자본주의적 전유 양식 사이의 모순에서 기인한 것이다. 자본주의적 생산 양식에서는 공황 등으로 생산력의 발전이 억압되어 왔는데, 사회주의 생산 양식에서는 생산 관계가 바뀜으로써 생산력이 해방되어 비약적인 생산력의 발전이 이루어진다. 그래서 생산력의 해방과 발전이라는 측면에서 공산주의가 역사의 진보라는 것이다. 생산 수단에 대한 공동체적 소유에 토대하고 있는 공산주의에서는 사회 전체적인 계획적 생산에 의해서 과잉 생산으로 인한 공황이 발생하지 않으며 따라서 자원

낭비를 막고 기존의 생산력을 좀더 효율적으로 이용할 수 있다는 것이다. 그리고 이러한 생산력의 발전은 결과적으로 빈곤을 근절시키고 인간의 물질적 욕구를 충족시켜 준다는 것이다.

여기서 (1) 개인적 능력의 전면적 발전 즉 유적 본질의 실현과 (2) 생산력의 발전이 서로 상보적이 될 수도 있다. 개인의 전면적인 발전이 생산력을 향상시킬 수도 있고, 다른 한편으로 생산력이 발전이 개인의 전면적 발전을 위한 유리한 조건이 될 수도 있기 때문이다.

그렇지만 (1)과 (2)가 서로 상충하는 측면도 있다. 개인적 능력의 전면적 발휘를 통해 유적 본질을 실현하기 위해서는 분업의 철폐나 완화 또는 노동 시간의 단축이 요구된다. 그러나 생산력의 발전을 위해서는 대공업적인 분업이 더 유리할 수도 있다. 그리고 위에서 지적하였듯이 마르크스와 엥겔스도 공산주의에서 '종전과 같은 분업'은 아닐지라도 이러한 기술적 분업을 불가피한 것으로 인정하고 있다. 즉 '작업의 교체'가 어느 정도 가능하더라도 여기에는 여전히 분업이 존재하는 것이다. 그리고 '노동 시간의 단축'이라는 해결 방향에서 알 수 있듯이 여기서도 노동 소외가 발생할 수 있음을 명시적으로는 아니지만 어느 정도 드러내 보이고 있다. 따라서 생산력의 발전을 위한 분업이 개인적 능력의 전면적 발전에 장애가 될 수 있는 것이다.

엥겔스는 "예전의 분업을 폐지하는 것이 노동의 생산성을 희생시킴으로써만 성취될 수 있는 요구인 것은 아니다"라고 하면서 생산성과 분업의 폐지가 양립할 수 있다고 주장한다. 그리고 더 나아가 오히려 "대공업으로 인해 예전의 분업을 폐지하는 것은 생산 그 자체의 하나의 조건이 되었다"고 말한다. 그러나 그가 제시한 논거는 설득력이 약하다. 엥겔스는 기계적인 대공업의 생산이 노동의 순환을 쉽게 하고, 기능을 서로 쉽게 바꿀 수 있게 하기 때문에 노동자가 다양한 기능을 교체하면서 담당할 수 있다는 근거를 내세운다. 물론 이러한 '작업의 교체'가 '배타적인 세분화된 분업'보다는 소외를 줄일 수 있을지 모르지만, 그렇다고 소외 자체를 절대적으로 없애는 것은 아니다. 그리고 자신의 선호에 따라 전문화된 영역에서 작업을 자유롭게 교체하는 것은 실현 가능성이 낮을 뿐만 아니라 또한 전문성의 결핍으로 인해 생산성이 저하될 수도 있다.

그리고 마르크스와 엥겔스 저작에서 후기로 갈수록 분업의 문제보다는 공황과 무정부적 생산의 문제가 더 중점적으로 다루어지면서 공산주의의 계획적 생산에 의한 생산력의 발전을 강조하고 있다. 그런데 이러한 사회 전체적인 계획적 생산을 통해 생산력을 향상시키기 위해서는 일정한 분업이 요구되며 따라서 이로 인해 개인의 자아 실현이 제한되고, 나아가 이것은 자유로운 개인들의 연합체라는 공산주의적 원리를 위협할 수도 있다.

'자유의 왕국'이나 '자유로운 개인들의 연합체'라는 표현에서 알 수 있듯이 마르크스가 전반적으로 자유를 선호하는 것으로 보이지만, 그러나 계획적 생산을 통한 생산력 발전의 추구는 이와 상충되는 것으로 보인다. 이 문제는 자유인가 질서인가라는 유토피아적 사회의 기본적 모형과 관련되어 있다.

블로흐는 토마스 모어의 유토피아가 '자유'의 모형을 대표한다면, 캄파넬라의 유토피아는 '질서'의 모형을 대표한다고 말하였다. 모어는 사유 재산의 철폐를 바탕으로 하여 개인들이 자발적으로 노동하면서 서로에게 관용을 베풀고 쾌락을 즐기는 자유로운 사회상을 제시하였다. 이에 비해 캄파넬라는 엄격한 시간 엄수와 조직화를 바탕으로 국가가 모든 것을 통제하고 관장하는 질서 정연한 사회상을 제시하였다. 그래서 자유를 지향하는 사회주의는 모어를 선구자로 여기고, 중앙 집권 체제를 지향하는 사회주의는 캄파넬라를 선구자로 여겼다. 그런데 블로흐는 마르크스가 자유와 질서 이 양자를 결합시키고 있다고 주장한다.

> "마르크스는, 모어와 그의 추종자들의 자유 연합체를 캄파넬라와 그의 추종자들의 질서 있는 중앙 집권주의와 결합시키면서 그것들을 극복하였다. 여기서 질서는 새로운 것으로서 '민주주의적 중앙 집권주의'인데, 이것은 생산 과정에서의 공동체적 조직이자, 인간적인 정보를 얻고 인간적인 수양을 쌓기 위한 공동체적인 단일한 계획인 것이다."(*Hoffnung II*, 620)

블로흐는 자유는 오직 질서를 통해서 명확하게 규정된, 더 명료하게 표현된 내용에 도달할 수 있다고 말한다. 자유와 질서는 유물 변증법에서는 상호 보완적인 작용을 하기에, 질서는 구체화된 자유의 모습이고 자유는 구체적인 질서의 모습이라는 것이다.

그러나 블로흐의 이러한 주장처럼 자유와 질서가 양립 가능한 것인지는 의문스럽다. 민주주의적 중앙 집권제가 구체적으로 어떤 형태를 띠며, 어떻게 작동할 수 있는지는 애매하게 보인다. 필자가 보기에 마르크스의 유토피아에는 자유의 모형과 질서의 모형 두 가지가 다 내재되어 있지만, 후기에 갈수록 질서의 모형을 더 강조한 것으로 보인다. 실제로 소련을 비롯한 사회주의 국가들은 후자의 모델을 따랐으며, 따라서 여기서 자유의 억압과 같은 인권의 문제가 발생하기도 하였던 것이다.

이처럼 마르크스에서는 생산성의 향상을 위한 계획적 생산과 개인적 자유의 보장이라는 두 가지 원리가 서로 상충하는 측면이 있으며, 이것은 유토피아의 기본 모형과 관련해서 자유의 왕국인가 아니면 질서의 왕국인가라는 문제에 대해 애매한 태도를 취하고 있는 것으로 나타나고 있다. 마르크스는 자신이 추구하는 유토피아적 미래상을 명료하게 구체화하지 못했던 것이다.

4) 고도의 생산력 발전의 가능성 문제 :
높은 수준의 생산력의 발전은 가능한가?

마르크스에서 생산력의 발전은 공산주의 사회가 형성되기 위한 필수적인 조건들 중의 하나이다. 생산력이 고도로 발전되어야 개인이 단순한 육체적 욕구의 충족에 매달리지 않고 자신의 능력과 개성을 전면적으로 발휘하는 데 관심을 쏟을 수 있으며 또한 필요에 따른 분배도 가능하게 된다.

그런데 요나스(Jonas)는 생산력의 무한한 발전을 추구하는 이러한 마르크스의 태도를 기술적 낙관주의라고 하면서 이를 비판한다. 요나스에 따르면 마르크스주의의 유토피아는 베이컨의 유토피아와 깊이 연관되어 있다.26) 베이컨은 기술주의, 즉 과학 기술의 발전을 토대로 자연을 가공하고 지배하여 생산력을 향상시키고 복지를 증대시키려는 이상을 갖고 있는데, 마르크스주의도 이러한 '베이컨적 기획'을 전제로 삼고 있다는 것이다. 그리고 마르크스주의는 여기에 생산력을 효과적으로 통제하기 위한 분배 제도의 개선과 같은 사회 제도의 개혁을 첨가시켰을 뿐이기에 마르크스주의에서 기술주의와 인류의 복지 증대가 유토피아의 조건이자 목표가 되고 있다는 것이다.

이러한 요나스의 지적처럼 마르크스주의는 베이컨주의의 전통을 이어받아 기술의 힘을 찬양하면서 여기에 생산 수단의 사회화라는 제도

---

26) H. Jonas, *The Imperative of Responsibility*, The University of Chicago Press, 1984, 154쪽 참조.

개혁을 통해서 인류의 복지를 증대시키려고 했다. 마르크스주의는 기술의 힘을 제어하려고 하지 않고, 그것을 적극적으로 활용하려고 한다. 이러한 유토피아 꿈은 기술 공학의 한계와 위험이 이제 더 이상 공산주의 사회에는 존재하지 않는다는 내용을 함축하고 있다. 기술이 이윤 경제의 비합리성에서 벗어나서 더욱 현명하게 사용될 수 있으며 또 사회적 억압에서 벗어난 기술의 진보적 잠재력이 최고의 힘을 발휘할 수 있다. 즉 기술의 힘에는 한계가 없으며, 자연의 활용에도 한계가 없다고 본다.

그러나 요나스가 보기에 이러한 기획에는 문제가 있으며, 마르크스주의가 추구하는 유토피아는 실현 불가능하다. 왜냐하면 풍요와 복지의 이념은 자원 고갈과 환경 파괴의 문제를 발생시키기 때문이다. "자연에게는 그 공격이 '우익'에 의해 행해지는가 아니면 '좌익'에 의해 행해지는가, 즉 부르주아적 자유주의 진영에 의해서 행해지는가 아니면 마르크스주의적 진영에 의해서 행해지는가는 전혀 중요하지 않다."[27] 자본주의가 되었든 사회주의가 되었든 간에 기술의 발전을 통한 무한한 풍요와 복지의 추구는 결국 자연에 대한 공격이 된다는 것이다. 그래서 식량 문제, 자원 문제, 에너지 문제, 지구의 과열 문제 등이 발생한다. 따라서 문제는 인간이 아직도 얼마만큼 행위할 수 있을 것인가가 아니라, 자연이 얼마만큼 견딜 수 있는가이다. 자연의 내성(耐性)에는 한계가 있는데 문제는 유토피아가 그 한계의 내부에 있는가 또는 그 밖에 있는가이다.

마르크스주의에서 소외란 단지 노동 생산물로부터의 소외일 뿐으로서 이러한 소외는 사회화를 통해 극복 가능하다고 본다. 마르크스주

---

27) 같은 책, 188쪽.

의는 자연을 변형시키는 노동을 통한 세계의 인간화를 긍정적으로 수용한다. 그러나 이러한 관점은 '기술적 소외'를 무시한 것으로서 기술의 한계에 대한 비판이 부족하며, 여기에는 기술적 충동이 내재되어 있다는 것이다.

물론 이러한 요나스의 주장과 상반되는 측면이 마르크스의 이론에는 존재한다. 마르크스 이론의 관점에서 보면 자본주의에서는 이윤 추구의 논리에 따른 지나친 경쟁과 과잉 생산으로 인해 자원의 낭비가 발생하는데, 공산주의에서는 계획적 생산에 의해 이러한 문제를 해결할 수 있기에 오히려 자원을 효율적으로 사용할 수 있다. 그리고 자본주의 사회에서 인간들이 소유욕과 경쟁에 사로잡혀 있는 데 비해 공산주의 사회에서는 새롭게 형성된 사회적 조건에서 이러한 이기적인 탐욕적 욕구에서 해방된 새로운 인간형이 형성될 수 있으므로 인간의 욕구도 어느 정도 조절된다. 따라서 단순한 신체적 욕구는 오히려 줄어들 수도 있다. 또 생산 수단의 사회화를 바탕으로 사회주의적인 방식의 재화 분배가 이루어진다면 소수에 의해 독점된 재화를 다수의 인류의 복지를 위해 좀더 공평하게 사용하여 이러한 기본적인 신체적 욕구를 충족시킬 수 있다. 따라서 공산주의에서의 물질적 풍요가 자원 고갈과 환경 파괴 등을 심화시켜서 자연에 대해 더욱 공격적이고 착취적으로 된다고 말할 수 없는 측면이 있다.

그러나 마르크스가 말하는 공산주의에서의 생산력의 해방이나 발전의 의미는 단지 이미 주어진 수준의 생산력을 좀더 효율적이고 공평하게 사용하는 것에 그치는 것이 아니라 기존의 생산력의 수준을 넘어서는 것을 의미한다. 공산주의에서 "사적 소유의 압박으로부터 해방된 대공업이 크게 확대되어 발전한다"[28]는 것은 생산력의 수준이 절대적으로 발전한다는 것을 의미한다. 자본주의에서는 사적 소유의

114

생산 관계가 질곡으로 작용하여 생산력의 발전이 제약을 받았지만, 사회주의에서는 이러한 자본주의적 생산 관계의 철폐로 인해 생산력이 해방되어 비약적인 발전이 가능하다는 것이다. 그리고 이러한 생산력의 발전을 통해 마르크스의 주장처럼 절대적 궁핍이나 결핍의 문제를 해결하여 인간의 전면적인 능력을 자유롭게 발휘할 수 있는 토대가 마련될 수 있다는 것이다.

이처럼 공산주의에서 생산력의 해방이나 발전은 자본주의 사회의 기존의 생산력을 넘어서는 절대적인 수준에서의 생산력의 발전을 의미하고 있다. 따라서 이러한 공산주의 사회에서도 자본주의 사회와 마찬가지로 또는 이보다 더욱 심한 정도로 자연 파괴가 이루어질 수 있다. 요나스의 지적처럼 기술적 낙관주의를 바탕으로 무한한 생산력의 발전을 추구하는 공산주의는 거기서 파생되는 문제, 즉 자원 고갈이나 생태계의 파괴와 같은 문제에 직면할 수 있다. 그래서 기든스도 마르크스에서 결핍으로부터의 탈피는 보편적인 물질적 풍요에 대한 전망을 토대로 하고 있기에 공상적이라고 하면서, 자원의 무제한적인 개발보다는 보존이 절실히 요구되는 전지구적 상황에서 이러한 관점은 받아들일 수 없다고 비판한다.[29] 이처럼 과학 기술이나 자연의 수용의 한계라는 문제를 고려한다면, 마르크스가 내세웠던 공산주의에서 고도의 생산력의 발전은 기술적 낙관주의에 기초한 하나의 바람에 불과하다는 비판을 받을 수 있다.

---

28) F. Engels, "Grundsätze des Kommunismus", MEW 4, 375쪽.

29) A. Giddens, *Beyond Left and Right*, Polity Press, 1994, 101쪽 참조.

$\textcircled{4장}$

마르크스는 왜 유토피아를 꺼려했는가?

실증주의, 역사주의, 경제결정론의 경향

아, 우리가 장미를 찾아온 것은 아니었지만
우리가 왔을 때, 장미는 거기에 피어 있었다.

— 브레히트, 「아, 어떻게 우리가 이 작은 장미를 기록할 수 있을 것인가?」

1. 과학적 사회 과학의 영향

마르크스는 초기 사회주의자들의 유토피아론을 공상적이라고 비판하면서 사회주의적 미래상을 구체적으로 제시하는 작업을 꺼려하거나 비과학적이라고 비판하는 등 반유토피아적 경향을 후기 저작에서 강하게 보임으로써 유토피아적 차원은 크게 약화되었다. 마르크스에게는 공산주의를 지향하는 유토피아적 충동이 내재해 있었음에도 불구하고 그는 이러한 충동을 겉으로 드러내려고 하지 않은 것이다. 그래서 그의 저작에 부분적으로 드러나는 유토피아적 미래상, 즉 유적 본질의 실현으로서 공산주의와 이를 달성하기 위한 사회적 조건으로서 공산주의적 사회 원리들은 명료하게 체계적으로 형상화되지 않아서 불완전하거나 애매한 부분이 많으며 때로는 대립된 측면을 드러내 보이기도 한다. 특히 후기 저작에서는 이러한 유적 본질의 실현으로서 공산주의라는 인간론적 측면의 유토피아적 요소는 상당히 약화되고, 이에 따라 공산주의적 사회 원리도 이러한 인간론과의 관련성이 약화된 형태로 제시되는 등 반유토피아주의적 경향이 더욱 강화된다.

마르크스가 역사적 유물론의 근본적 입장을 정초하면서 '과학적 사회주의'를 표방하기 시작한 저작, 그래서 마르크스의 초기 사상과 후기 사상을 구분시켜 주는 분수령이 되는 저작으로 간주되는 『독일 이데올로기』에는 이러한 반유토피아주의적 입장이 분명하게 드러난다.

> "우리에게 공산주의는 마땅히 조성되어야 할 하나의 '상태'(Zustand), 즉 현실이 지향해 나가야 할 하나의 '이상'(Ideal)이 아니다. 우리는 오늘날의 상태를 지양하는 '현실적' 운동을 공산주의라고 일컫는다. 이 운동의 조건들은 지금 존재하는 전제들로부터 생겨난다."[1]

공산주의는 기존 사회의 모순을 지양하는 현실적 운동이지, 어떤 특정한 이상적 상태를 전제해 놓고 이것을 지향하는 운동이 아니라는 것이다. 이것은 마르크스가 초기 사회주의자들을 공상적이라는 의미에서 유토피아적이라고 비판하는 중요한 이유들 중의 하나인데, 마르크스는 바로 이러한 관점에서 유토피아적인 미래상을 구체적으로 묘사할 필요가 없다고 주장한 것이다.

엥겔스는 「공산주의 원리」에서 "공산주의란 프롤레타리아 해방의

---

1) K. Marx / F. Engels, *Die deutsche Ideologie*, MEW 3, 35쪽.

조건들에 관한 학설"이라고 하였다. 이러한 규정은 마르크스가 『경제학 철학 수고』에서는 공산주의를 '휴머니즘'이라고 규정한 것과 차이가 있다. 휴머니즘이라는 것은 공산주의 사회에서는 인간 소외가 극복되어 인간이 인간다운 모습을 갖추게 된다는 것으로서 이것은 인간론에 입각하여 미래 사회에 대해 가치 판단적인 정당화를 하고 있는 것이다. 그러나 후기의 저술에서는 공산주의를 혁명을 위한 여러 조건을 분석하고 탐구하는 데 제한시키고 있다. 마르크스가 『자본론』에서 스스로 밝히고 있듯이 "주어진 것에 대한 단순한 비판적 분석에만 국한하고 미래의 음식점을 위한 요리법"을 저술할 필요가 없다고 본 것이다.

포퍼는 마르크스가 미래 사회에 대한 전체적인 구체적 청사진을 제시하지 않았다는 점에서 마르크스주의의 이러한 반유토피아주의적 경향을 지적한다. 유토피아적 공학은 궁극적 목적을 달성하기 위한 사회 전체의 청사진을 만들고 이를 토대로 이상 국가를 실현하려고 한다. 즉 합리적이고 의도적인 계획을 바탕으로 사회 전체의 변혁을 위한 구체적 청사진을 만들려고 한다. 물론 마르크스주의가 플라톤처럼 사회 전체의 급진적 변화를 추구한다는 점에서 유토피아적 측면도 있지만, 그러나 마르크스가 합리적이고 의도적인 계획이 비현실적인 공상이라고 비난하면서 사회 변혁의 구체적인 청사진을 제시하지 않았다는 점에서는 반유토피아적이라는 것이다.2)

마르크스주의가 안고 있는 이러한 유토피아적 미래상의 빈곤 문제와 관련하여 하우는 다음과 같이 말한다. "사회주의 사회를 만들어내는 일과 관련된 (사회주의적) 사상의 빈곤은 하나의 지적 스캔들이다.

---

2) K. Popper, *The Open Society and Its Enemies II*, 83쪽 참조.

사실 대부분의 마르크스주의자들은 그런 일이 수고할 만한 가치가 있다고는 전혀 생각하지 않았다."[3] 마르크스주의가 분명하게 자본주의를 폐지하고 바람직한 미래 사회로서 사회주의를 지향하고 있음에도 불구하고, 미래 사회주의 사회의 모습을 계획하고 이러한 사회의 운영 원리를 모색하는 작업을 무의미한 일로 간주하여 이에 대한 충분한 이론적 작업을 하지 않은 점은 아이러니라는 것이다.

이처럼 마르크스가 유토피아적인 이론적 작업을 비판하면서 이러한 작업의 가치를 인정하지 않고 그리고 이러한 이유로 인해 대안적 체제로서 공산주의 사회의 미래상을 명료하게 체계적으로 제시하지 않았다는 점에서 마르크스의 사상은 반유토피아주의라고 할 수 있다. 마르크스 사상에는 유토피아적 충동이 내재해 있지만 마르크스는 이러한 충동을 억누르고 이것을 드러내거나 표현하기를 꺼려했다. 마르크스주의는 19세기의 초기 사회주의자들로부터 유토피아주의를 상속받았음에도 불구하고 그러나 이것을 숨기려고 하였다. 마르크스는 이상적인 또는 바람직한 사회로서 공산주의를 추구하였지만 그러나 이것을 구체적으로 묘사하거나 형상화하는 것을 꺼려하였다. 그렇다면 그 이유는 무엇일까?

이러한 반유토피아주의의 원인으로 우선 생각해 볼 수 있는 것이 초기 사회주의자의 비현실성에 대한 마르크스의 비판과 반발이다. 마르크스는 초기 사회주의자들의 비현실성과 비과학성을 지적하면서 그들의 주장이 공상적이라는 의미에서 유토피아적이라고 비판했다. 초기 사회주의들이 현실에 토대하지 않고 단지 개인적인 상상력에 의존

---

3) I. Howe, "On the Moral Basis of Socialism", *Dissent*(Fall), 1981, 493쪽. S. Lukes, *Marxism and Morality*, Oxford University Press, 1988, 46쪽에서 재인용함.

하여 제시한 사회주의 이론이 사회주의의 실현을 위한 구체적 수단과 방법을 결여하고 있다는 것이다. 그들은 평화적인 방법으로 사회주의 에로의 전환이 가능하다고 보았지만, 마르크스는 프롤레타리아트가 주체가 되어 혁명을 일으킴으로써만 가능하다고 보았다. 마르크스는 실제로 사회주의를 실현할 수 있는 방법이라는 측면에서 초기 사회주의자들을 비판한 것이다. 그래서 마르크스는 미래에 대한 전망이나 상상보다는 현실에 대한 분석과 비판을 더 강조한 것이다.

이렇게 마르크스가 초기 사회주의자들과의 차별성을 드러내기 위해 지나치게 현실에 대한 분석과 비판만을 강조하다 보니 미래에 대한 탐구의 중요성을 간과하게 된 것이다. 이처럼 초기 사회주의자들이 내세운 사회주의 실현 방법의 비현실성에 대한 비판과 반발이 마르크스가 반유토피아주의적 태도를 취하게 된 한 원인이라고 볼 수도 있다.

그렇다면 초기 사회주의자들이 현실에 입각하지 않아서 그들의 유토피아론이 공상적이었다면, 현실에 대한 과학적 분석을 통해 사회주의의 실현을 위한 구체적 수단과 방법을 모색하고 더 나아가 사회주의의 구체적 미래상을 제시할 수도 있지 않은가? 즉 초기 사회주의자들이 현실을 과학적으로 분석하지 못하고 또 아직 사회주의를 위한 물질적 조건이 갖추어지지 않았기 때문에 그들의 주장이 공상적이었다면, 물질적 조건이 갖추어진 상황에서 현실에 대한 과학적인 분석을 통해 사회주의적인 미래상을 제시할 수도 있지 않은가? 그러나 마르크스는 이러한 작업을 하지 않았다.

블로흐는 이러한 이유로 마르크스가 미래 사회상을 언급하지 않음으로써 미래 사회상을 개방시켰다는 점을 지적한다. 그러나 이것은 마르크스가 '목표로서의 미래'를 갖고 있었다는 주장과 상충한다. 한편으로 '목표로서의 미래'를 갖고 있다고 하면서 다른 한편으로 미래 사회상을 개방시켰다고 주장하는 것은 모순적인 주장이다. 물론 목표로서의 미래는 추상적인 형태이지만, 이러한 목표를 사회 속에서 구체화하는 데에는 다양한 형태가 있을 수 있기 때문에 이 양자가 모순된 것은 아니라고 해석할 수도 있다. 그러나 가능한 미래상을 다양하게 제시하는 방식으로 개방적 태도를 유지할 수도 있지 않은가? 이러한 점들을 고려해 볼 때 블로흐가 제시한 이유는 설득력이 부족하다.

룩스도 마르크스가 구체적인 사회주의적 미래상을 제시하지 않은 몇 가지 이유에 대해 언급하고 있는데 그 중에서 가장 주목해야 할 것은 목적론적 철학이다. 그 이외의 이유들은 설득력이 떨어지거나 또는 목적론적 철학과의 관계 속에서 이해될 수도 있기 때문이다.4) 룩스의 주장에 따르면 마르크스가 헤겔을 비판하였지만 그러나 진정으로 버리지는 못해서, 마르크스주의에는 헤겔적인 목적론적 철학이 내재되어 있다는 것이다. 이러한 목적론적 관점은 현실 속에 이 현실이 지향해 나가는 미래 사회의 형상이 내재되어 있다고 보며, 따라서 기존의 자본주의 태내에도 미래 사회주의 사회의 형상이 내재되어 있다고 본다. 따라서 현실에 대한 분석과 함께 현재 부딪친 문제를 해결하는 데 매진하게 되면 자연스럽게 미래 사회의 모습이 점차 드러나게 되기 때문에, 군이 외부로부터 미래적 목표를 가져올 필요가 없다는 것이다. 룩스의 주장처럼 마르크스에게 목적론적 측면이 있어서 이것이 마르크스의 반유토피아주의의 한 이유가 되고 있는 것은 사실이다. 엘스터도 마르크스 철학에는 헤겔주의적 잔재인 목적론이 있다고 하면서 이것은 오늘날 더 이상 타당하지 않은 죽은 이론이라고 비

---

4) S. Lukes, *Marxism and Morality*, 43-45쪽 참조.

판하였다.

그렇지만 마르크스의 반유토피아주의의 원인에 대한 룩스의 이러한 설명은 핵심적 원인을 제대로 규명하지 못해서 불충분하다고 본다. 마르크스가 반유토피아주의적 태도를 취하게 된 주요 원인은 목적론에 있다기보다는 다른 이론적 요소에 있는데, 그것은 바로 19세기를 지배하였던 사회 과학의 과학주의적, 실증주의적 경향이다. 사실과 가치를 분리하고 단지 주어진 사실의 객관적 기술만을 과학적인 것으로 여겼던 '실증주의'와 역사에는 자연 과학처럼 객관적인 법칙이 존재하며 따라서 이를 바탕으로 미래를 예측할 수 있다는 '역사주의'로부터 마르크스는 깊은 영향을 받았다. 그리고 바로 이러한 실증주의와 역사주의의 경향이 마르크스를 반유토피아주의로 이끌게 된 주요 원인이 되었다고 생각한다. 따라서 룩스가 이러한 주요한 경향이나 요인을 제대로 드러내지 못했다는 점에서 그의 설명에는 한계가 있다고 할 수 있다. 룩스가 언급한 목적론은 과학주의적, 실증주의적 사회 과학의 흐름과는 거리가 있으며, 오히려 이것은 그 이전의 철학적 사회 과학의 흐름과 관련되어 있다고 볼 수 있기 때문이다.

2. 실증주의와 반유토피아주의

마르크스 사상의 반유토피아주의적 경향은 19세기 과학적 사회 과학의 영향을 크게 받은 것으로서 실증주의적 태도5)가 그것의 주요 원

---

5) 이 논문에서 '실증주의' 또는 '과학주의'라는 개념은 콩트가 언급한 실증주의적 방법이나 태도를 가리키는 의미로 사용된다. 실증주의 개념에 대해 하버마스는 『인식과 관심』에서 다음과 같이 설명한다. 실증주의는 과학의 타당성에 대한

인이라고 할 수 있다. 그런데 이러한 실증주의적 태도가 마르크스의 사상 자체에 내재해 있는 것이 아니라 수정주의자들이 마르크스 사상을 왜곡시킨 데서 기인한다고 보는 견해도 있다. 예를 들면 마르쿠제는 "수정주의자들이 비판적인 마르크스주의 이론을 실증주의 사회학의 기준에 따라 평가하면서 마르크스주의 이론을 자연 과학으로 변형시켰다"6)라고 주장한다. 마르크스의 사상 자체에는 헤겔의 변증법에 기초한 비판적이고 실천적인 측면이 있었는데, 수정주의자들이 이러한 측면을 제거하여 왜곡시킴으로써 마르크스주의가 실증주의로 변형되었다는 것이다. 그러나 마르쿠제의 주장처럼 이러한 실증주의적 경향이 전적으로 마르크스 이론에 대한 왜곡된 해석에서 기인했다고 보는 것은 타당하지 않다. 왜냐하면 아래에서 자세하게 밝히겠지만 이러한 실증주의적 요소나 경향은 이미 마르크스 이론 자체에 내재되어 있기 때문이다.

이와 관련하여 마틴 제이는 1840년대의 헤겔 좌파적인 철학적 성향이 마르크스주의나 비마르크스주의 모두에게서 "사회 현실에 대한 더 '과학적인' 때로는 실증주의적인 접근"7)으로 대체되었다고 말한다. 그래서 19세기 후반에는 마르크스주의를 포함한 사회 이론이 전반적으

확고한 신념을 토대로 자연 과학적인 방법을 참된 인식의 방법으로 간주한다. 실증주의는 경험론의 근본 규칙을 수용하여 관찰을 통한 감각적 경험을 유일한 인식의 기초로 여기고 있기에 감각 경험이 사실 영역을 향한 통로 역할을 한다. 즉 인식의 확실성은 감각적 확실성과 방법적 확실성에 의해서 보장된다. 이처럼 실증주의 또는 과학주의란 자연 과학적 탐구 방법을 참된 것으로 간주하여 감각적 경험을 토대로 얻어진 지식만을 참된 지식으로 인정하는 태도를 가리킨다. (J. Habermas, *Erkenntnis und Interesse*, Suhrkamp, 1973, 89-97쪽 참조.)

6) H. Marcuse, *Reason and Revolution*, Routledge & Kegan Paul, 1977, 400쪽.
7) M. Jay, *The Dialectical Imagination*, 42쪽.

로 비판성과 부정성을 상실하게 되었다는 것이다. 카치아피카스도 소련 마르크스주의가 '과학적 자연주의'의 입장을 갖게 된 데는 마르크스의 사상 자체에 실증주의적, 자연주의적 경향이나 요소가 내재해 있었기 때문이라는 점을 인정하고 있다.[8]

비록 마르크스가 밀이나 콩트를 자신의 경쟁자로 간주하여 겉으로는 그들의 실증주의적 방법을 비판하고 있지만 그러나 실제적인 이론적 탐구 작업에서는 실증주의적 태도를 보여주고 있다. 이와 관련하여 리틀(Little)은 마르크스의 탐구 방법에서 '명시적 이론'과 '암시적 이론' 사이에는 차이가 있다고 하면서 이때 우선적으로 중요한 것이 암시적 이론이라고 말한다. 여기서 명시적 이론(explicit theory)이란 겉으로 드러난 이론적 탐구 방법이며, 이에 비해 암시적 이론(implicit theory)이란 겉으로 드러나지는 않았지만 그러나 이론가가 실제적인 과학적 탐구 작업에서 구체적으로 적용하고 있는 방법이다.[9] 리틀은 쿤의 견해를 근거로 들면서, 과학적 연구의 토대가 되는 패러다임으로서 암시적 이론은 복잡하고 애매하며 또 무의식의 수준에서 작동한다고 말한다. 실제로 과학사를 보면 저명한 과학자들이 자신의 실제적인 탐구 작업에서 사용하고 있는 방법과는 다른 탐구 방법을 내세우고 있는 경우가 있다는 것이다. 리틀은 이러한 관점에서 마르크스가 밀이나 콩트의 실증주의를 겉으로는 비판하고 있지만, 그러나 『자본론』과 같은 그의 구체적 저작을 분석해 보면 그가 실제로 밀이나 콩트의 실증주의적 방법론과 강한 연속성을 유지하고 있는 것을 볼

---

8) G. Katsiaficas, 『신좌파의 상상력』(*The Imagination of the New Left*), 이재원 역, 이후, 1999, 518-519쪽 참조.

9) D. Little, *The Scientific Marx*, The University of Minnesota Press, 1986, 7쪽 참조.

수 있다고 주장한다.

1) 역사적 유물론, 반도덕주의, 반유토피아주의

마르크스의 『경제학 철학 수고』에는 포이에르바하의 인간학적, 철학적 태도가 중심을 이루고 있지만 그러나 다른 한편으로 경험적이고 실증적인 태도도 어느 정도 내재되어 있다. 마르크스는 자신의 국민경제학에 대한 비판적 연구가 '전적으로 경험적인 분석'(eine ganz empirische Analyse)에 의해 아직 수행되고 있지 못한 점을 반성하면서 이러한 경험적 분석 태도를 적극적으로 수용하려고 하였다.

그렇지만 마르크스의 실증주의적 경향은 이른바 단절기의 저작으로 일컬어지는 『독일 이데올로기』에서 과학성의 표방과 함께 좀더 분명한 형태로 드러난다. 마르크스와 엥겔스는 1845~46년에 이 책을 저술하면서, 헤겔을 비롯한 독일 철학의 이데올로기를 비판하고 과거의 철학적 의식을 청산함으로써 역사적 유물론의 토대를 완성하였다고 스스로 밝히고 있다. 그리고 이러한 역사적 유물론의 완성에 힘입어 사회주의 이론은 이제 과학적 사회주의가 되었으며, 따라서 이전의 공상적 사회주의나 청년 헤겔학파의 주관주의와 구분된다는 것이다. 이 시기의 과제에 대해 엥겔스는 "우리의 견해를 과학적으로 정초해야 할 의무"10)를 갖고 있다고 하였다. 이처럼 마르크스는 역사적 유물론의 토대의 완성과 함께 좀더 적극적으로 '과학'을 표방하면서 실증주의적, 경험주의적 요소를 강화시켜 나간다. 그렇다면 여기서 말하는 '과학적'이라는 말의 의미는 무엇인가? 마르크스는 역사적 유물론의 출발점이 청년 헤겔학파와 다르다고 하면서 유물론적 견해를 다음

---

10) F. Engels, "Zur Geschichte des Bundes der Kommunisten", MEW 21, 212쪽.

과 같이 말한다.

"우리가 출발점으로 삼는 전제는 자의적인 전제도 아니고 도그마도 아니다. 그것은 오직 상상 속에서만 도외시될 수 있는 현실적인 전제이다. 그것은 현실적 개인들 및 그들의 행위이며, 그리고 이미 존재하는 것과 그들 자신의 행위를 통해 산출된 것을 비롯한 그들의 물질적인 생활 조건들이다. 따라서 이러한 전제들은 순수하게 경험적인 방법으로 확인 가능하다."11)

마르크스는 청년 헤겔학파의 관념론을 비판한다. 그들의 이론은 자의적이며 비현실적이라는 것이다. 그래서 마르크스는 '경험적인 방법으로 확인'할 수 있는 물질적 조건을 이론의 출발점으로 삼는다. 여기서 '현실적'이라는 말은 '관념적'이라는 말에 대립적인 것으로 사용되고 있는데, 물질적인 것이 현실적인 것은 그것이 관념적인 것과 달리 경험적으로 확인될 수 있기 때문이다. 이처럼 마르크스에서 '현실적', '물질적', '경험적'이라는 세 개념은 서로 밀접하게 연관되어 사용되고 있다. 이러한 연관성은 다른 부분에서도 자주 드러나는데, 예를 들면 마르크스는 헤겔의 관념론이나 포이에르바하의 철학적 인간학을 비판하면서 다음과 같이 말하고 있다.

"현실적으로 활동하는 인간들로부터 출발하여, 그들의 현실적인 생활 과정에 의해 이러한 생활 과정의 이데올로기적 반영과 반항도 서술된다. 인간들의 두뇌 안에 있는 환영의 형태들도 또한 경험적으로 확인 가능한 물질적인 생활 과정 따라서 물질적인 전제들에 연결된 생활 과정의 필연적 승화물이다."12)

---

11) K. Marx / F. Engels, *Die deutsche Ideologie*, MEW 3, 20쪽.

여기서도 볼 수 있듯이 '현실적'인 것은 '물질적'인 것이며, 이것은 '경험적'으로 확인 가능한 것이다. 따라서 이 세 개념이 긴밀하게 연관된 의미로 사용되고 있다는 것을 알 수 있다. 마르크스는 비현실적이고 관념적인 이론적 태도를 비판하면서 경험적으로 확인 가능한 것을 이론의 토대로 삼을 것을 강조하는 것이다. 여기에는 경험을 강조하는 '실증주의', '과학주의'의 태도가 단적으로 드러난다.

마르크스가 역사적 유물론을 과학적이라고 자부하는 것은 그것이 관념론적인 것이 아니라 현실적 것, 즉 물질적인 것에서 출발하기 때문이며, 이러한 물질적인 것은 감각적, 경험적으로 확인 가능한 것이기 때문이다. 마르크스가 '물질적 조건'을 내세우는 것은 이것이 경험적으로 확인될 수 있는 것이기에 독일 철학의 관념성을 극복하고 과학적인 것이 될 수 있다고 보았기 때문이다. 따라서 '물질적'이라는 것은 법, 제도, 이데올로기, 의식 형태와 같은 상부 구조의 토대가 된다는 측면에서는 유물론의 입장을 나타내지만, 다른 한편으로 감각적, 경험적으로 확인 가능하다는 측면에서는 실증주의적, 과학주의적 경향을 나타낸다. 따라서 마르크스에서 역사적 유물론의 과학성은 실증주의적 요소나 경향과 깊이 연관되어 있다고 볼 수 있다. 이처럼 독일 철학의 관념성을 비판하면서 강조된 물질적 조건은 유물론의 입장과 함께 실증주의적 태도를 강하게 보여주는 것으로 이해할 수 있다.

이러한 마르크스의 실증주의적, 과학주의적 태도는 반도덕주의적, 반유토피아주의적 경향의 원인이 되고 있다. 마르크스는 청년 헤겔학파의 도덕주의뿐만 아니라 인간학과 도덕에 기초하여 사회주의를 세우려는 '진정 사회주의'에 대해서도 비판한다. 마르크스는 '진정 사회

---

12) 같은 책, 26쪽.

주의자들'이 독일 이데올로기에 사로잡혀서 "현실적인 역사적 기초로부터 이데올로기적 기초로 되돌아갔다"고 말한다. 여기서 '이데올로기적'이라는 말은 현실성을 상실한 관념론적인 것을 가리킨다. 마르크스가 진정 사회주의를 이렇게 비판하는 이유는 이것이 인간학과 인간주의에 근거하고 있기 때문이다. 마르크스는 진정 사회주의자들의 다음과 같은 주장을 인용하면서 이것이 그들의 입장을 잘 대변해 주고 있다고 말한다. "완전히 인류의 '도덕적 핵심'에 기초하여, 사회주의는 성(性)의 결합만이 사랑의 최고의 고양이며 또 그렇게 되어야 한다는 것을 공표한다. 왜냐하면 자연적인 것만이 참된 것이며, 또 참된 것은 도덕적이기 때문이다."

마르크스는 이처럼 진정 사회주의가 경험 가능한 물질적 조건이 아니라 비현실적인 형이상학적 인간학과 도덕에 기초하여 사회주의를 세우려는 것은 비과학적이라고 비판하고 있다. 마르크스는 공상적 사회주의가 이상적인 미래상을 제시하려는 것을 비판하면서 실증주의적 태도에 입각하여 반유토피아주의적인 입장을 취하게 된다. 그래서 앞에서 언급하였듯이 공산주의를 "마땅히 조성되어야 할 하나의 '상태' (Zustand), 즉 현실이 지향해 나가야 할 하나의 '이상'(Ideal)"이 아니라 "오늘날의 상태를 지양하는 '현실적' 운동"이라고 한 것이다.

마르크스가 생각하는 공산주의는 기존 사회의 모순을 지양하는 현실적 운동이다. 어떤 특정한 이상적 상태를 전제해 놓고 이것을 지향하는 것은 아니다. 이상적 상태란 경험적, 실증적으로 확인될 수 있는 것이 아니기에 비현실적인 공상이 될 가능성이 높은 것이다. 그런데 공상적 사회주의나 관념적 주관주의는 공산주의적 상태를 "사변적이고 관념적으로 즉 환상적으로 '유의 자기 산출'로서 이해될 수 있다"고 본다는 것이다. 이에 비해 마르크스는 '사변적, 관념적인 것' 대신에 '경험적인 것'을 내세운다. 즉 경험적으로 확인할 수 있는 내용만이 과학적인 것으로 받아들일 수 있다고 하면서 사변적인 방식으로 공산주의 사회를 묘사하는 태도를 비판하는 것이다.

이처럼 마르크스는 『독일 이데올로기』에서 역사적 유물론을 과학적인 것으로 내세우면서 경험적으로 확인 가능한 현실에서 출발할 것을 강조한다. 마르크스가 내세운 '과학'의 핵심은 바로 경험적 사실에 입각한 것이다. 이러한 관점에서 마르크스는 인간학과 같은 관념적이고 형이상학적인 전제에서 출발하여 역사를 서술하는 청년 헤겔학파나, 인간학이나 도덕에 기초하여 공산주의를 세우려는 포이에르바하와 진정 사회주의를 비현실적, 비과학적이라고 비판하고 있다. 마르크스는 경험적 사실을 중시하는 실증주의적 태도로 인해 반도덕주의적, 반유토피아주의적 경향을 갖게 된 것이다.

2) 자연과학적 방법, 과학적 사회주의, 반유토피아주의

앞에서 살펴본 『독일 이데올로기』에 나타난 실증주의적, 과학주의적 태도와 이로 인한 반도덕주의적, 반유토피아주의적 경향은 후기 저작에서 좀더 분명하고 강한 형태로 나타나고 있다. 마르크스는 『정치 경제학 비판』, 『자본론』 등의 저술을 통해 경제학에 대한 연구를 본격화하면서 역사적 유물론을 더욱 체계적으로 완성하게 된다. 이 과정에서 진화론을 비롯한 근대 자연 과학의 눈부신 발달은 마르크스주의에 내용적으로 뿐만 아니라 방법론적으로도 많은 영향을 주게 되어 실증주의적 태도는 더욱 심화된다. 그리고 자본주의 경제의 내적 모순으로 인한 자본주의의 몰락 및 사회주의에로의 필연적 이행을 강조하는 과학적 사회주의의 주장은 반유토피아주의적 경향을 더욱 강화시킨다.

엥겔스는 『반 뒤링론』(1878)에서 "우리는 자연 과학의 집적된 사실들에 의해 강요됨으로써 이러한 변증법적 자연관에 도달할 수 있었다"고 하면서 마르크스주의가 자연 과학으로부터 많은 영향을 받았다는 점을 밝히고 있다. 엥겔스는 『공상에서 과학으로 사회주의의 발전』의 독일어판 「서문」(1882)에서도 마르크스주의가 자연 과학으로부터 많은 영향을 받았다는 점을 밝히고 있다.

이와 같은 자연 과학은 마르크스주의의 내용뿐만 아니라 탐구 방법에도 방법에도 많은 영향을 주었다. 엥겔스는 『공상에서 과학으로 사회주의의 발전』의 영문판 「서문」(1892)에서 근대 유물론의 원천은 영국이라고 하면서 베이컨을 비롯한 영국 경험론자들에 대해 높게 평가하고 있다.

"영국 유물론의 진정한 선조는 베이컨이다. 그는 자연 과학을 진정한 과학으로 간주하였으며, 감각적인 물리학을 자연 과학의 가장 중요한 부분으로 간주하였다. … 그의 학설에 의하면 감각은 틀림없는 것이며 모든 지식의 원천이다. 과학은 경험 과학이며, 감각적으로 주어진 것에 이성적 방법을 적용시키는 것이다. 귀납, 분석, 비교, 관찰, 실험은 이성적 방법의 주요 조건들이다."13)

이처럼 엥겔스는 베이컨을 영국 유물론과 실험 과학의 원조로서 간주하면서, 그의 경험론적 방법론 즉 감각적 경험을 중시하는 자연 과학적인 탐구 방법을 유물론적인 것으로 높이 평가하고 있다. 객관적으로 관찰 가능하고 경험적으로 확인 가능한 물질적인 것을 중시하면서 여기서 출발하여 실제적 지식을 얻으려고 한다는 점에서 경험론과

---

13) F. Engels, *Die Entwicklung des Sozialismus von der Utopie zur Wissenschaft*, MEW 19, 527쪽.

유물론은 서로 연관이 되어 있는 것이다. 그리고 마르크스와 엥겔스는 바로 이러한 경험론적인 탐구 방법을 과학적인 것으로 여기고 있다. 마르크스가 자연 과학으로부터 영향을 받아 취하게 된 이러한 경험론적인 자연 과학적 연구 태도는 마르크스가 『자본론』(1867)에서 자신의 연구 방법에 대해 언급한 부분에 잘 나타나 있다.

"물리학자는 자연 과정을 그것이 가장 명확한 형태로 그리고 교란적인 영향을 가장 적게 받으면서 나타나는 곳에서 관찰하든가 또는 가능하다면 그 과정의 순수한 진행을 보증하는 조건에서 실험을 하든가 한다. 이 책에서 내가 연구해야 하는 것은 자본주의적 생산 방식 및 그것에 상응하는 생산 관계와 교류 관계이다. 이것들이 전형적으로 나타나는 국가는 지금까지는 영국이다."(*Kapital I*, 12)

마르크스는 자신이 영국을 자본주의 경제의 분석의 대상으로 삼는 이유에 대해 영국에서 자본주의가 가장 전형적으로 나타나고 있기 때문이라고 말한다. 그런데 여기서 마르크스는 물리학자가 자연 현상을 탐구하는 방식과 동일하게 자본주의 경제를 탐구하려고 한다. 즉 객관적으로 명료하게 드러나는 경제적 현상에 대한 관찰을 통해서 자본주의의 운동 법칙을 발견하려고 하는 것이다. 그래서 마르크스는 자본주의의 운동 법칙을 "자연 법칙"이라고 부르고 있다.

마르크스는 『자본론』의 방법이 형이상학적이라는 비판에 대해 자신이 사용한 방법은 연역적, 분석적 방법이라고 이를 반박하면서 자신의 탐구 방법을 좀더 구체적으로 설명한다. 마르크스는 여기서 자신의 연구 방법은 실재론적이지만 서술 방법은 변증법적이라고 말하는데, 여기서는 실재론적 방법에 대해 살펴보자. 마르크스는 『자본론』이 "주어진 사실의 비판적 분석에만 국한하고 미래의 음식점을 위한 요리법(콩트류의?)을 저술하지 않는다"는 비난에 대해 카우프만의 다음과 같은 설명을 직접 인용하면서 이러한 견해를 타당한 것으로 수용한다.

"마르크스는 오직 다음 하나에만 전념한다. 즉 정밀한 과학적 연구를 통해 사회적 관계의 일정한 질서의 필연성을 증명하며, 그에게 출발점과 거점이 되는 사실들을 될수록 더 완전무결하게 확인하는 것이다. 여기서는 그가 현재의 질서의 필연성과 함께 이 질서가 불가피하게 이행하지 않을 수 없는 다른 질서의 필연성을 증명한다면 완전히 충분하다. … 마르크스는 사회의 운동을 법칙, 즉 인간의 의지와 의식 및 의도로부터 독립되어 있을 뿐만 아니라 오히려 거꾸로 인간의 의지와 의식 및 의도를 결정하는 그런 법칙이 지배하는 하나의 자연사적 과정으로 간주한다. … 비판에서 중요한 것은 두 개의 사실을 가급적 정확하게 연구하는 것이다."(*Kapital I*, 26)

마르크스는 이 글이 자신의 '실재론적 방법'을 잘 보여준다고 평가한다. 여기서 마르크스가 말하는 실재론적 방법이란 객관적 관찰을 토대로 한 경험주의적이고 실증주의적 방법이라고 할 수 있다. 경험적으로 확인 가능한 사실에서 출발하여 여기서 얻은 지식을 다른 사실에 관한 지식과 연관시켜서 법칙을 도출하는 것이다. 이것은 경험적 사실과 이로부터 이끌어낸 일반 법칙만을 중시하고 가치 판단과 같은 그 이외의 다른 지식들은 배제하는 실증주의적 태도인 것이다. 마르크스는 자연 과학이 자연을 탐구하는 것과 동일한 방식으로 사회 과학이 사회를 탐구해야 한다고 주장한다. 그래서 사회의 운동과 변화의 과정을 '자연사적 과정'으로 보고 있다.

근대의 자연 과학을 과학의 전형으로 삼은 마르크스는 이러한 자연 과학의 경험론적 탐구 방법을 과학적인 것으로 간주하여 실증주의적 태도를 강하게 취하게 되었다. 마르크스는 이러한 실증주의적 태도에 입각하여 초기 사회주의자들을 공상적이라고 비판하면서 과학적 사회주의를 표방한다. 마르크스가 역사적 유물론을 토대로 내세운 과학적 사회주의는 경험적으로 확인할 수 있는 자본주의의 경제 현실에 대한 분석을 통해 그 내적 모순과 필연적 붕괴를 입증하는 데 치중하게 되면서 사회주의적 미래상을 구체적으로 제시하는 작업을 회피하는 등 반유토피아주의적 경향을 강하게 드러내고 있다.

마르크스는 역사적 유물론의 결정적 요점이 처음으로 과학적으로 나타나 있다고 평가한 『철학의 빈곤』(1847)에서 초기 사회주의자들을 비판한다. 초기 사회주의자들은 사회주의를 건설하기 위한 물질적 조건이 아직 형성되지 않고 또 프롤레타리아의 투쟁도 아직 미진한 상태에서 "피억압 계급들의 욕구를 채워주기 위해 제도들을 고안해 내고 혁신적인 과학을 추구하는 공상가들에 지나지 않는다"[14]는 것이다. 즉 이들이 현실적인 조건이 갖추어지지 않은 상황에서 관념적으로 미래의 해방된 사회의 제도를 고안해 냈기에 공상적일 수밖에 없다는 것이다.

마르크스와 엥겔스는 『공산당 선언』(1848)에서 좀더 뚜렷한 논조로 공상적 사회주의자들이 사회주의를 건설하기 위한 현실적 수단과 방법을 제대로 인식하지 못했다고 비판한다. 생시몽, 푸리에, 오웬에 의해 대표되는 공상적 사회주의는 역사적 현실을 토대로 하고 있는 것이 아니라 이론가들의 개인적인 창의적 노력에 의해서 탄생된 것으로서, 현실성이 없는 환상적인 고안물에 불과하다는 것이다. 그래서 그

---

14) K. Marx, *Das Elend der Philosophie*, MEW 4, 143쪽.

들이 미래 사회의 모습에 대해 언급한 내용들, 예들 들면 도시와 농촌 간의 대립의 폐지, 가족과 사적 영리 및 임금 노동의 폐지, 사회적 조화의 선언, 국가의 단순한 생산 관리 기구로의 전화 등은 상당히 공상적이라는 것이다. 또 마르크스는 그들이 제시한 사회주의로의 이행의 방법도 비현실적이라고 비판한다. "그들은 모든 정치적 활동 특히 모든 혁명적 활동을 배격하고 평화적인 방법에 의하여 자기 목표를 달성하려고 하며, 당연히 실패할 수밖에 없는 작은 실험을 통하여 즉 사례의 힘을 통해 새로운 사회적 복음에의 길을 개척하려고 시도한다."15) 공상적 사회주의자들은 계급 투쟁을 초월하여 지배 계급의 자비심과 박애심에 호소하면서 사회적 유토피아를 실험에 의해서 평화적 방법으로 실현하려고 한다는 것이다. 이들은 프롤레타리아의 혁명적인 계급 투쟁에 의해서 공산주의를 건설할 수 있다는 점을 알지 못하고 있다는 것이다.

그렇다면 마르크스에서 과학적 사회주의란 무엇인가? 그리고 마르크스는 단지 공상적 사회주의자들이 제시한 사회주의적 미래상의 비현실성만을 비판하고 있는가, 아니면 사회주의적 미래상을 제시하려는 것 자체를 불필요하거나 비과학적이라고 비판하고 있는가? 엥겔스는 "사회주의를 과학으로 만들기 위해서는 먼저 이것이 현실적 지반 위에 세워져야 한다"고 강조한다. 과학적 사회주의란 현실적 지반 위에 세워진 사회주의로서 여기서 '과학적'이라는 것은 이미 위에서 살펴보았듯이 경험적으로 확인 가능한 '현실적'인 것에 토대한 것을 가리킨다. 즉 과학적 사회주의란 자연 과학적인 경험적이고 실증주의적 방법을 통해 형성된 사회주의 이론을 가리키는 것이다.

---

15) K. Marx / F. Engels, *Manifest des Kommunistischen Partei*, MEW 4, 490쪽.

마르크스는 사회주의를 위한 물질적 조건이 형성되고 프롤레타리아의 계급 투쟁이 좀더 선명한 모습을 드러낸 상태에서는 "더 이상 과학을 자신의 머리 속에서 찾을 필요가 없으며, 단지 자신의 눈앞에서 일어나고 있는 사실을 보고만 해야 하고 그래서 그것의 전달자가 되어야만 한다"[16]고 말한다. 즉 과학에서 중요한 것은 이상 사회를 미리 계획하는 것이 아니라, 객관적으로 드러난 현실을 그대로 이해하는 것이다. 마르크스는 이러한 실증주의적 관점에서 이상 사회의 모습을 구체적으로 제시하는 것을 비과학적이라고 비판하면서 반유토피아주의적 태도를 취하고 있다. 이러한 태도는 엥겔스가 "공산주의란 프롤레타리아 해방의 조건들에 관한 학설"이라고 공산주의를 규정하는 데에도 명시적으로 드러난다. 공산주의는 미래의 해방된 사회의 모습을 그리는 것이 아니라 해방을 위한 현실적 제 조건을 분석하고 탐구하는 사상이라는 것이다. 마르크스는 사회주의적 미래상을 제시하는 작업을 불필요하거나 또는 비과학적이라고 생각하여 과학적 사회주의의 임무에서 제외시키고 있는 것이다. 즉 "미래의 음식점을 위한 요리법"을 제시하려고 하지 않은 것이다.

마르크스는 실증주의적 태도에 충실하게 과학적 사회주의의 임무를 경험적으로 확인 가능한 해방의 조건에 대한 분석과 탐구에 제한시키고 있다. 그래서 마르크스는 자본주의 사회의 경제적 현실에 대한 분석을 통해 그 내적 모순을 드러내어 자본주의의 필연적 몰락을 증명하는 데 치중하게 되었다. 마르크스는 『자본론』을 비롯한 여러 경제학 저서에서 자본주의 사회의 내적 모순들, 예를 들면 사회적 생산과 자본주의적 소유의 모순, 프롤레타리아와 부르주아지의 계급 대립, 개

---

16) K. Marx, *Das Elend der Philosophie*, MEW 4, 142쪽.

별 공장의 조직적 생산과 전사회의 무정부적 생산, 산업 예비군 즉 실업자의 증가, 빈곤의 심화, 과잉 생산과 공황 등의 문제들을 지적하면서 자본주의가 필연적으로 붕괴될 수밖에 없음을 과학적으로 증명하려고 하였던 것이다. 현재의 자본주의적 생산의 내적 운동 원리와 그 모순을 밝히면서 그것이 왜 필연적으로 붕괴하여 다른 경제 질서 형태로 이행해 갈 수밖에 없는지를 보여주려고 했다.

그래서 마르크스는 다음 단계의 사회의 모습을 구체적으로 제시하는 것을 불필요한 작업으로 간주하여 과학적 사회주의의 임무로 여기지 않았으며, 특히 인간학이나 도덕적 가치 판단을 토대로 더 바람직한 이상적 사회로서 사회주의적인 미래상을 계획하는 작업을 비과학적이라고 비판하였다. 과학적 작업이란 현재에 대한 실증적, 과학적 분석이며, 더 좋은 미래에 대한 계획이나 구상은 과학적 작업이라 여기지 않았다. 이처럼 마르크스의 반유토피아적 경향은 이러한 실증주의적 태도와 깊이 연관되어 있다. 실증주의적인 자연 과학적 방법론과 이와 연관된 과학적 사회 과학의 세례를 받은 마르크스는 인간학이나 가치 판단을 토대로 유토피아적 미래상을 제시하는 작업을 비과학적인 것으로 간주하여 이를 회피하려고 했던 것이다. 독일 관념론이나 공상적 사회주의자와의 싸움에서 그들을 비판하고 자신의 차별성을 부각시키기 위해 마르크스는 실증주의적인 과학성을 무기로 사용하였던 것이다.

3) 알튀세의 과학주의적 해석에 대한 비판

마르크스에서 '과학적'이라는 말의 의미가 감각적 경험으로 확인할 수 있는 '실증적'이라는 의미와 깊이 연관되어 있으며, 따라서 마르크스가 표방한 과학성이란 실증주의적인 자연 과학적 방법을 사용한 것으로 이해할 수 있다. 그런데 마르크스에서 '과학적'이라는 말의 의미를 이렇게 실증주의적으로 해석하는 것과 다르게 해석하는 입장들이 있는데, 이를 대표하는 것이 알튀세의 견해이다.

알튀세는 『마르크스를 위하여』에서 마르크스의 성숙기 저작에 나타난 과학주의적 측면이나 철학적 이론의 역할을 제대로 이해하지 못하고 이것들을 인간주의적으로 해석하거나 또는 실증주의적으로 해석하는 것은 잘못이라고 비판한다.17) 마르크스가 말한 철학의 종언을 행동주의적으로 해석하는 것도 잘못이지만 그렇다고 실증주의적인 과학적 탐구 방법으로 해석하는 것도 잘못이라는 것이다.

알튀세는 마르크스주의 모순의 가장 고유한 특징을 '중층 결정' (overdetermination)에서 찾고 있다. "모순은 원리적으로 중층 결정되어 있다"18)는 것이다. 모순은 자신이 그 속에서 작동하는 사회적 몸체 전체의 구조로부터 분리될 수 없고, 자신의 존재의 형식적 조건들로부터 분리될 수 없으며, 자신이 지배하고 있는 층위들로부터 분리될 수 없다. 모순은 그 자체가 그 핵심에 있어서 이 층위들에 의해 영향받고 있으며, 하나의 동일한 운동 속에 규정적인 동시에 규정받고 있고, 자신이 추동하는 사회 구성체의 다양한 수준들과 다양한 층위들에 의해 규정받고 있다. 예들 들면 생산 관계는 생산력의 순수 현상이 아니며 오히려 생산력의 존재 조건이기도 하다. 그리고 상부 구조는 구조의 순수 현상이 아니라 또한 구조의 존재 조건이기도 하다. 이처럼 모순은 원리적으로 중층 결정되어 있으며, 바로 이 '중층 결정'이 단순한 원리에 입각한 헤겔적인 모순과는 차이가 있다는 것이다.

---

17) L. Althusser, *For Marx*, tr. Ben Brewster, NLB, 1977, 23-38쪽 참조.
18) 같은 책, 101쪽.

알튀세는 이러한 '중층 결정', '구조화된 복합적 전체', '최종 심급에서 경제의 결정' 개념을 마르크스 사상의 과학주의와 변증법적 유물론의 핵심으로 보고 있다. 마르크스의 과학주의는 '철학적 인간주의'나 '도덕주의'와 대립되지만 그렇다고 실증주의적 태도는 아니라는 것이다. 즉 마르크스의 과학주의는 반(反)인간주의나 반(反)도덕주의를 내세우지만 그러나 실증주의적 태도는 아니라는 것이다.

이러한 알튀세의 주장에는 상당히 타당한 측면이 있다고 생각한다. 이미 앞에서 살펴보았듯이 마르크스의 초기 저작에는 '유적 본질의 실현으로서 공산주의'라는 개념에 드러나듯이 소외론과 인간론을 토대로 한 인간주의적이고 도덕주의적인 측면이 있었다. 그러나 후기 저작에서는 역사적 유물론의 정립과 함께 과학을 표방하면서 인간주의적이고 도덕주의적인 측면은 점차 약화되고 심지어는 반인간주의나 반도덕주의의 경향을 보이기도 한다. 그래서 마르크스가 반유토피아주의적 경향을 더욱 강화시키고 있다는 점을 지적하였다.

그렇다고 알튀세의 주장처럼 마르크스가 후기에 인간주의나 도덕주의적 경향을 완전히 버렸다고 볼 수는 없다. 앞에서 보았듯이 후기 저작에도 '유적 본질의 실현'이라는 인간론적 요소가 내재되어 있으며, 또 마르크스가 제시한 공산주의적 사회 원리도 이러한 유적 본질의 실현을 위한 사회적 조건이라는 관점에서 인간론적, 도덕적으로 해석될 여지가 있다. 마르크스의 후기 저작에도 이처럼 인간주의적이고 도덕주의적인 측면이 완전히 배제되지 않고 어느 정도 내재되어 있었지만 그러나 마르크스는 이러한 측면을 명시적으로 드러내는 것을 꺼려하였던 것이다.

그렇다면 마르크스가 이러한 태도를 취하게 된 원인은 무엇인가? 다시 말해 마르크스가 인간론이나 도덕적 측면을 비과학적인 것으로 간주한 이유는 무엇인가? 이것은 그 당시에 지배적인 지적 조류였던 실증주의적인 자연 과학적 방법의 영향 때문이었다는 점을 앞에서 지적하였다. 마르크스는 그 당시의 과학적 사회 과학의 흐름 속에 있었으며 마르크스가 이러한 지적 흐름으로부터 많은 영향을 받고 있었다는 것을 그의 저작에서 확인할 수 있었다. 따라서 알튀세가 마르크스의 이러한 실증주의적 경향을 인정하지 않은 점은 타당하지 않다. 마르크스가 알튀세의 주장처럼 변증법적 유물론이나 역사적 유물론과 같은 과학적 철학의 관점에서 반인간주의나 반도덕주의의 태도를 취할 수도 있지만 그러나 다른 한편으로 실증주의적 관점에서도 이러한 태도를 취할 수 있다. 그리고 마르크스가 내세우는 역사적 유물론의 과학성도 실증주의적 태도에 입각하고 있다는 점을 앞에서 지적하였다.

이러한 문제와 관련하여 카멘카도 마르크스가 후기에 경제학 연구에 몰두하면서 "그의 문체가 점점 더 경험적인 것으로 되었으며 그의 주장은 더욱 더 콩트와 빅토리아 시대의 의미에서 '과학적인 것'으로 되었다"[19]고 말한다. 테일러도 마르크스가 『자본론』을 과학적 저작으로 보고 있다는 사실을 언급하면서 이때 '과학'의 개념은 19세기 후반의 의미로 사용되고 있다는 점을 밝히고 있다.[20] 엘스터도 마르크스의 방법론을 다른 학설들과 분리해서 논해야 할 특별한 이유는 없다고 하면서 마르크스는 19세기 인물로서 그가 내세운 과학주의는 그 당시의 자연 과학의 성과로부터 소박하게 영향을 받은 것이라고 말하고 있다.[21] 이처럼 마르크스에서 '과학적'이라는 것은 알튀세가 주장

---

19) E. Kamenka, *Marxism and Ethics*, Macmillan, 1969, 6쪽.

20) C. Taylor, *Hegel and Modern Socirty*, 146쪽 참조.

21) J. Elster, *An Introduction to Karl Marx*, 21-22쪽 참조.

하는 중층 결정과 같은 마르크스의 독특한 과학적 이론의 의미에서 '과학적'인 것이 아니라, 19세기에 널리 사용되었던 '과학적'이라는 말의 일반적 의미에서 그렇다는 것이다. 즉 실증주의적인 자연 과학적 방법의 의미에서 '과학적'이라는 것이다.

하버마스도 『인식과 관심』에서 마르크스의 이러한 실증주의적 경향을 구체적으로 지적하면서 이를 비판하고 있다. 하버마스는 "마르크스가 반성 과정을 도구적 행위의 영역으로 환원시킨다"[22]고 비판한다. 즉 마르크스가 '반성'과 '노동'을 명백하게 구분하고 있지 않다는 것이다. 노동(Arbeit)은 과학 기술을 활용해 외적 자연을 변형시키는 과정으로서 기술적 관심이 지배하는 분야인 데 비해, 상호 작용(Interaktion)은 반성(Reflexion)을 통해서 내적 자연이나 제도적 억압으로부터 해방되는 과정으로서 실천적 관심이 지배하는 분야이다. 그런데 마르크스는 두 측면 중에서 노동의 측면만을 강조하면서 사회적 실천의 모든 계기를 노동으로 환원한다는 것이다.

하버마스는 이러한 마르크스의 태도가 그의 학문에 대한 견해에도 반영되어 있다고 본다. 마르크스는 이데올로기 비판으로서 수행되어 온 '인간에 관한 학문'의 확정된 의미를 '자연 과학'의 도구적 의미와 명백하게 구분하여 논의한 적이 없다. 마르크스는 언제나 인간에 관한 학문을 자연 과학의 편에 놓으려고 하였으며, 사회 이론의 인식 비판적인 정당화(eine erkenntniskritische Rechtfertigung der Gesellschafts-theorie)를 필요한 작업으로 간주하지 않았다.

하버마스는 마르크스의 이러한 태도가 실증주의적 경향으로 표출된다고 말한다. "마르크스는 물리학을 전형으로 삼아서 '근대 사회의 경

---

22) J. Habermas, *Erkenntnis und Interesse*, Suhrkamp, 1973, 60쪽.

제적 운동 법칙'을 '자연 법칙'으로 제시할 것을 요구한다."[23] 앞에서
보았던 『자본론』의 「서문」에 드러나듯이 마르크스는 언제나 자신의
분석의 과학성을 입증하기 위해서 자연 과학과의 유사함을 공공연하
게 자랑하였다. 그는 인간에 과한 학문이 자연 과학과 통일을 이루어
야 한다는 자신의 초기의 의도를 스스로 수정한 사실을 어느 곳에서
도 알리고 있지 않다는 것이다. 인간에 과한 학문이 자연 과학을 자신
아래 포섭하듯이 뒤에 가서 자연 과학은 바로 인간에 관한 학문을 자
신 아래에 포섭할 것으로 본 것이다. 하버마스는 "이러한 인간을 다루
는 자연 과학에 대한 이미 실증주의적으로 침윤된 요구가 놀랍다"고
말한다. 왜냐하면 자연 과학은 사회적인 노동의 체계라는 선험적 조
건 아래에 위치하고 있기 때문에 마르크스의 관점에서 접근해서는 안
되기 때문이다.

이처럼 마르크스는 노동과 상호 작용을 사회적 실천에 종속시키면
서 반성적 행위인 상호 작용을 노동으로 환원했으며, 이와 관련하여
마르크스는 인간에 관한 학문을 자연 과학 아래로 포괄시키려고 했다.
바로 이러한 태도로 인해 마르크스는 자연 과학적인 방법을 수용하여
사회와 역사를 이해하려는 실증주의적 경향을 띠게 된 것이다. 이러
한 하버마스의 주장처럼 마르크스에서 과학성은 실증주의적 태도를
토대로 하고 있는 것이다.

그리고 유토피아 문제와 관련해서 볼 경우에도, 설사 우리가 알튀
세의 입장을 수용한다고 할지라도 여기서 말하는 과학주의가 반인간
주의, 반도덕주의의 입장을 취하고 있기에 이것은 반유토피아적 경향
을 띠게 된다. 마르크스의 반인간주의, 반도덕주의의 측면을 실증주의

---

23) 같은 책, 62쪽.

적 관점에서 이해하든 아니면 알튀세의 과학주의적 관점에서 이해하든 간에 이러한 측면은 인간론과 소외론을 바탕으로 한 마르크스의 유토피아주의적 요소나 경향을 약화시키는 요인이 되고 있다는 점에서 문제가 있다.

3. 역사주의와 반유토피아주의

마르크스가 반유토피아주의적 경향을 갖게 된 요인들 중에는 앞에서 언급한 실증주의적 요인과 함께 역사주의적 요인이 있다. 앞에서 살펴보았듯이 마르크스는 실증주의적인 자연 과학적 방법을 과학적인 것으로 간주하여 역사와 사회에 대해서도 이러한 방법을 적용시키려고 하였다. 마르크스의 이러한 과학주의적 태도는 사회에도 자연처럼 필연적 법칙이 있으며 이에 대한 인식을 통해 미래를 예측할 수 있다는 역사주의(historicism) 관점을 갖게 하였다.[24] 마르크스는 인간과 사회를 다루는 사회 과학적 연구 작업에서도 자연 과학의 연구 작업처럼 실증주의적인 자연 과학적 방법을 사용하여 이러한 법칙을 발견하는 것을 목표로 삼았다. 이러한 시도는 자본주의 경제에 대한 분석을 통해 자본주의의 운동 법칙을 발견하려고 했던 『자본론』에 잘 드러나 있다.

마르크스의 이러한 역사주의적 태도와 관련하여 매킨타이어는 "내

---

24) 여기서 '역사주의'(historicism) 개념은 역사에는 필연적 법칙이 있으며 이에 대한 인식을 통해 미래를 예측할 수 있다는 의미로 사용된다. 포퍼는 마르크스주의의 이러한 측면을 지적할 때 역사주의라고 명명하였다. (K. Popper, *The Open Society and Its Enemies II*, 212-214쪽 참조.)

가 마르크스의 설명이 만족스럽지 못하다고 말하는 것은, 부분적으로는 마르크스가 삶을 법칙에 의해 지배받고 그리고 특정한 방식에 의해 예측 가능한 것으로 보는 관점과 일치하는 방식으로 인간의 사회적 삶에 대한 이야기를 보여주기를 원하기 때문이다"25)라고 말하였다. 이러한 매킨타이어의 비판처럼 마르크스에게는 필연적 법칙에 대한 인식을 통해 미래를 예측하려는 역사주의적 태도가 내재되어 있다.

마르크스는『정치 경제학 비판』의「서문」에서 역사적 유물론을 정식화하면서 이러한 역사주의적 태도를 명료하게 보여준다. "인간은 그들 생활의 사회적 생산에서 그들의 물질적 생산력의 일정한 발전 수준에 상응하는 그들의 의지로부터 독립된 일정한 필연적인 관계, 즉 생산 관계를 맺는다." 즉 사회의 형태에 결정적인 영향을 주는 생산 관계는 개인들의 자유 의지에 의해 선택된 것이 아니라, 역사 발전의 자연적이고 필연적인 산물이라는 것이다. 마르크스의 역사주의적 태도는『자본론』에 좀더 명시적으로 나타나 있다.

"자본주의적 생산의 자연 법칙들로부터 발생하는 더 높거나 더 낮은 사회적 적대 관계의 발전 정도는 여기에서는 문제가 되지 않는다. 문제는 이러한 법칙들 자체이며, 확고한 필연성을 가지고 작용하면서 관철되는 이러한 경향들이다. 공업이 더 발달한 나라는 덜 발달한 나라에게 자신의 미래의 형상을 보여줄 뿐이다."(*Kapital I*, 12)

---

25) A. MacIntyre, *After Virtue*, University of Notre Dame Press, 1984, 215쪽. 여기서 매킨타이어는 인간의 삶이 예측 불가능성이라는 특징을 갖고 있기 때문에 필연적 법칙에 대한 인식을 통해 미래를 예측하려는 태도는 잘못이라고 비판하고 있다. 우리의 삶은 마치 연극적 이야기에서처럼 어떤 시점에서도 그 다음에 무슨 일이 일어날지 모른다는 것이다.

마르크스는 자본주의의 생산 방식을 규정하는 법칙이 있으며, 이것은 자연 법칙처럼 필연성을 갖고 있다고 본다. 그리고 이러한 자연 법칙에 따라 사회는 필연적으로 운동하고 그리고 다음 단계로 변화하므로 미래 사회의 모습을 예측할 수 있다는 것이다. 선진 산업 국가의 모습은 후진 국가의 미래상인 것이다. 그래서 마르크스는 경제적 사회 구성체의 발전을 '자연사적 과정'(ein naturgeschichtlicher Prozeß)으로 본다. 개인의 의지와는 상관없이 독자적으로 작동하는 자연 법칙과 같은 사회 법칙이 있으며, 이러한 사회의 운동 법칙을 개인들은 뛰어넘거나 거스를 수 없다는 것이다.

> "현대 사회의 경제적 운동 법칙을 드러내는 것이 이 책의 궁극적 목적인데, 비록 한 사회가 자기 운동의 자연 법칙에 대한 실마리를 발견했다고 할지라도 자연적인 발전 단계들을 뛰어넘을 수도 없으며 그것들을 제거하도록 명령을 내릴 수도 없다. 그러나 사회는 출산의 고통을 단축시키고 완화시킬 수는 있다."(*Kapital I*, 15-16)

이처럼 마르크스는 인류의 역사에 자연 과학의 법칙처럼 필연적인 법칙이 있으며, 우리는 이러한 필연적인 법칙을 자의적으로 초월할 수 없다고 본다. 인간의 역사에는 자연에서처럼 일정한 법칙이 존재하는데 마르크스는 이러한 법칙을 자연 법칙과 같은 것으로 간주하면서 역사의 발전 과정을 자연사적 과정으로 보았던 것이다. 엘스터의 지적처럼 마르크스는 19세기 당시의 자연 과학의 성과로부터 영향을 받아 사회에도 자연처럼 필연적인 운동 법칙이 있다는 이러한 역사주의적 태도를 갖게 되었다고 볼 수 있다.[26]

---

26) J. Elster, *An Introduction to Karl Marx*, 22쪽 참조.

역사에는 필연적인 법칙이 있으며 이에 대한 인식을 통해 미래 사회를 예측할 수 있다는 마르크스의 이러한 역사주의적 태도는 반유토피아주의적 경향의 한 원인이 되고 있다. 역사주의는, 유토피아적 미래상들 즉 '더 나은 사회'의 모습들을 제시하고 이를 비교하고 평가하며 선택하는 유토피아적 기획을 무의미한 것으로 간주한다. 왜냐하면 역사에는 우리의 의지로부터 독립된 일정한 필연적 법칙이 있기에, 미래 사회를 의식적으로 계획하거나 합리적으로 선택하려는 유토피아적 기획은 실현 불가능한 무의미한 작업이기 때문이라는 것이다. 포퍼의 언급처럼 역사주의의 관점에서는 미래 사회의 목표나 목적은 "선택이나 도덕적 결정의 문제가 아니라 과학적으로 발견되는 것"[27]이다. 미래 사회에 대한 합리적 선택이라는 기획은 공상에 불과하다. 미래 사회는 우리의 합리적 선택이 아니라 역사의 필연적 법칙에 의해서 결정되기 때문이다. 단지 우리가 할 수 있는 일은 역사 법칙에 대한 인식을 바탕으로 미래를 예측하고 이를 실현하기 위해 역사 발전의 "출산의 고통을 단축하고 완화시키는 것" 즉 역사의 발전 방향에 따라서 역사의 발전 속도만을 조절할 수 있을 뿐이다. 그래서 마르크스는 미래를 계획하고 선택하려는 유토피아적 기획을 비과학적이며 무의미한 작업이라고 비판하는 것이다.

이러한 태도는 유토피아 개념, 특히 실현 가능한 역사적 대안들의 실질적 합리성에 대한 평가와 선택이라는 월러스틴의 '유토피스틱스' 개념에 비추어볼 때 반유토피아주의적이다. 역사주의는 의식적인 미래의 계획과 선택을 차단하고 있다. 월러스틴은 역사적 이행기에는 특히 선택의 폭이 넓기 때문에 자유 의지를 더 많이 발휘할 수 있다

---

27) K. Popper, *The Poverty of Historicism*, Routledge, 1994, 74쪽.

고 하였다. 그러나 이에 비해 역사주의는 미래에 대한 합리적, 의식적 계획과 이에 대한 평가 및 선택을 부정하고 있다. 따라서 이러한 측면에서 역사주의는 반유토피아주의적이라고 할 수 있다. 이미 앞에서 지적하였듯이 이러한 이유로 마르크스는 사회주의의 미래상을 구체적으로 제시하는 것을 꺼려하였던 것이다.

그렇다면 역사주의적 태도에 입각하여 역사 법칙에 따른 미래 사회를 예측하고 이렇게 예측된 미래상을 구체적으로 제시할 수도 있지 않은가? 그렇다면 이러한 작업은 유토피아주의적이라고 할 수 있지 않은가? 물론 역사주의적 태도에서도 이러한 예측된 미래상을 구체적으로 제시할 수는 있으며, 이것은 유토피아 개념에서 '대안성'이라는 측면을 충족시킬 수 있다. 그러나 위에서 지적하였듯이 이러한 미래상은 실질적 합리성에 대한 평가와 선택을 통해서 주어진 것이 아니기에 '더 좋은' 사회라는 가치 평가적인 '진보성'이라는 측면은 충족시켜 주지 못하며 따라서 유토피아가 되기에는 한계가 있다고 할 수 있다.

물론 역사주의적 입장에서 미래 사회에 대한 이러한 가치 평가적인 정당화를 시도할 수는 있다. 역사 법칙에 따라 다음 단계에 등장하는 사회가 기존 사회보다 더 좋다는 것이다. 예를 들면 기존의 자본주의보다는 그 다음 단계로 필연적으로 등장하는 사회주의가 더 발전된 좋은 사회라는 것이다. 그러나 이에 대해서는 다음과 같은 반론이 가능하다. 역사 법칙에 따라 등장하는 다음 단계의 사회가 더 발전되고 더 좋은 이유는 무엇인가?

포퍼는 이 문제와 관련하여 역사주의적 도덕론, 즉 사회주의를 도덕적으로 정당화하는 것이 아니라 역사 법칙에 의해 정당화하는 이러한 관점의 한계를 지적한다.28) 우선, 역사주의 도덕론은 역사적 예언의 가능성에 의존하고 있는데, 만약 그 가능성이 의문시될 경우에 그 이론은 설득력을 상실하게 된다는 것이다. 그리고 설사 역사적 예언을 사실로 받아들인다고 할지라도 여기에는 문제가 있다는 것이다. 역사주의 도덕론은 도덕적 결정은 도덕적 사려나 도덕적 정감이 아니라 과학적인 역사적 예언 위에 토대하고 있는데, 만약 미래가 어떻게 될지를 정확히 안다고 가정하더라도 우리가 그런 원칙을 반드시 채택해야 할 필연성은 없다는 것이다. 즉 사실 판단에서 당위나 가치 판단을 이끌어낼 수 없다는 것이다.

카멘카도 이 문제와 관련하여 역사주의적 태도를 내재하고 있는 역사적 유물론으로부터 가치 판단적인 규범을 이끌어내는 것은 어렵다고 본다. 카멘카에 따르면 이 문제를 해결하기 위한 한 가지 방법은 역사 그 자체 속에 규범들이 내재되어 있다는 또는 역사에 의해 규범들이 제공된다는 입장을 취하는 것이다.[29] 이 입장은 역사의 다음 단계가 이전 단계보다 더 높은 단계이며, 역사의 최종적 단계를 가장 최고의 단계로 보는 일종의 다윈주의적 사고 방식이라는 것이다. 그런데 도덕적 다윈주의(moral Darwinism)에서 '더 낫다'는 것은 '주어진 상황에서 생존하는 데 더 잘 적응한다'는 의미뿐이며, 따라서 만약 다음 단계가 이전 단계보다 더 낫다는 것을 입증하기 위해서는 독립적인 판단 기준이 반드시 요구된다는 것이다. 예들 들면 자아 실현적 윤리의 관점과 같은 독립적인 가치 판단 기준이 요구된다는 것이다. 이

---

28) K. Popper, *The Open Society and Its Enemies II*, 205-206쪽 참조.
29) E. Kamenka, *Marxism and Ethics*, 45-46쪽 참조. 카멘카는 또 다른 방법으로 인간을 규범을 위한 과학적인 기반으로 간주하는 입장이 있다고 말한다. 즉 인간의 도덕적 요청은 인간의 필요나 욕구를 현실화하기 위한 시도라는 것이다. 카멘카는 인간에 호소하는 이러한 방법이 이 문제에 대한 유일한 해결책이라고 보고 있다.

처럼 역사주의는 그 자체로부터는 미래 사회에 대한 가치 평가적인 정당화가 어려우며 따라서 '더 좋은' 사회를 추구하는 유토피아적 기획과는 거리가 멀다고 할 수 있다.

4. 경제 결정론과 반유토피아주의

마르크스가 반유토피아주의적 경향을 보이게 된 또 다른 요인으로는 경제 결정론이 있다. 마르크스는 경제적 토대가 상부 구조를 결정하기에 굳이 미래 사회의 상부 구조에 대해 자세하게 설명할 필요가 없으며, 단지 경제적 토대에 대한 분석을 통해 그 모순점을 드러내기만 하면 된다고 생각하였던 것이다. 이로 인해 미래 공산주의 사회의 상부 구조와 관련된 국가나 법, 민주주의적 제도 등에 대한 전망은 경제적인 것에 비해서 더욱 소홀하게 다루어지고 있다.

마르크스의 경제 결정론적 관점은 그의 초기 저작에도 부분적으로 나타나 있지만 역사적 유물론을 정식화한 『정치 경제학 비판』의 「서문」에서 체계적으로 표현된다. "국가 형태들과 법률 관계들은 … 헤겔이 '부르주아 사회'라는 이름으로 그 전체를 총괄해서 불렀던 물질적 생활 관계에서 근거한다는 것과, 부르주아 사회의 해부학은 정치 경제학에서 찾아야 한다는 결론에 이르렀다"고 하면서 국가나 법률과 같은 사회적 제도가 '물질적 생활 관계'에 근거를 두고 있기 때문에 정치 경제학을 통해 사회 전반을 이해할 수 있다고 말한다. 마르크스는 이러한 역사적 유물론의 관점에서 널리 알려진 다음과 같은 경제 결정론의 정식을 정립한다.

"생산 관계들 전체가 사회의 경제적 구조 즉 실제적 토대를 형성하며, 그 위에 법적이고 정치적인 상부 구조가 세워지고 그리고 그것에 일정한 사회적 의식 형태들이 조응한다. 물질적 생활의 생산 양식이 사회적, 정치적, 정신적 생활 과정 일반을 조건 지운다. … 경제적 토대의 변화와 더불어 거대한 상부 구조 전체도 조만간 변혁된다."[30]

이러한 경제 결정론의 관점에서는 토대가 상부 구조를 규정하고 결정하기 때문에 토대에 대한 분석과 예측이 중요하며, 미래 사회의 상부 구조에 대한 논의는 그렇게 중요한 작업으로 간주되지 않는다. 엥겔스가 과학적 사회주의 이론의 임무에 대해 언급한 부분에는 이러한 측면이 잘 나타나 있다.

"사회주의의 임무는 가급적 완전한 사회 체계를 구상하는 것이 아니라, 오히려 이러한 계급들과 그들 상호간의 투쟁이 필연적으로 발생하는 역사적, 경제적 과정을 연구하는 것이며, 그 과정에 의해 형성된 경제적 상태에서 갈등의 해결 수단을 발견하는 것이다."[31]

사회주의는 우연이 아니라 역사적 발전 과정의 필연적 산물이기에 과학적 사회주의 이론의 임무는 새로운 사회 제도를 구상하는 것이 아니라, 오히려 이러한 발전 과정을 불러일으킨 경제적 토대를 연구하여 이에 대한 해결 수단을 발견하는 것이 더 중요한 작업이라는 것이다. 즉 새로운 사회 제도를 구상하는 시도보다는 경제적 토대에 대한 연구가 더 중요하다는 것이다. 왜냐하면 경제적, 물질적 조건이 사

---

30) K. Marx, *Zur Kritik der Politischen Ökonomie*, MEW 13, 8-9쪽.
31) F. Engels, *Die Entwicklung des Sozialismus von der Utopie zur Wissenschaft*, MEW 19, 208쪽.

회 제도나 사회 형태를 결정하기 때문이다.

마르크스는 『철학의 빈곤』에서 생산력이 발전되지 않는 상태에서 미래 사회의 각종 제도들에 대해 생각하는 것은 공상이라고 비판하였다. 이것은 생산력과 같은 경제적 토대가 마련되지 않은 상태에서 새로운 사회적 제도와 같은 상부 구조가 형성될 수 없기에 공상적이라는 것이다. 새로운 사회는 일정한 물질적 조건이 갖추어져야 가능한 것이다. 그리고 생산력의 발전과 함께 물질적 조건이 형성되면서 계급 투쟁이 활발하게 일어남에 따라 자연스럽게 상부 구조의 형태가 결정되므로 굳이 이러한 상부 구조의 형태에 대한 계획을 미리 세울 필요가 없다는 것이다. 과학은 단지 "자신의 눈앞에서 일어나고 있는 사실을 보고만 해야 하고 그래서 그것의 전달자가 되어야만 한다"는 것이다. 그래서 마르크스는 유토피아적 사회 제도, 특히 정치나 민주주의적 절차 등과 같은 상부 구조에 대한 전망이나 기획에 대해 소극적 태도를 보였던 것이다.

이러한 태도는 마르크스와 엥겔스가 공산주의의 사회 원리에 대해 언급한 부분을 보면 알 수 있다. 엥겔스가 「공산주의 원리」에서 "공산주의란 프롤레타리아 해방의 제 조건에 관한 학설"이라고 했을 때, 여기서 해방의 제 조건이란 바로 사적 소유 일반을 폐지하는 경제적 조건을 가리킨다. 그리고 마르크스가 새로운 사회 질서의 모습으로 제시한 것도 주로 경제와 관련된 것에 집중되어 있다. 사적 소유의 철폐와 계획적 생산에 따른 관리로 공황이 사라지면서 과잉 생산이나 빈곤이 사라지고 공업이 크게 발전하는 등 생산성이 증가하여 충분한 재화를 공급할 수 있다는 것이다. 이외에도 분업의 철폐나 도시와 농촌의 융합 등에 대해서도 언급하고 있는데 이것들은 대부분 경제 문제와 관련된 것이다.

마르크스는 「고타 강령 비판」에서 공산주의 사회의 경제 문제와 관련하여 공정한 분배 원칙에 대해 논하고 있다. 그는 여기서 낮은 단계에서의 '기여에 따른 분배' 원칙과 높은 단계에서의 '필요에 따른 분배' 원칙을 내세운다. 이에 비해 보통 선거, 직접적인 입법, 민권 등은 진부한 이야기라고 하면서 공산주의 사회에서의 민주주의 제도나 국가 형태에 대해서는 적극적인 언급을 하지 않고 있다.

마르크스는 앞에서 언급했던 실증주의와 역사주의의 태도로 인해 사회주의적인 미래상을 적극적으로 제시하지 않는 등 반유토피아주의적 경향을 보이고 있는데, 종종 사회주의의 사회 제도나 원리에 대해 언급할 경우에도 이러한 경제 결정론적 태도로 인해 사회주의의 상부 구조와 관련된 국가나 법, 민주주의 제도 등을 경제적인 것에 비해 더 소홀하게 다루고 있다. 그리고 설사 알튀세의 주장처럼 마르크스가 상부 구조의 상대적 자율성을 주장했다고 할지라도 최종 심급에서는 여전히 경제가 결정하고 있으므로 상부 구조는 경제적 토대에 비해 경시될 수밖에 없었고 이것은 사회주의적 미래상 중에서 특히 상부 구조를 소홀하게 다루는 반유토피아주의의 한 요인이 되고 있다.

5장

프랑크푸르트 학파의 유토피아적 차원의 복원 시도
포괄적 합리성과 이성적 사회의 추구

의심을 품는 것은 찬양받을 일이다!
당신들에게 충고하노니
당신들의 말을 나쁜 동전처럼 깨물어보는 사람을
즐겁게 존경하는 마음으로 환영하라!

— 브레히트, 「의심을 찬양함」

　마르크스의 반유토피아주의적 경향은 그의 사상 속에 내재하는 실증주의, 역사주의, 경제 결정론의 측면이 주요 원인이 되고 있다. 특히 이러한 측면들은 제2 인터내셔날을 비롯한 정통 마르크스주의에 의해 과학적인 것으로 더욱 강조되면서 마르크스주의는 실천성을 상실하고 유토피아적 차원은 매우 약화되었다. 따라서 비판적 사회 이론으로서 마르크스주의가 실천성과 유토피아적 차원을 회복하기 위해서는 우선 이러한 실증주의, 역사주의, 경제 결정론의 측면에 대한 비판 작업이 수행되어야 한다.

　이러한 작업을 수행한 이론가들 중 한 부류가 프랑크푸르트 학파이다. 호르크하이머는 "이 세계와는 전혀 다른 세계(ein ganz Anderes)에 호소하는 것은 우선적으로 사회 철학적인 힘이 된다"[1]고 하였다. 이것은 과학주의나 실증주의에 대해 비판적 태도를 취하고 있는 프랑크푸르트 학파의 유토피아적 차원을 단적으로 보여주고 있다. 이들은 그 당시에 지배적이었던 이러한 과학주의, 실증주의의 흐름에 저항하면서 마르크스의 초기 저작을 중심으로 마르크스 이론의 근본적 토대를 재검토하고 마르크스의 철학적 배경으로서 희미하게 드러나는 요소들을 밝혀내려고 하였다. 이러한 과정을 통해 프랑크푸르트 학파는 마르크스 사상에서 반유토피아주의적 경향의 주요 원인이 되었던 실증주의, 역사주의, 경제 결정론의 측면을 비판하는 토대를 마련하게 된다.

1. 실증주의, 역사주의, 경제 결정론에 대한 비판

실증주의 또는 과학주의는 프랑크푸르트 학파의 주요 비판 대상이 되고 있는데 호르크하이머는 이러한 사상적 흐름을 통칭하여 '전통 이론'이라고 부르기도 하였다. 프랑크푸르트 학파에서 실증주의 개념은 좀 막연한 방식으로 사용되고 있는 측면도 있지만[2] 기본적으로는 콩트가 언급한 실증주의적 방법이나 태도를 가리키는 의미로 사용되고

---

1) M. Hokheimer, "Foreword", M. Jay, *The Dialectical Imagination*, 1973, xii쪽.
2) 마틴 제이는 프랑크푸르트 학파에서 '실증주의'라는 용어가 반본질론자나 경험주의 그리고 소위 과학적 방법을 고집하는 철학적 흐름 등을 포함하는 느슨한 의미로 사용되고 있다고 하면서 이러한 용어 사용법에 대해 포퍼 등이 비판하고 있다는 점을 지적한다. (M. Jay, *The Dialectical Imagination*, 47-48쪽 참조.)

있다. 하버마스는 '실증적'이라는 개념이 콩트에서는 "단순히 상상된 것에 대립되는 사실적인 것을, 비결정적인 것에 대립되는 확실성을 요구할 수 있는 것을, 규정되지 않은 것과 구분되는 정확한 것을, 공허한 것에 대립되는 유용한 것을, 그리고 마지막으로 절대적인 것에 대립되는 상대적인 타당성을 요구하는 것을"3) 가리키는 의미로 사용되고 있다고 말한다. 실증주의 또는 과학주의는 과학의 타당성에 대한 확고한 신념을 토대로 자연 과학적인 탐구 방법을 참된 인식의 방법으로 간주하면서 감각적 경험을 토대로 얻어진 지식만을 참된 지식으로 인정하는 태도인 것이다. 이러한 실증주의적 관점에서 현실이란 단지 주어진 사실일 뿐이며, 이론이란 서로 논리적으로 결합되어 있는 사실 영역에 관한 명제들의 집합으로서 사실을 정확하게 기술하는 것을 목표로 삼고 있다. 그리고 자연 과학의 모범을 따라서 인문 사회 과학도 이러한 방법이나 태도를 받아들여야 한다고 주장한다.

프랑크푸르트 학파는 이러한 태도를 비판하면서 현실과 이론에 대해 이와 다른 관점을 취하고 있다. 이들은 현실을 단순히 주어진 것으로 보지 않고 사회적 실천의 산물로 즉 인간에 의해 만들어진 것으로 본다. 그리고 이론을 사회적 역사적 맥락 속에서 고찰하면서, 이론의 목표를 단순한 현실 규명에서 찾는 것이 아니라, 현실을 비판하고 현실에 영향력을 행사하여 좀더 이성적인 사회를 구성하는 것에서 찾고 있다.

1) 실증주의에 대한 비판

실증주의는 사실 판단과 가치 판단을 절대적으로 구분하면서 오직

---

3) J. Habermas, *Erkenntnis und Interesse*, Suhrkamp, 1973, 95-96쪽.

사실 판단만을 과학적 이론의 대상으로 삼고 있으며, 가치 판단은 개인적 믿음이나 결단의 문제로 간주하여 학문과 이론의 영역에서 배제한다. 이러한 관점을 체계적으로 보여주는 것이 베버와 논리 실증주의자들이다. 그런데 호르크하이머와 아도르노를 비롯한 프랑크푸르트 학파는 이러한 관점이 잘못되었다고 비판한다. 사실 판단과 가치 판단을 절대적으로 구분할 수도 없을 뿐만 아니라, 또한 과학적 이론의 기능을 오직 사실 판단에만 제한시키는 것도 편협한 태도라는 것이다. 그리고 이러한 태도는 결과적으로 기존 질서를 정당화하는 데 기여할 뿐이라는 것이다.

호르크하이머는 전통 이론이 가치와 연구, 지식과 행동을 분리시키면서 이러한 경계를 인정하지 않는 사고는 근거를 상실한 것으로 간주하고 있는 점과 관련하여 이러한 태도에 문제가 있다고 비판한다. "지각에 주어진 객관적 사실들이 원리적으로 인간의 통제 아래에 있어야 하는 산물로서 그리고 적어도 미래에는 실제로 인간의 통제 아래로 들어오게 될 산물로서 생각되는 한, 이러한 사실들은 순수한 사실성이라는 성질을 상실한다."4) 즉 주어진 사회적 사실들이 인간의 실천의 산물이고 또 인간에 의해서 변화될 수 있는 것이기에, 이러한 사회적 사실들은 인간의 실천이나 가치 판단으로부터 독립된 초역사적인 영원한 카테고리는 아니라는 것이다.

그리고 과학성을 표방하면서 이론의 가치 중립성을 주장하는 전통 이론의 관점도 잘못이라는 것이다. 만하임의 지식 사회학을 비롯한 전통 이론은 정치적 실천과 이론적 작업을 구분하면서 이론은 가치

---

4) M. Horkheimer, "Traditional and Critical Theory", *Critical Theory: Selected Essays*, The Seabury Press, New York, 1972, 209쪽.

중립적이어야 한다고 주장한다. 즉 인텔리겐치아를 비롯한 전문적 사회학자는 계급들 사이를 부유하면서 가치 중립적인 이론을 제시해야 한다는 것이다. 그러나 호르크하이머는 이러한 가치 중립성이 허구적이라고 비판한다.

> "어떠한 사회 이론도, 심지어 일반 법칙에 관심을 갖고 있는 사회학자의 사회 이론조차도 정치적 동기를 포함하고 있는데, 이러한 정치적 동기의 진실성은 가상적인 중립적 반성 속에서가 아니라 개인적인 사고나 행동 속에서, 구체적인 역사적 행위 속에서 결정되어야 한다."5)

사회 이론에는 정치적 이해 관계가 개입할 수밖에 없기 때문에 사회 이론은 중립성 주장은 잘못이라는 것이다. 대중의 모든 자발성과 인식 및 경험을 말살할 위기에 처한 시대에는 지식인 계층의 초당파적인, 따라서 추상적인 개념이라는 것은 오히려 중요한 문제를 단지 은폐할 뿐이라는 것이다. 정신은 사회 생활에서 분리된 것이 아니며 그 위를 부유하는 것도 아니다. 정신이나 이론이 이해 관계와 연관되어 있는 한 자유로운 것은 아니며, 정신은 특정한 실천과의 의식적 연관성을 갖고 있다. "비판 이론은 전체주의적인 선전처럼 '깊이 뿌리를 내리고 있는' 것도 아니며, 자유주의적인 지식인들처럼 '분리되어 초연한' 것도 아니다." 이처럼 호르크하이머는 인지적 지식(cognitive knowledge)과 규범적 명령(normative imperatives), 존재와 당위는 궁극적으로 분리할 수 없는 것으로 보았다.

아도르노도 사실과 가치를 이분법적으로 구분하는 실증주의적 태도를 비판한다. 아도르노에 따르면, 사회학의 데이터는 무성질의 데이터

---

5) 같은 책, 222쪽.

가 아니라 총체성의 연관에 의해서 구조화된 데이터이기에, 전체를 선취하지 않고서는 어떠한 개개의 관찰도 그 위치가 발견될 수 없다. 즉 전체에 대한 통찰 없이는 어떠한 요소도 이해될 수 없다. 체계와 개별성은 상호 연관성 속에서만 인식될 수 있다. 따라서 단순한 수학적인 설명을 지향하는 인식 태도는 사회 탐구에는 도움이 되지 않는다. 아도르노는 포퍼가 '잘못된 방법론적 자연주의 또는 과학주의'에 반대한 점에는 찬성한다. 그러나 포퍼에서 비판의 최종적 근거는 프로토콜 명제와 연관된 사실이기에 비판은 사실로 환원되고, 사상은 하나의 가설로 전락된다는 점에는 문제가 있다고 비판한다.6) 아도르노는 사실은 궁극적 토대가 아니며, 사상은 선취의 계기를 마련해 준다고 주장한다. 따라서 포퍼처럼 사실과 비판, 존재와 당위의 이원론에 토대하고 있는 것은 잘못이라는 것이다.

"가치가 하늘의 피안에 못으로 박혀 있을 수 없듯이 사회적 인식의 대상인 사태도 당위에서 자유로운 단순한 존재자는 아니다. 확실히 주관적인 자발성을 요구하는 사태에 대한 판단은 언제나 동시에 사태에 의해서 지시되는 것이며, 베버의 견해처럼 주관적인 비합리적 결단 안에서 논의되는 것은 아니다. 이러한 판단은 철학적 용어로 사태의 자기 자신에 대한 판단이다. 즉 사태의 단편성이 그러한 판단을 이끌어내는 것이다. 그런

---

6) 브라운은 포퍼의 반증 이론에서 기본 언명(basic statement)이 애매한 지위를 갖고 있다고 본다. 포퍼는 한편으로는 어떤 이론에 대한 반증을 위해서는 관찰을 통해 확인된 기본 언명이 요구된다고 하여 기본 언명에 특별한 역할을 부여하면서도, 다른 한편으로는 이러한 기본 언명은 확인을 통해서 얻어진 것이 아니라 일종의 결단 또는 협약을 통해서 얻어진 것이므로 오류 가능성이 있다고 말한다. 포퍼가 전자처럼 기본 언명의 특별한 역할을 끊임없이 강조하고 있는 것은 그가 반증주의를 내세우면서도 아직 논리 실증주의의 전제를 완전히 청산하지 못했기 때문이라는 것이다. (H. I., Brown, 『새로운 과학철학』(The New Philosophy of Science), 신중섭 역, 서광사, 1987, 111-118쪽 참조.)

데 이 판단은, 사태 안에 침투해 있으면서 직접적으로 주어진 것도 아니고 사실성도 아닌 전체와의 관계 속에서 형성된다."7)

이처럼 아도르노는 '존재와 당위의 이분법'(die Dichotomie von Sein und Sollen)은 잘못이라고 주장한다. 비판은 사태에 의해서 주어지고, 그리고 사태는 비판에 의해서 변화될 수 있기 때문이다. 그런데 실증주의처럼 존재와 당위의 이분법에 입각하여 사실에 대한 객관적인 기술에만 머무를 경우에 이것은 사태에 자신을 맡기는 것이며, 자신을 자동 기록 장치로 여기는 것이 된다. 따라서 이로 인해 상상력의 포기나 생산성의 결여라는 문제가 발생한다는 것이다.

하버마스는 실증주의자들의 '가치 자유'의 요청은 사실과 결단, 존재와 당위라는 이원론에 입각해 있다고 본다.8) 실증주의자들은 이 두 가지가 각각의 자율적 영역을 갖고 있는 것으로 간주하여 가치 판단의 규범적 내용은 사실 확인의 기술적 내용에서 도출될 수 없고, 반대로 기술적인 것은 규범적인 것에서 결코 도출될 수 없다고 본다. 존재와 당위의 영역을 엄격하게 구분하면서, 기술적 언어 명제는 규범적 언어로 번역될 수 없다는 것이다. 즉 인식 활동과 가치 평가를 분리하여, 규범의 의미에 관계하는 실천적 문제는 과학적으로 결말을 지을 수 없다는 것이다. 경험 과학적 예측은 주어진 목적 밑에서 수단의 선택을 합리화하는 것을 가능하게 하지만, 목적 설정 자체는 규범의 가정에 의거하고 있으며 과학적으로는 제어할 수 없는 것이다.

---

7) T. Adorno, "Zur Logik der Sozialwissenschaften", T. Adorno u.a., *Der Positivismusstreit in der deutschen Soziologie*, Luchterhand Verlag, 1972, 138-139쪽.
8) J. Habermas, "Analytische Wissenschaftstheorie und Dialektik", T. Adorno u.a., *Der Positivismusstreit in der deutschen Soziologie*, 170-171쪽 참조.

하버마스는 실천적 문제는 가치 중립적인 수단의 합목적 선택만으로는 해결될 수 없다고 보면서, "이러한 사실과 결단의 이원론은 허용될 수 있는 인식의 범위를 엄밀한 경험 과학으로 축소하고, 그래서 삶의 실천과 관련된 문제를 과학 일반의 지평에서 제거하도록 강요한다"고 주장한다. 실증주의는 이성을 특수한 형태에서만 승인하고 있다는 것이다.

하버마스는 이러한 태도에 대해 실증주의적인 경험 과학으로 축소된 인식은 참으로 어떠한 규범적 구속으로부터도 면제되어 있는가라는 문제를 제기한다. 포퍼는 관찰 명제는 논리적이나 경험적으로 정당하다고 인정될 수 없으며 단지 결단에 의존하고 있다고 주장하는데, 이것은 비록 포퍼가 '해석학적인 사전 이해'(das hermeneutische Vorverständnis)에 대해 침묵하고 있음에도 불구하고 이를 전제하고 있다는 것이다.[9] 관찰 명제의 타당성 인정이나 또는 규칙의 적용은 이미 해석학적 사전 이해를 요구하고 있으며, 의사소통적인 상호 관계를 바탕으로 한 규범의 합의를 전제로 한다. 연구 과정은 생활 관계의 배후로 귀환할 수가 없으며, 이 생활 관계는 항상 해석학적으로 전제되고 있다.

하버마스에 따르면, '가치 중립성'(Wertneutralität)은 고전적 의미에서의 이론적 태도와 아무런 관계도 갖고 있지 않으며, 그러한 가치 중립성은 언명의 타당성을 기술적 인식 관심에만 제한시키는 편협한 이

---

9) 같은 책, 178-180쪽 참조. 포퍼는 『과학적 발견의 논리』(박우석 역, 고려원, 1994, 140-141쪽 참조)에서 어떤 관찰 명제 또는 기본 언명(basic statement)의 채택이 지각적 경험과 연관되어 있기는 하지만 그러나 그러한 지각적 경험에 의해서 정당화될 수는 없다고 말한다. 기본 언명들은 어떤 결단 또는 합의의 결과로서 받아들여지기에 일종의 '협약'(convention)이라는 것이다.

론적 태도와 관련될 뿐이다. 사회 과학적 이론은 특정 범위의 실천적 문제에 있어서 중요한 '사전 이해'에 의해서 인도되고 있다. 이러한 의미 이해는 이론적 원칙의 선택이나 모델을 정초하는 가정을 선택하는 데 결정적인 힘을 미친다. 그런데 기술적 인식 관심이 지배적으로 되면서, 생활 세계의 의사소통에 기반한 전체적 이해가 무시되고, 가치 중립성의 이념이 지배하게 되었다는 것이다.

이처럼 호르크하이머, 아도르노, 하버마스 등의 비판 이론가들은 사실과 당위를 이분법적으로 구분하는 실증주의의 관점이 잘못되었다고 비판하고 있다. 실증주의가 내세우는 가치 중립성의 주장은 허구적인 것으로서 총체성의 관점을 결여하고 있으며, 과학 이론에 미치는 생활 세계의 이해를 간과하고 있다는 것이다. 또 객관성이나 합리성을 경험 과학에만 제한시키는 것도 편협한 태도로서 포괄적 합리성을 제대로 인식하지 못한 태도라는 것이다. 비판 이론가들은 사실과 당위가 서로 연관되어 있으며, 과학 이론에는 가치가 개입되어 있다고 본다. 그래서 하버마스는 '인식을 유도하는 관심'이라고 하면서 인식은 관심에 의해서 이끌어진다고 본 것이다. 비판 이론가들의 이러한 태도는 실증주의적 태도로 인해 과학적 논의에서 배제되었던 가치 판단과 관련된 유토피아론이 합리적 논의로서 수용될 수 있는 토대를 제공해 주고 있다.

2) 역사주의에 대한 비판

호르크하이머에 따르면, 전통 이론은 사태를 형이상학적, 비역사적으로 인식하여 사태의 불가변성을 하나의 신앙으로 여긴다. 사람들은 단지 관객이나 수동적 참가자로서 간주되며, 사건은 미리 예측할 수 있을지 모르나 그러나 통제할 수 없는 것으로 본다. 즉 전통 이론은

'필연성'을 인간 자신이 만들어내는 사건이라는 의미로 이해하지 않고, 확률적으로 미리 계산할 수 있는 사건으로만 생각한다. 전통 이론에서 주체는 사실로부터 엄밀하게 분리되어 있는 것이다. 대상적 사건은 이론에 대해 초월적인 것이며, 이론으로부터의 독립성이 그 사건의 필연성에 속하게 된다. 관찰자 자신은 그것을 변경시킬 수 없는 것이다. 그러나 호르크하이머는 이렇게 대상과 주체를 분리시키면서 역사의 필연성을 주장하는 역사주의적 태도가 옳지 않다고 비판한다.

> "의식적인 비판적 태도는 사회 발달의 한 부분을 이루고 있다. 역사 과정을 경제적인 메커니즘의 필연적 산물로서 해석한다는 것은 동시에 이러한 사물들의 질서에 대한 저항, 이러한 질서 자체에 의해서 발생된 저항을 포함하고 있을 뿐만 아니라 또한 인류의 자기 결정이라는 이념, 즉 사람들이 행동이 더 이상 메커니즘이 아니라 자기 자신의 결정으로부터 이루어지는 상태라는 관념도 포함하고 있다. … 이론의 각 부분은 그 이론 자체에 의해 규정된 노선에 따라서 기존 질서에 대한 비판과 투쟁을 전제하고 있다."10)

인간의 의식적인 비판적 활동에 의해서 대상을 변화시킬 수 있기 때문에 대상과 주체를 분리시키는 것은 타당하지 않다는 것이다. 주체가 사고하는 주체로서 사회적 투쟁에 참여하는 한, 그리고 인식과 행동을 단지 별개의 개념으로 여기지 않는 한, 필연성이라는 것은 인간 외부에 독립된 맹목적인 필연성이 아니다. 과학의 출발점이 되는 현실적 상황은 단순히 확정되고 확률의 법칙에 따라 예측할 수 있는 어떤 주어진 것으로 간주되지 않는다. 그때그때 주어진 것은 자연에 의해서만 좌우되는 것이 아니라 인간이 그 자연에 대해 무엇을 할 수

---

10) M. Horkheimer, "Traditional and Critical Theory", 229쪽.

있는가에 의해서도 좌우된다.

이처럼 프랑크푸르트 학파는 역사주의, 즉 역사에 필연적 법칙이 있으며 이에 대한 인식을 바탕으로 미래를 예측할 수 있다는 관점을 비판한다. 역사는 주체의 실천적 활동의 산물로서 주체에 의해서 변화될 수 있다는 것이다. 따라서 역사주의가 미래 사회에 대한 선택 가능성을 차단하고 유토피아적 미래상을 그려보는 것을 무의미한 작업으로 간주하는 태도는 비판 이론의 이러한 관점에 의해서 반박된다. 역사는 인간의 실천적 활동에 의해서 변화 가능하기 때문에 바람직한 미래 사회상을 그려보는 일은 의미 있는 작업이 될 수 있다.

3) 경제 결정론에 대한 비판

프랑크푸르트 학파는 경제적 토대가 상부 구조를 결정한다는 경제 결정론을 비판한다. 물론 프랑크푸르트 학파도 경제의 중요성을 인정하지만 그렇다고 모든 것이 경제에 의해서 일방적으로 결정된다는 관점에 대해서는 반대하는 것이다. 호르크하이머는 이에 대해 다음과 같이 말한다.

"(낡은 사회에서는) 경제가 비참함의 일차적 원인이고 그래서 이론적, 실제적 비판은 우선적으로 그러한 경제에 향해진다. 그러나 미래 사회의 형태를 단지 그 경제에 따라서만 판단하는 것은 비변증법적인 기계적 사고일 것이다. 역사적 변화는 문화 영역들 사이의 관계를 그대로 내버려두지 않아서, 만약 현재의 사회 상태에서 경제가 인간의 지배자이고 따라서 인간을 변화시킬 수 있는 지렛대라면, 미래에는 자연적 필연성에 직면하여 인간 자신이 모든 자신의 관계들을 결정해야 한다."[11]

---

11) M. Hokheimer, "Postscript", *Critical Theory: Selected Essays*, 249쪽.

현재의 낡은 사회에 대한 비판에서는 경제가 상당히 중요한 요소로 간주되어야 하지만, 그렇다고 미래 사회에서까지 모든 것이 경제에 의해서 주도된다고 보는 것은 옳지 않다는 것이다. 왜냐하면 미래 사회에서는 변화된 사회적 조건에서 인간이 사회적 관계들을 지배하고 조절할 수 있는 힘이 더 커지기 때문이다. 미래 사회에서는 경제적 형태와 같은 토대에서뿐만 아니라 정치나 문화의 형태와 같은 상부 구조에서도 자발적이고 의식적인 선택과 계획이 더 많은 힘을 발휘할 수 있다. 비판 이론은 정치가 경제에 종속된 현상을 비판하는 것이지 이것을 당연한 것으로 여기는 것은 아니다.

이처럼 프랑크푸르트 학파는 반유토피아주의의 한 요인이 되었던 경제 결정론을 비판함으로써, 사회주의적 미래상과 관련된 상부 구조에 대한 논의를 의미 있는 작업으로 간주할 수 있는 이론적 토대를 마련하였다.

2. 비판 이론의 유토피아주의적 측면 : 이성적 사회의 추구

1) 이성의 기능 : 포괄적 합리성의 추구

비판 이론은 현실을 단지 주어진 것이 아니라 인간에 의해 만들어진 것으로 본다. 그리고 단순한 현실 분석에 그치는 것이 아니라 현실을 비판하고 현실에 영향력을 행사하여 좀더 이성적인 사회를 구성하려고 한다. 이처럼 기존 현실에 대한 비판과 이성적 사회의 구성을 목표로 하는 비판 이론은 이성의 기능이나 역할을 전통 이론과 다르게 본다.

실증주의는 자연 과학적 방법을 통해 획득된 엄밀한 형식의 경험만을 과학적 지식으로 간주한다. 사실과 당위를 구분하면서 사실에 대한 지식만을 과학적 이론의 대상으로 삼는 반면에 당위와 관련된 가치 판단은 과학적 이론의 대상에서 제외시킨다. 그래서 다양하게 설정된 목표 가운데 어떤 것이 가장 올바른 것이냐를 결정하는 것은 과학이나 이성의 과제가 아니라고 본다. 즉 이해 관계와 관련된 가치 선택의 문제는 과학이나 이성의 대상이 아니라는 것이다. 호르크하이머는 과학이나 이성의 기능에 대한 이러한 실증주의적 태도를 비판하면서 그 한계를 지적한다.

"사고는 비판을 수행하거나 또는 목표를 설정하려는 요구를 포기한다. 사고의 순수한 기록적, 계산적 기능은 사고의 자발성으로부터 분리된다. 결정과 실천은 사고에 대립되는 어떤 것으로 여겨지게 되어서, 그것들은 '가치 평가'이고 개인적인 자의이며 통제할 수 없는 감정이라고 간주된다. … 정신적 과정의 부분들인 사고와 의지는 개념적으로 분리된다. … 사고의 기능은 단지 계산이 되고, 반면에 선택이나 결정은 전적으로 의지의 영역이 된다."12)

호르크하이머는 사실과 당위, 사고와 의지를 분리하고, 사고를 이렇게 순수한 계산적 기능에만 제한시키는 것은 기존 질서를 정당화하는 결과를 낳는다고 비판한다. "이렇게 계산적 사고를 이성적 사고와 혼동하는 것은, 현재의 경제 형태에 의해서 발생된 개인들의 단자적인 고립을 강화시키는 것이다." 즉 개인의 비판적 사고를 마비시키면서 개인을 사회로부터 고립시킨다는 것이다. 그는 '계산'이라는 것은 인간사에 있어서 단지 보잘것없는 한 가지 방편에 불과하며, 개인의 이

---

12) M. Hokheimer, "The Latest Attack on Metaphysics", *Critical Theory: Selected Essays*, 178-179쪽.

성적 힘은 기존 질서에 적응하는 데에만 그치지 않고 그들 자신의 삶을 규정하고 설립하는 데에도 적극적으로 이용될 수 있다고 본다. 이성은 주어진 것을 단순히 분류하는 것이 아니라 더 나아가 개념을 구상해야 하며, 자신의 전체 경험을 특정한 목표를 위해 꾸준히 구조화해야 한다. 즉 변증법적으로 사고해야 한다. 이처럼 호르크하이머는 단순한 계산이나 기술적인 기능뿐만 아니라 기존 질서의 비판과 새로운 목표의 설정이라는 의지적이고 가치 판단적인 기능을 이성의 주요한 기능으로 보고 있다.

아도르노도 "강조된 진리 개념에서는 사회의 올바른 건설이 동시에 생각된다"[13]고 하여 사회 과학의 논리 개념을 실증주의나 포퍼의 관점보다 좀더 넓은 의미로 사용하고 있다. 이성이 추구하는 진리는 단순한 객관적 사실의 확인에 그치는 것이 아니라 올바른 사회 건설이라는 목표까지 포함하여 좀더 포괄적으로 이해되어야 한다는 것이다.

하버마스도 이러한 시각에서 실증주의적 합리성의 협소한 한계 대신에 '포괄적 합리성'(die umfassende Rationalität)을 주장한다. 하버마스는 실증주의적 방법이 분석적 과학 이론과 연구 활동을 촉진하고, 방법론적 결단의 명료화에 기여해 온 점은 긍정적 측면으로 인정하지만 그러나 여기에 부정적 측면도 있다고 지적한다. 실증주의는 구속력 있는 반성을 경험적-분석적 과학의 한계 내로 제한시키므로 문제의 많은 영역이 토의의 대상에서 제거되어 비합리적 태도에 맡겨진다는 것이다. 비판 기준의 선택이나 논증 태도의 결정과 관련된 문제는 논의의 대상에서 제외되어 개인적인 단순한 결단에 맡겨진다는 것이다. 하버마스는 이러한 이성이나 합리성 개념이 지나치게 편협하다고

---

13) T. Adorno, "Zur Logik der Sozialwissenschaften", 143쪽.

비판하면서 '포괄적 합리성'의 개념을 내세운다. "만일 우리가 연구 과정에서 발생하는 것을 반성한다면, 우리들은 실증주의가 허용하고 있는 것보다 더 넓게 그어져 있는 이성적 토론의 지평 안에서 항상 이미 활동하고 있다는 점을 통찰할 수 있다."14)

하버마스는 자기 반성의 힘을 통해서 실증주의적 한계의 가상을 타파하고 '포괄적 합리성'의 차원을 확인할 수 있다고 본다. 이처럼 비판 이론은 이성의 기능을 단지 계산적이고 기술적인 기능에만 제한시키는 것이 아니라 기존 질서를 비판하고 새로운 사회를 건설하기 위한 비판적 기준의 선택과 같은 가치 판단적 기능을 포함하는 포괄적 합리성의 차원에서 이해하고 있다.

2) 유토피아로서 이성적 사회의 추구

이러한 이성과 합리성 개념에 입각하여 프랑크푸르트 학파의 비판 이론은 실증주의적인 전통 이론을 넘어서는 목표를 제시한다. "유토피아적 이념 대신에 사실과 상식에 순응하라는 실증주의의 명령"15)을 거부하는 것이다. 호르크하이머가 밝히고 있듯이 "비판 이론은 결코 단순히 지식 자체의 증가를 목표로 삼지는 않으며, 그것의 목표는 노예적 상태로부터 인간을 해방시키는 것이다."16) 전통 이론이 이론을 가치 판단과 결부시키는 것을 거부한 데 비해, 비판 이론은 인간 해방이라는 목표를 위해 기존 사회의 불행을 비판하면서 개인의 행복을 추구한다.

---

14) J. Habermas, "Gegen einen positivistisch halbierten Rationalismus", T. Adorno u.a., *Der Positivismusstreit in der deutschen Soziologie*, 236쪽.

15) M. Horkheimer, *Eclipse of Reason*, Continuum, 1974, 91쪽.

16) M. Horkheimer, "Postscript", *Critical Theory: Selected Essays*, 246쪽.

그런데 이러한 개인의 행복과 자유로운 발전은 사회의 이성적 상태와 불가분의 관계에 있기 때문에 사회의 현 상태에 대한 비판에서 출발한다. 이것은 사회의 특정한 폐단만을 없애는 일에 몰두하는 것이 아니라 이러한 폐단이 사회 구조 전체와 필연적으로 결합되어 있기에 사회 전체를 비판의 대상으로 삼는다. 그래서 여기서 말하는 '비판적'이라는 말은 순수 이성에 대한 관념론적 비판이 아니라, 정치 경제학에 대한 변증법적 비판을 의미한다. 이러한 비판을 통해 기존 현실의 문제점을 폭로하는 것이다.

그런데 비판 이론은 단지 현 상태를 비판하는 데 그치는 것이 아니라 좀더 이성적인 사회를 추구한다. 그래서 호르크하이머는 비판 이론에서는 '구성적 사고'가 중요하다고 말한다. 비판적 사고가 달성하고자 하는 목표, 즉 이성적 상태는 현재의 불행에 근거를 두고 있지만, 그러나 이러한 불행과 더불어 이미 이것을 제거하기 위한 방법이나 방향이 주어진 것이 아니기에 구성적 사고가 중요한 것이다.

그렇다면 이러한 이성적 사회란 무엇이고 이것은 유토피아와 어떤 연관성이 있는가? 호르크하이머는 "이미 현존하는 기술적 수단을 통해서 가능한 자유인들의 공동체로서의 미래 사회"17)가 비판 이론이 추구하는 이성적 사회라고 말한다. 이것은 변화를 추구하는 주체들이 갖는 '더 좋은 사회에 대한 이념적 표상'인 것이다. 물질적, 이데올로기적 권력이 특권의 유지를 위한 기능을 수행하는 '분열된 전체 사회'와는 다르게 이성적 사회로서의 '자유인들의 연합체'에서는 규율과 자발성이 조화를 이루어서 기존 사회의 관료제적 병폐가 사라지고 모든 사람이 스스로 발전할 수 있는 똑같은 가능성을 갖게 된다.

---

17) M. Horkheimer, "Traditional and Critical Theory", 217쪽.

호르크하이머는 이러한 자유인들의 연합체라는 이념은 현재의 사회적 생산력의 수준을 고려하여 그러한 이념이 가능하다는 증거를 보임으로써 '추상적 유토피아'로부터 구별된다고 말한다. 즉 이성적 사회는 실현 가능성이라는 측면에서 추상적 유토피아는 아니라는 것이다. 그렇다고 미래의 모습을 완벽하게 예측할 수 있는 것은 아니라고 본다.

"그러나 얼마나 많은 경향들이 이러한 연합체에 실제로 도달할 것인가, 얼마나 많은 변화 단계를 거칠 것인가, 개별적 예비 단계들이 얼마나 바람직하고 얼마나 본질적으로 가치 있을 것인가, 그 이념과 관련하여 그것들의 역사적 중요성은 어떠한가, 이 모든 것은 그 이념이 실현되었을 경우에만 분명하게 될 것이다."18)

이러한 점에서 비판 이론은 필연적 법칙을 바탕으로 미래를 예측하려는 역사주의의 관점과 다르다고 할 수 있다. 미래의 모습은 다양한 객관적인 조건뿐만 아니라 주체의 실천에 의해서도 달라질 수 있기 때문이다. 미래 사회의 모습은 고정되어 있는 것이 아니다.

호르크하이머는 이성적 사회를 구성하기 위해 미래 사회상을 미리 그려보는 작업이 왜 필요한지를 실증주의의 양면성을 지적하면서 밝히고 있다. 모든 종류의 환상을 버리고 사실 자체만을 보라는 실증주의의 구호는 18세기의 계몽주의 시대에는 진보성을 띠고 있었다. 18세기의 상황에서는 낡은 사회의 내부에 이미 새로운 사회가 발전하고 있었기 때문에 이미 존재하고 있는 부르주아 경제를 인정하고 이를 발전시키면 되었다. 따라서 사실을 그대로 인정하는 것이 그 당시에

---

18) 같은 책, 219-220쪽.

는 진보적이었다는 것이다. 이에 비해 20세기의 상황에서는 미래 사회가 현존 질서 속에 존재하는 것이 아니기에 미래 사회로 넘어가기 위해 의식적인 노력이 필요하다는 것이다. 즉 의식적인 주체를 형성하고 적극적으로 자신의 생활 양식을 규정해야 한다는 것이다. 미래적인 문화 요인들이 이미 존재한다고 할지라도 현재의 경제적 상황을 재구성하는 것이 우선적으로 필요하다.

> "이성적으로 조직된 미래 사회에 대한 관심 속에서 현재 사회를 비판적 관점에서 고찰하고, 현재 사회를 전문 과학을 통해 형성된 전통적 이론의 관점에서 해석하려는 지속적인 이론적 노력이 없다면, 인간의 존재를 근본적으로 개선하려는 희망의 근거가 제거된다."[19]

자유인들의 연합체와 같은 이성적인 미래상은 기존 질서 속에 내재하는 것이 아니기에 이성적 사회를 만들기 위해서는 상상력을 발휘하여 이러한 미래상을 그려보고 이에 대해 지속적으로 관심을 기울일 필요가 있다는 것이다. 그리고 이러한 미래상은 현실 사회를 분석하고 비판하는 도구로도 기능할 수 있다는 것이다.

이처럼 비판 이론은 포괄적 합리성을 추구하는 이성의 기능을 바탕으로 자유인들의 연합체로서 이성적 사회를 추구하는 기획을 이론적으로 정당화하면서 이를 필요한 작업으로 수용하고 있다. 이것은 현실 속에 내재하는 가능성을 토대로 다양한 역사적 대안들을 그려보고 이에 대한 가치 평가를 통해 더 좋은 사회를 모색하는 작업인 것이다. 그리고 이러한 미래상은 현실을 비판하는 도구이자 현실을 변혁하려는 의지를 불러일으키는 계기로서 작동할 수 있다. 따라서 비판 이론

---

19) 같은 책, 233쪽.

의 이러한 유토피아적 측면을 고려할 때, 이성적 사회를 추구하는 프랑크푸르트 학파의 이러한 이론적 작업은 비판적 사회 이론에서 유토피아적 차원을 복원시킨 것으로 볼 수 있다.

3) 소극적 유토피아론

비판 이론은 반유토피아주의의 토대가 되었던 실증주의, 역사주의, 경제주의를 비판하면서 포괄적 합리성의 개념을 토대로 현실 비판과 이성적 사회의 구성이라는 목표를 제시하였다. 따라서 비판 이론의 이러한 작업은 유토피아론을 전개시키기 위한 기반을 마련했다고 할 수 있지만 그러나 마르쿠제나 벤야민 등을 제외한 호르크하이머나 아도르노, 하버마스와 같은 대부분의 프랑크푸르트 학파의 이론가들은 적극적인 유토피아론을 전개하지는 않았다.

호르크하이머는 플라톤 이래로 철학자들은 이성을 인간과 국가에 정착시키려는 진정한 이상주의를 포기하지 않았다고 본다. 철학은 단지 완전성의 형상을 높이 평가하면서 어떻게 그것을 성취할 수 있는가에 대해서는 고려하지 않는 잘못된 이상주의를 배척해 왔을 뿐이라는 것이다.[20] 이처럼 호르크하이머도 철학이 이성적 사회를 위한 이상주의나 유토피아를 모색해 왔다는 점을 부정하고 있는 것은 아니다.

그러나 호르크하이머는 오늘날에는 이러한 이상이나 ˙이념을 지구상에 실현시키기 위한 조건을 인식하는 것이 중요하기에 "유토피아가 더 이상 사회 문제를 다루기 위한 적절한 철학적 형식은 아니다"[21]라고 말한다. 현실적 문제를 해결하기 위해서는 역사적 발전에 따른 일

---

20) M. Horkheimer, "The Social Function of Philosophy", *Critical Theory: Selected Essays*, 270쪽 참조.
21) 같은 책, 269쪽.

정한 사회적 조건이 요구되기에, 우리의 삶을 개선시킬 수 있는 구체적 상황이나 경향들을 과학적으로 기술하는 일이 더 중요하다는 것이다. 그래서 비판은 정치 경제학에 대한 변증법적 비판을 핵심으로 하고 있다. "기존의 이러한 상태를 폐지한다는 것은 더 높은 경제적 조직 원리를 목표로 하는 것이지, 결코 어떤 철학적 유토피아를 목표로 하는 것은 아니다."[22] 이처럼 프랑크푸르트 학파는 유토피아적 미래상을 구상하는 것보다는 기존 현실의 모순에 대한 비판을 통해서 이성적 사회를 구성하기 위한 사회적, 물질적 조건을 규명하는 데 더 주안점을 두고 있다.

아도르노도 이에 대해 다음과 같이 말한다. "올바른 사회란 기존의 사회에 대해서 추상적으로 즉 내세워진 가치로서 대비되어야 할 것은 아니고, 오히려 올바른 사회는 비판에서 따라서 사회의 모순과 필연성에 대한 의식에서 발생하는 것이다."[23] 이성적인 사회란 상상력을 통한 추상적인 구성적 작업에 의해서가 아니라, 현실의 모순에 대한 인식을 바탕으로 주어진다는 것이다. 이처럼 비판 이론은 기존 사회의 사회적, 물질적 조건에 대한 현실적인 분석과 비판에 주안점을 두고 있으며, 유토피아적 미래를 기획하는 작업에 대해서는 소극적인 태도를 보이고 있다.

하버마스도 의사소통 행위 이론의 관점에서 유토피아적 차원의 복원의 가능성을 보여주고 있지만 그러나 미래 사회에서의 삶의 모습에 대해서는 거의 언급하고 있지 않다. 기든스의 지적처럼 하버마스가 제시하는 이상적 담화 상황은 해방된 사회의 가능성, 즉 자유롭고 평

---

22) M. Horkheimer, "Postscript", 249쪽.
23) T. Adorno, "Zur Logik der Sozialwissenschaften", 139쪽.

등한 개인들의 자율적 행위에 기초한 새로운 사회 질서의 형성 가능성을 보여주고 있지만 그러나 해방된 사회에서 개인들의 삶의 모습이 구체적으로 어떤 것인지에 대해서는 거의 아무런 시사도 하고 있지 않다.24) 하버마스는 이상적 담화 상황을 단지 규범의 타당성을 확보하기 위한 형식적 조건으로서만 간주하고 있지 구체적인 이상적 삶의 형태로 보고 있지는 않다. 더 좋은 사회 제도나 더 좋은 삶의 구체적 형태를 기획하는 일은 사회 이론이나 담론 윤리의 과제가 아니라 담론에 참여하는 시민들에게 맡겨져야 할 과제라는 것이다. 그래서 하버마스가 프랑크푸르트 학파의 다른 이론가들처럼 유토피아적 차원의 필요성에 대해서는 공감하고 있지만 그러나 그의 이론적 작업도 기존 현실에 대한 분석과 비판이나 경험 과학의 합리성의 토대를 해명하기 위한 형식적 조건의 탐구에 그치고 있으며 적극적으로 유토피아적 미래상에 대해 언급하고 있지는 않다.25)

프랑크푸르트 학파가 유토피아에 대해 이처럼 소극적 태도를 보인 점에 대해 마틴 제이는 두 가지 측면에서 그 이유를 분석하고 있다.26) 프랑크푸르트 학파는 유토피아적인 이성적 사회로서 '타자'(the 'other')에 대해 이름을 부르거나 묘사하는 일을 기피했는데, 이것은 거룩한 자의 이름을 발설해서는 안 된다는 유태교의 금기와 관련된다는 것이다. 유태인들은 하나님의 진짜 이름을 부르지 않는데, 왜냐하면 메시아의 시대가 아직 도래하지 않았으므로 신명을 부르는 것은 시기상조

---

24) A. Giddens, *Modernity and Self-Identity: Self and Society in the Late Modern Age*, Standford University Press, 1991, 213-214쪽 참조.
25) 유토피아에 대한 하버마스의 이러한 입장은 7장 3절에서 좀더 자세하게 비판적으로 검토되고 있다.
26) M. Jay, *The Dialectical Imagination*, 262-263쪽 참조.

이기 때문이다. 다른 한편으로 프랑크푸르트 학파가 유토피아적 전망의 개요를 마련하지 않으려 했던 것은 진정한 조화란 철학 혼자 힘으로 성취할 수 없다는 신념을 반영하고 있다는 것이다. 마르크스가 언급한 바와 같이, '자유의 왕국'은 현재 부자유스러운 위치에 처해 있는 사람들에 의해서 상상될 수 없으며, 따라서 사회 조건이 극적으로 변경될 때까지 철학은 오직 제한된 역할만을 맡아야 한다는 것이다. "주체와 객체, 언어와 사물이 현재의 조건에서 통합될 수 없는 한, 부정의 원리에 의해 우리는 거짓된 궁극성의 파편들로부터 상대적 진리를 구하기 위한 시도를 해나가야 한다."27) 비판 이론가들에게는 시기 상조적인 해결책의 모색보다는 차라리 부정이 진리가 가야 할 길이었던 것이다.

유토피아론에 대한 이러한 소극적 태도는 그들의 비관주의와도 연관되어 있다고 볼 수 있다. 1940년대 이후의 시대적 상황 속에서 소련에 대한 실망과 환멸, 서구 노동자 계급의 혁명성의 상실, 대중 문화의 획일화 등으로 인해 비판 이론가들의 희망은 비관으로 바뀌기 시작했다. 비판 이론은 이론적으로는 근본적 방향을 지향했음에도 불구하고 정치적 실천과의 연결 고리를 찾을 수 없게 되면서 비관주의로 빠져들기 시작한 것이다.

호르크하이머와 아도르노는 적극적으로 인간학을 표명한 것도 아니며, 인간의 완전한 자율성 개념을 적극적으로 옹호한 것도 아니다. 이것은 인간학을 사변적이라고 하여 거부하였던 과학적 사회주의의 영향으로도 볼 수 있으며, 또는 인간학적 기획이 인간 중심주의를 함축할 수 있기에 이로 인한 자연 파괴를 염려했기 때문이라고도 볼 수

---

27) M. Horkheimer, *Eclipse of Reason*, Continuum, 1974, 183쪽.

있다. 『계몽의 변증법』에 전반적으로 드리워져 있는 비관론적 분위기에서 드러나듯이, 호르크하이머와 아도르노는 기독교, 헤겔 관념론, 유물론적 역사관의 낙관론적 전제를 거부하였다. 더 나은 조건에 대한 희망은 그것을 획득할 수 있다는 보장에 의한 것이 아니라 현존하는 것에 대한 결정적 거부에 의거한 것이다.28)

이러한 비관주의적 태도가 긍정적인 유토피아적 미래상을 적극적으로 제시하기보다는 현실의 모순에 대한 비판과 부정에 머무르도록 하였던 것이다. 후기 자본주의의 '1차원적 사회'에는 부정 개념을 회복할 수 있는 능력이 존재하지 않는다. 계몽주의는 인간을 효과적인 수단으로 노예화하기 때문에, 비판 의식을 마비시키는 문화 산업으로부터 벗어날 수 있는 사람들이 할 수 있는 유일한 길은 아직도 남아 있는 부정의 흔적을 보존하고 신장시키는 일이다. 아도르노는 실증적인 자유와 이것이 약속한 진정한 화합은 지상에서 실현될 수 없는 유토피아적 희망으로 영원히 남는다고 생각하였다. 헤겔과 마르크스에게 자극을 준 부정의 부정, 즉 소외 상태로부터 자기 자신에게 복귀하는 꿈은 좌절되고 말았다. 변증법은 단지 부정적일 수밖에 없었다. 아도르노가 『한 줌의 도덕』에서 경구 스타일로 글을 쓴 것은 체계화된 구조에 대한 근본적인 불신을 나타낸 것으로서 진리는 임시적이고 불완전한 방식으로 표현된다는 생각이 반영되어 있다는 것이다. '전체는 참이 아니다'라는 것이다.

그렇다고 비판 이론가들이 유토피아적인 것을 거부했다고 볼 수는 없다. 프랑크푸르트 학파는 유토피아적 희망은 비록 완전하게 실현될 수 없다고 할지라도 반드시 보존되어야 한다는 주장을 굽히지 않았다.

---

28) M. Jay, 앞의 책, 266-277쪽 참조.

호르크하이머는 나치의 역사 의식에서 결여된 것은 바로 유토피아 정신이며, 그러한 유토피아적 정신이 없다면 역사는 역사로서 성립될 수 없다고 하였다. 비판 이론에서 유토피아적 전망은 행동을 위한 청사진이라기보다는 지배적인 현실의 견인력으로부터 일정한 비판적 거리를 유지하게 하는 원천이었던 것이다.

이처럼 호르크하이머와 아도르노가 적극적으로 유토피아 이론을 제시한 것은 아니다. 이들은 비판 이론의 정신이 현실에 대한 '부정'에 있다고 보았기 때문에, 특정한 인간학이나 도덕적 판단에 기초하여 유토피아적인 미래상을 제시하려고는 하지 않았다. 이것은 그들의 비관주의와 관련이 깊다고 할 수 있지만, 그렇다고 그들이 유토피아적 차원을 전적으로 폐기한 것으로 볼 수는 없다.

6장

마르쿠제의 사상에서 상상력과 유토피아

*모든 예술 작품과 모든 철학은 유토피아라는 창문을 달
고 있었으며, 지금도 그것을 달고 있다.*

— 블로흐, 『희망의 원리』

*이성적 현실과 기존의 현실 사이의 커다란 간격은 개념
적 사유에 의해서 메워질 수 없다. 현재 안에서 아직
현재가 아닌 것을 목표로 삼기 위해서는 상상력이 요구
된다.*

— 마르쿠제, 『부정』

대부분의 프랑크푸르트 학파의 이론가들이 소극적 유토피아론을 펼
치고 있는 데 비해, 마르쿠제는 프로이트 이론의 수용과 변형 그리고
미학적 이론의 활용을 통해서 상당히 적극적으로 유토피아론을 펼치
고 있다.

마르쿠제는 무의식 속에 내재하는 행복했던 과거의 기억이나 환상
또는 상상력을 통해 유토피아로서 '억압 없는 문명'의 가능성을 전망
하고 또 유토피아적 의식의 원천으로서 미학적 상상력의 역할을 강조
하는 등 유토피아적 차원을 복원시키기 위해 적극적인 이론적 노력을
기울였다. 이러한 적극적 유토피아론은 마르쿠제가 마르크스의 초기

176

저작에 나타난 인간론을 수용하여 인간 본성의 자유로운 실현의 관점에서 자신의 유토피아론을 전개한 것과 연관되어 있다.

1. 비판 이론에서 유토피아와 상상력의 중요성

마르쿠제는 물질적 조건의 변혁과 이를 토대로 한 인간의 행복을 추구하는 것을 비판 이론의 목표로 내세우면서 기존 현실을 초월하는 유토피아적 차원을 적극적으로 옹호한다. 마르쿠제는 비판 이론의 추진력이 잘못된 현실을 공격하면서 그것을 더 나은 가능성으로 대치하려는 힘에서 나왔다고 주장한다. 즉 비판 이론이 단순한 부정만을 목표로 삼는 것이 아니라 거기에서 더 나아가 초월적인 이상적 목표를 제시하려고 한다는 것이다.

"비판 이론은 항상 현재의 사회적 과정의 경향으로부터만 자신의 목표를 이끌어낸다. 따라서 비판 이론은 새로운 질서를 비난할 때 사용되는 유토피아라는 말을 두려워하지 않는다. 진리가 기존의 사회 질서 안에서 실현될 수 없을 때, 진리는 기존의 사회 질서에게는 언제나 단순한 유토피아로 나타난다. 이러한 초월은 진리에 대립하는 것이 아니라 오히려 진리를 옹호한다. 유토피아적 요소는 오랫동안 철학에서, 즉 이상 국가, 최고의 쾌락, 완전한 행복, 영구 평화 등을 구상하는 과정에서 유일한 진보적 요소이었다."[1]

마르쿠제는 기존의 질서 속에서 실현될 수 없는 초월적 진리를 추

---

1) H. Marcuse, *Negations: Essays in Critical Theory*, tr. J. J. Shapiro, Beacon Press, 1968, 143쪽.

구하면서 새로운 사회를 모색하는 태도를 '유토피아적'이라고 부르는 등 유토피아라는 용어와 유토피아적 태도를 꺼려하지 않았다. 그는 유토피아적 요소가 철학에서 진보적 역할을 담당하고 있다고 보고 있다. 마르쿠제는 호르크하이머, 아도르노와 같은 다른 비판 이론가들과는 다르게 결코 유토피아적 '타자'가 파악하기 어려운 무형적인 것이라고 강조한 적이 없으며2) 상당히 적극적으로 유토피아적 요소를 수용하고 있는 것이다. 그는 정치적 이론과 행동을 산출하기 위해서는 해방의 목표들, 즉 대안적 사회에 대한 유토피아적 전망을 적극적으로 제시할 필요가 있다고 믿었으며, 그래서 새로운 사회와 해방된 인류라는 목표는 그의 사상에서 중심적인 위치를 차지하고 있다. 마르쿠제는 강한 유토피아적 충동(utopian impulse)을 갖고 있었던 것이다.3) 마르쿠제는 비판적인 개인은 사회의 합리성과 비합리성을 판단할 수 있는 관점을 가질 수 있다고 보면서, 베버가 자본주의적 합리화 과정의 불가피성을 받아들여 비극적 비관주의나 체념에 빠진 것과는 달리 이에 굴복하지 않고 적극적으로 해방에 대한 전망을 제시하려고 했다.4)

마르쿠제는 이러한 유토피아와 같은 미래적 요소가 비판 이론에서 중요하다고 본다. 이미 달성된 모든 것은 비판 이론의 견지에서 보면 단지 소멸하고 있으며, 위협을 받는 것으로서 주어질 뿐이다. 따라서 사회 과정의 이론적 재구성에 있어서 현재의 관계들을 비판하고 이들

---

2) M. Jay, *The Dialectical Imagination*, 71쪽 참조.
3) D. Kellner, *Herbert Marcuse and the Crisis of Marxism*, Macmillan, 1984, 320-322쪽 참조.
4) D. Kellner, 「비판 이론, 막스 베버, 그리고 지배의 변증법」, 참조. 이 논문은 뢰비트의 『베버와 마르크스』(이상률 역, 문예출판사, 1992)에 부록으로 실려 있다.

에 포함된 경향을 분석하기 위해서는 미래에 관한 부분은 불가결한 구성 요소가 된다는 것이다. 마르쿠제는 이러한 유토피아적인 미래적 요소를 이끌어내는 데 공상이나 상상력이 중요한 역할을 한다고 말한다.

> "이성적 현실과 현재의 현실 사이의 커다란 간격은 개념적 사유에 의해서 메워질 수 없다. 현재 안에서 아직 현재가 아닌 것을 목표로 삼기 위해서는 공상(phantasy)이 요구된다. 공상과 철학의 본질적 연관은 철학자, 특히 아리스토텔레스와 칸트에 의해서 '상상력'(imagination)이라는 이름으로 공상에 부여된 기능에서 명백히 나타난다. … 현존하는 것을 초월함으로써 상상력은 미래를 선취할 수 있다."[5]

이처럼 공상 또는 상상력은 비이성적 현실에서 이성적인 미래적 요소를 이끌어내어 이러한 미래를 미리 보여주는 중요한 역할을 담당한다. 미래가 현실적 가능성이 되어 있는 상황에서 공상은 끊임없이 이 목표를 눈앞에 설정하는 데 중요한 도구가 되는 것이다. 과거와 현재를 미래와 연결시켜주는 역할을 하는 것이 바로 공상이자 상상력인 것이다.

2. 현대 사회의 1차원성과 유토피아 의식의 상실

유토피아적 의식의 원천으로서 미래를 예기하는 역할을 담당하는 것이 공상이나 상상력이다. 그렇다면 공상이나 상상력 또는 이를 토

---

5) H. Marcuse, *Negations: Essays in Critical Theory*, 154쪽.

대로 형성된 유토피아적 의식은 어디에 존재하는가? 유토피아적 의식은 현실의 제반 영역에서 발견될 수 있는가? 유토피아적 의식은 어떻게 형성될 수 있는가? 이러한 물음들에 대해 이미 보았듯이 호르크하이머나 아도르노는 상당히 비관적 태도를 보이며 소극적 유토피아론을 전개시키는 데 머무르고 있다. 그렇다고 적극적 유토피아론을 내세우는 마르쿠제도 이러한 유토피아적 의식이 현실의 제반 영역에서 쉽게 발견된다고 보지는 않는다.

마르쿠제가 『1차원적 인간』에서 밝히고 있듯이 기술적, 도구적 합리성이 지배하고 있는 선진 자본주의 사회에서는 대부분의 영역에서 비판 의식이 상실되고 단지 효율성의 논리만이 지배하게 된다. 목적의 설정이나 목적의 정당성에 대한 논의 대신에 오직 주어진 목적을 효율적으로 달성하기 위한 계산적 사고만이 중시된다. 이러한 상태가 바로 '1차원적 사고'이자 '실증주의적 태도'이다. 이성이나 합리성은 기존 질서에 대한 비판보다는 기존 질서를 유지하는 역할을 담당하게 된다. 이렇게 이성이 단지 기존 질서를 분석하고 기술하는 역할만을 담당하게 되면서 이성은 기술적, 도구적 이성으로 전락하게 된다.

기존 질서를 비판하고 부정하면서 새로운 이성적 질서를 모색하는 일은 더 이상 이성의 과제로 여겨지지 않고 비합리적인 일로 간주되었다. 이성적 질서나 더 좋은 사회와 같은 가치 판단과 관련된 일은 이성적, 합리적 논의 대상에서 배제되었다. 따라서 이러한 사회적 상태에서 유토피아에 대한 논의도 비합리적인 공상으로 여겨지게 되었다. 특히 선진 자본주의 사회에서는 고도의 관료제 및 매스컴과 같은 다양한 통제 수단으로 인해 비판 의식은 더욱 마비되고 개인의 의식은 더욱 파편화된다. 관료제는 개인을 단편적인 일에 종사하도록 하면서 자율성과 창의성을 억압하고, 매스컴은 다양한 이미지 조작 등을 통해서 개인을 체제 순응적으로 만든다.

실증주의적 태도, 관료제적 조직, 매스컴의 조작이 광범위하게 퍼져 있는 이러한 상황에서 1차원성은 더욱 심화되고 비판성과 부정적 의식은 자리잡을 곳이 없게 된다. 따라서 비판성을 토대로 현실을 초월하는 이상적인 사회를 추구하는 유토피아적 의식은 약화된다. 호르크하이머와 아도르노가 비관주의에 빠진 것도 바로 이러한 상황에서 기인한 것이다. 사회 전반에 퍼진 1차원성으로 인해 비판성과 혁명성을 찾을 수 없었던 것이다.

그러나 이러한 사회적 상황에서 대다수의 비판 이론가들이 취했던 비관주의적인 소극적 유토피아론과 다르게 마르쿠제는 때로는 낙관주의적 경향을 토대로 적극적 유토피아론을 전개하기도 한다. 물론 마르쿠제 자신도 낙관주의와 비관주의를 오고가는 굴곡 속에서 이에 대해 애매한 태도를 보여주고 있는 측면이 있기는 하지만 말이다.6) 그렇다면 마르쿠제는 유토피아적 의식의 존재 가능성을 어디에서 찾고 있는가? 이러한 시도들 중의 하나가 프로이트 이론의 수용과 재해석을 통한 유토피아론의 구성이다.

---

6) 이와 관련하여 켈러는 마르쿠제의 저작에 이론적 긴장과 다의성이 있다고 말한다. 예를 들면 그의 사상에는 역사주의적 측면과 함께 본질주의적 측면도 있으며, 비관주의적 측면과 함께 낙관주의적 측면도 있고, 엘리트주의적인 개인주의적 측면과 함께 집단주의적 측면도 있다는 것이다. 켈러는 마르쿠제 사상에 내재하는 이러한 다차원성을 그가 겪었던 역사적 상황이나 문화적, 정치적 경향과 관련하여 이해해야 한다고 강조한다. (D. Kellner, 앞의 책, 372-374쪽 참조.)

3. 유토피아론을 위한 프로이트 이론의 수용과 변형 : 유토피아로서 '억압 없는 문명'

1) 유토피아로서 '억압 없는 문명' : 현실 원칙과 쾌락 원칙의 통합

마르쿠제는 프로이트의 정신 분석학을 수용하고 재해석하여, 억압되지 않은 의식 속에 내재되어 있는 상상력을 바탕으로 문명의 성과를 활용하는 유토피아의 가능성을 보여주려고 하였다. 그는 이러한 작업을 통해 프롬이 신화로 돌려버렸던 저 '혁명적 프로이트', 호르크하이머와 아도르노가 어둠 속의 예언자로 바꿔놓은 프로이트를 되살리려고 했다.[7] 마르쿠제가 『에로스와 문명』에서 밝히고 있듯이 그는 정신 분석의 은폐된 경향을 집중적으로 탐구하면서 프로이트 이론이 억압적 문명에 대한 비판뿐만 아니라 '억압 없는 문명'(non-repressive civilization)의 가능성을 함축하고 있다고 말한다. 프로이트가 문명이 인간의 본능에 대한 영원한 억압에 기초하고 있다고 본 데 대해 마르쿠제는 동의하지 않는 것이다. 마르쿠제는 바로 이러한 '억압 없는 문명'의 가능성에서 유토피아적 전망의 토대를 마련하게 된다.

프로이트는 인간의 역사를 억압의 역사로 보았다.[8] 인간의 본능적 욕구에 대한 억압 및 이러한 욕구의 포기와 더불어 문명이 시작된다. 쾌락 원칙이 현실 원칙으로 바뀌면서 즉각적 만족 대신에 지연된 만족이, 쾌락이 쾌락의 억제로, 놀이가 노동으로, 수동성이 생산성으로 변화된다는 것이다. 이것은 무의식적 과정이 의식적 과정으로 변화하

---

7) M. Jay, 앞의 책, 106쪽 참조.

8) H. Marcuse, *Eros and Civilization: A Philosophical Inquiry into Freud*, Beacon, 1966, 11-17쪽 참조. (이하에서 이 책을 언급할 경우에는 *EC*와 쪽수로 표기한다.)

는 것과 일치한다. 이러한 쾌락 원칙에서 현실 원칙으로의 전환은 희소성이라는 경제적 동기 때문이다. 생계를 유지하기 위하여 쾌락적인 본능적 욕구를 제어하고 노동이라는 현실적 원칙을 선택하게 된다. 따라서 문명은 억압을 토대로 하고 있다. 인간의 본능적 욕구의 자유로운 충족은 문명화된 사회와 양립할 수 없으며, 만족의 포기와 유예가 문명 진보의 조건이라는 것이다.

그런데 마르쿠제는 이러한 억압이 영원한 것이라고 보지 않는다. 오히려 프로이트 자신의 이론이 문명과 억압을 동일시하는 것에 반대하는 근거를 제공해 준다고 본다. 마르쿠제는 (1) 프로이트의 이론적 개념 자체가 억압 없는 문명의 역사적 가능성에 대한 거부를 반대하고 있는 것 같으며, (2) 억압된 문명의 성과가 억압의 점진적 폐지를 위한 필수 조건을 창출하는 것 같다고 말한다. 프로이트가 초기에는 성 본능(=리비도)과 자아 본능(=자기 보존 본능)을 대립적으로 것으로 보았지만 그러나 후기에는 자기 보존 본능이 리비도적인 합성임을 인식하여 이 양자가 결합된 것을 삶의 본능(=에로스)으로 파악하였다는 것이다.

마르쿠제는 이 '에로스' 개념을 통해서 '억압 없는 문명'의 가능성을 보여주려고 시도한다. 우선 마르쿠제는 억압과 과잉 억압, 현실 원칙과 수행 원칙을 구분한다. 문명에서 인류의 영속을 위해 현실 원칙에 따라서 본능을 억압하는 것을 '기본 억압'(basic repression)이라고 한다면, 특정한 역사적 단계에서 지배 체제를 유지하기 위해서 기본 억압 위에 추가로 부가되는 억압을 '과잉 억압'(surplus repression)이라고 한다. 예를 들면 일부일처의 가부장적 가족 제도의 영구화, 노동의 위계적 구분, 개인에 대한 공적 통제 등이 이에 해당된다. 과잉 억압은 특정한 사회적, 역사적 조건의 결과로서 지배 계급의 특수한 이익을 위해서 유지되는 것이다. 여기에 통용되는 원칙은 '수행 원칙' (performance principle)으로서 이것은 현실 원칙의 특정한 한 형태에 불과하다. 수행 원칙은 현실 원칙(reality principle) 자체와 동일한 것은 아니다. (1) 계통 발생적이고 생물학적인 수준에서 자연과의 투쟁 과정에서 형성되는 동물적 인간의 발달과, (2) 사회학적인 수준에서 인간 상호간의 계급적 투쟁 과정에서 형성되는 개인과 집단의 발달을 구분할 수 있는데, (1)이 현실 원칙에 따른 억압이며 (2)가 수행 원칙에 따른 과잉 억압이다. 이처럼 현실 원칙과 수행 원칙은 구분된다. 따라서 현실 원칙과 수행 원칙을 동일시하여 현실 원칙이 쾌락 원칙과 본질적인 갈등 관계에 있다고 보는 프로이트의 주장은 옳지 않다. 과잉 억압적인 수행 원칙이 폐기된다면 현실 원칙은 쾌락 원칙과 통합될 수도 있다. 이러한 역할을 담당하는 것이 바로 문명의 본능적 원천인 에로스적 충동이다.

마르쿠제는 이러한 현실 원칙과 쾌락 원칙의 통합은 문명이 성숙한 조건에서 리비도가 억압 없이 발전할 수 있으면 가능하다고 본다. 수행 원칙에 따르는 "과잉 억압의 제거는 노동을 제거하는 것이 아니라 인간 존재를 노동의 수단으로 전락시키는 조직을 제거하는 것이다." (*EC*, 155) 그래서 새로운 조직 관계를 정립하는 것이다. 여기서는 더 이상 생산성이 가치의 기준이 되지 않는다. 해방의 기준은 단순한 물질적 풍요에 있는 것이 아니라 본능의 보편적 충족이며, 내면적 또는 외면적 죄와 공포로부터 이성적, 본능적 자유이다. 과잉 억압에 따른 인간 소외가 사라지고 노동이 놀이로 변형된다. 노동이 놀이처럼 즐거움과 쾌락을 가져다 주는 에로스적 노동으로 전환된다. 성욕은 에로스로 변형되고 에로스는 지속적으로 리비도적인 작업 관계로 확장된다. 에로스에 의해 쾌락 원칙과 현실 원칙이 통합되는 것이다.

이것은 "모든 기본적 욕구가 최소의 시간에 최소의 육체적, 정신적 힘의 지출로써 충족되는 문명이 고도로 성숙된 상태에서만 가능하게 된다."(EC, 194) 거대한 산업 기구, 전문화된 사회적 분업, 파괴적인 에너지의 합리적 재조직, 광범위한 대중의 협력 등이 그러한 전제를 이룬다. 물질적 생산의 합리적 조직은 자유로운 놀이를 위한 시간과 정력을 해방시키며, 전체적인 자동화는 자유의 최적의 조건이 된다. 따라서 이것은 과거로의 단순한 퇴행이 아니라 현재의 성숙한 문명의 성과를 토대로 한 것으로서 진보라고 할 수 있다. 이처럼 에로스는 높은 수준의 생산력을 바탕으로 사회 제도를 개선함으로써 현실 원칙과 쾌락 원칙이 통합된 '억압 없는 문명'이라는 유토피아를 가능하게 해 준다.

2) 과거의 기억, 상상력, 유토피아적 의식

이처럼 마르쿠제는 '억압 없는 문명'의 가능성으로 인해 어두운 비관론에 빠지지 않고 유토피아적 전망의 토대를 마련하게 된다. 그렇다면 이러한 억압 없는 문명의 가능성이 어떻게 인식될 수 있는가? 현실을 과잉 억압적으로 지배하고 있는 수행 원칙을 거부할 수 있는 힘의 원천을 어디에서 찾을 수 있는가? 계급 억압적인 현실을 비판하고 더 나아가 유토피아를 향한 변혁을 추구하는 의식을 어느 곳에서 확보할 수 있는가?

문명의 발달과 함께 쾌락 원칙은 현실 원칙에 의해서 대체되지만, 그러나 무의식에는 현실 원칙의 지배에서 벗어난 쾌락의 충동이 내재되어 있다. 이러한 쾌락의 충동과 과거의 기억이 상상력을 자극하여 유토피아적 의식을 지향하게 한다는 것이다. "무의식은 완전한 만족이 획득되었던 개인의 과거의 발전 단계에 대한 기억을 보존하고 있다. 그리고 그 과거는 계속해서 미래를 요구한다. 즉 과거는 문명의 성과에 기초하여 낙원이 다시 창조되어야 한다는 소망을 불러일으킨다."(*EC*, 18)

여기서 볼 수 있듯이 마르쿠제는 프로이트처럼 기억을 단지 치료의 수단으로서가 아니라 그것을 넘어서는 가치를 지닌 것으로 간주하여 기억을 유토피아적 의식의 근원으로 격상시킨다. 기억이 치료적 역할을 하는 것은 기억이 '진리 가치'를 담지하고 있기 때문이다. 비록 이러한 기억의 진리 가치는 성숙하고 문명화된 개인에 의해서 배반당하고 효력을 상실하였지만, 그러나 과거의 한때에 충족되었던 만족의 희미한 기억을 결코 잊을 수 없게끔 해주면서 만족에 대한 약속과 가능성을 보존하는 기능을 담당한다.[9]

기억의 정신 분석학적 해방은 억압된 개인의 문명화된 합리화를 파괴하면서 유년의 억제된 심상과 충동을 떠올리게 하여 이성이 거부한 진실을 이야기해 준다. 과거의 기억으로의 퇴행은 오히려 진보적 기능을 떠맡는다. 다시 찾은 과거는 현재에 의해서 금기된 비판의 기준을 산출하고, 기억의 회복은 상상력의 인식적 기능을 회복시켜 준다. 현재의 억압에 대항하는 과거로의 방향 설정은 미래에 대한 방향 설정으로 향하게 된다.

이처럼 마르쿠제에서 유토피아적 의식의 근거는 '무의식에 보존된 과거의 행복했던 기억'이다. '억압 없는 문명'에 대한 인식 가능성은 무의식에 보존된 완전한 만족을 획득했던 과거의 기억인 것이다. 이러한 무의식에 보존된 기억이 문명의 성과에 기초한 낙원을 추구하도

---

9) 마르쿠제의 이러한 주장은 플라톤의 '상기설'과 유사한 구조를 갖고 있다. 우리의 영혼이 이데아의 세계에서 보았지만 그러나 망각했던 기억을 상기함으로써 진리를 인식할 수 있다는 상기설과 유사한 형태를 취하고 있다고 볼 수 있다.

록 한다. 과거의 행복했던 유년기 기억이 미래를 향한 진보적 기능을 떠맡으면서 현실에 대한 비판의 기준이 된다. 과거의 기억의 회복이 상상력의 인식적 기능을 회복하게 함으로써 유토피아로 향하게 하는 것이다. 과거로의 퇴행이 단순한 과거로의 복귀는 아니며, 여기서 퇴행은 현재의 문명의 성과를 토대로 한 것으로서 미래 지향적인 진보이다. 이처럼 마르쿠제는 프로이트의 이론을 변형하여 무의식에 보존된 기억을 치료적 기능을 넘어서 유토피아적 의식의 근원으로 고양시켰다.

그런데 마르쿠제는 무의식에 보존된 과거의 행복했던 기억을 미래 지향적인 유토피아적 의식으로 고양시키는 데 커다란 역할을 하는 것이 상상력이자 환상이라고 말한다. 마르쿠제는 무의식의 과정을 지배하는 쾌락 원칙이 억압 없는 정신 상태를 구성할 만한 기준이 되지는 못한다고 본다. 이러한 역할을 담당하는 것은 환상이다. 환상(phantasy)은 의식 영역에서 현실 원칙의 지배를 받지 않고 자유를 유지하는 정신 활동의 하나이다.

> "환상은 전체적인 정신 구조에서 매우 결정적인 기능을 담당한다. 환상은 무의식의 가장 깊은 층과 의식의 가장 높은 생산물(예술)을 연결시키며 꿈과 현실을 연결시킨다. 환상은 인류의 원형, 집단적이고 개인적인 기억의 영구적이지만 그러나 억압되어 있는 이상, 금기시된 자유의 이미지를 보존하고 있다."(*EC*, 140-141)

환상의 이러한 특성은 기존의 현실을 지배하는 수행 원칙을 비판하고, 더 나아가 미래 지향적인 유토피아적 의식을 갖게 해준다. 환상은 억압적인 제도를 비판하고 더 나은 제도와 사회를 추구하면서 삶의 본능이 억압 없는 충족에 도달하는 에로스적인 현실을 목적으로 삼는다. 이처럼 상상력은 현실 비판적인 기능과 함께 미래 예기적인 역할을 수행한다.

마르쿠제는 상상력이 수행 원칙을 초월하여 실현 가능한 유토피아를 지향하면서 이러한 상태를 묘사하는 태도를 비합리적으로 간주하는 것은 옳지 않다고 본다. 수행 원칙을 넘어서는 문화적 상태를 묘사하려는 이러한 시도가 비합리적인 것으로 간주된 것은, 본능을 억압하는 도구의 역할을 담당하는 이성이 수행 원칙의 합리성을 지배하고 있기 때문이다. 그러나 마르쿠제는 이성의 이러한 인식 독점이 타당하지 않다고 주장하면서, 프로이트도 "환상(상상력)은 이성과 양립할 수 없는 하나의 진리를 간직한다"는 근본적 사실을 강조했다는 점을 언급한다. "환상이 위대한 거부의 진리를 보존하는 한, 또는 적극적으로 환상이 모든 이성에 반대하여 그것에 의해 억압된 인간과 자연의 완전한 만족을 향한 열망을 보호하는 한 환상은 인식적이다."(*EC*, 160) 환상의 영역에서는 자유의 비합리적 이미지가 합리적이 되고, 본능적 만족의 심층이 새로운 위엄을 갖추게 된다. 수행 원칙은 상상력이 민속, 문학, 예술 속에서 생생하게 유지하고 있는 다른 형태의 진리들 앞에서 고개를 숙이지만, 이에 비해 상상력은 실존적 태도, 실천, 역사적 가능성을 위한 기준을 제공한다. 이처럼 마르쿠제는 상상력이 본능 억압적인 이성과는 다른 차원에서 독자적인 진리 가치를 가지면서 인식적 기능을 담당한다고 주장한다.

그리고 다른 한편으로 이렇게 서로 대립적 관계에 있는 상상력과 이성도 과학 기술의 진보에 의해서 상호 의존적인 관계로 바뀔 수 있다고 본다.10) 상상력이 물질적 욕구의 영역과 분리되었을 때 상상력은 환상적 논리와 연관된 단순한 놀이였지만, 기술의 진보가 이러한 분리를 제거하였을 때 상상력과 이성 간의 틈은 좁아진다는 것이다. 선진 산업 사회의 기술적 능력을 고려해 볼 때, 상상력의 모든 놀이는 그것의 실현 가능성을 갖고 있다는 것이다. 즉 과학 기술의 진보와 더불어 상상력은 그 실현 가능성이 더욱 높아져서 이성과의 거리를 줄일 수 있다는 것이다.

4. 유토피아적 의식의 원천으로서 미학적 상상력

1) 미학적 상상력

마르쿠제는 1차원적 사회에서 기존 현실을 비판하면서 미래를 예기하는 유토피아적 성향을 고양시키는 상상력이 보존되어 그 기능을 발휘하는 영역은 예술이라고 보면서, 미학적 상상력을 유토피아의 원천으로서 중시하고 있다. 선진 자본주의의 1차원적 사회에서 다른 많은 영역들이 수단적, 도구적 합리성의 지배에 의해서 현실 순응적으로 바뀌었음에도 불구하고 "미학적 차원은 아직까지는 작가와 예술가들로 하여금 인간들과 사물들을 본래의 이름으로 부르게 만드는 표현의 자유를 보유한다"[11]고 보고 있다. 즉 아직 예술의 영역은 상대적으로 자율성을 유지하고 있다는 것이다. 따라서 마르쿠제에 있어서 미학적 상상력은 유토피아의 원천으로서 현실 비판과 미래를 예기하는 매우 중요한 자리를 차지한다. 마르쿠제가 환상이나 상상력 중에서도 미학적 상상력이나 예술적 환상을 중시하고 있는 이유도 바로 이 때문이

---

10) H. Marcuse, *One-Dimensional Man*, Routledge, London, 1964, 248-249쪽 참조.
11) 같은 책, 247쪽.

다.

마르쿠제는 미학과 예술적 상상력을 설명하면서 칸트의 견해를 수용한다. 칸트에서 이론 이성은 인과율을, 실천 이성은 도덕 법칙을 바탕으로 하고 있는 데 비해, 판단력은 고통과 쾌락의 느낌에 의해 이론 이성과 실천 이성을 매개한다. 이러한 미학적 판단력이 적용되는 분야가 예술이다. 미학은 감각과 지성, 쾌락과 이성을 화해시키는 영역이다. 미학적인 화해는 이성의 독단에 대항하여 감성을 강화하고, 궁극적으로는 이성의 억압적 지배로부터 감성의 해방을 요구한다. 그래서 마르쿠제는 "예술은 비판적이고 인식적인 기능, 즉 여전히 초월적인 진리를 표현하고, 자유를 부정하는 현실에 대항해서 자유의 이미지를 보존하는 기능"12)을 갖고 있다고 말한다.

마르쿠제는 예술이 기존 사회를 비판하면서 기존 질서와는 다른 사회의 모습을 드러내기에 정치적, 해방적 힘을 가질 수 있다고 보았다. 예술이 해방의 이미지를 보존하고 있을 때 예술은 정치적 힘이 될 수 있다. 마르쿠제는 "반역과 그것의 비타협적인 목표가 현실에 대한 거부로서의 급진적인 상상력 속에서가 아니라면 도대체 어디에서 기억될 수 있겠는가?"13)라고 문제를 제기하면서 "감성과 이성을 통합하는 상상력은 그것이 실제화함에 따라 '생산적인 것', 즉 현실의 재구성에서 주도적인 힘이 된다"14)고 하였다. 예술이 해방적, 정치적 힘을 가질 수 있는 것은 미학적 상상력 때문이라는 것이다.

원래 칸트에서 미학적 차원은 감각과 지성이 만나는 매개체인데,

---

12) H. Marcuse, *Soviet Marxism: A Critical Analysis*, Columbia University Press, 1958, 130쪽.

13) H. Marcuse, *An Essay on Liberation*, Beacon Press, 1969, 44-45쪽.

14) 같은 책, 30-31쪽.

이 매개는 제3의 정신 능력인 상상력에 의해서 수행된다. 상상력은 "현실적 자연이 부여한 소재로부터 말하자면 다른 자연을 창조하는 데 커다란 힘을 발휘하는데", 이를 통해 "자연으로부터 주어진 소재는 어떤 다른 것, 즉 자연을 능가하는 어떤 것으로 가공될 수 있다."[15] 예를 들면 시인과 같은 예술가는 눈에 보이지 않는 천국이나 지옥 등을 감각화하려고 시도하거나 또는 경험적으로 발견할 수 있는 죄악, 사랑, 명예 등을 상상력을 매개로 하여 경험의 한계를 넘어서는 완전한 모습으로 드러나도록 하려고 시도한다. 상상력은 감각이 제공한 경험적 재료로부터 대상과 관계들을 변형시켜 자유의 영역을 창조하는 것이다. 상상력은 직접 주어지지 않은 대상에 관한 자유롭고 창조적인 재생산적 직관으로서 현존하지 않은 대상을 표상하는 능력이다. 이처럼 미학적 상상력은 감각적이고 수동적이지만 그러나 창조적인 것으로서 자유로운 종합을 통해서 아름다움을 구성한다.

상상력은 자유를 행사하는 정신의 능력으로서 존재의 모든 가능성을 추적하고 투사하는데, 이러한 가능성은 순수 형식으로 자신의 질서를 구성하여 아름다움의 법칙에 따라 존재하게 된다. "대상의 아름다운 표상은 원래 개념을 표현하는 형식일 뿐으로서, 이러한 형식을 통해 개념이 보편적으로 전달된다."[16] "모든 아름다운 예술에서 본질적인 것은 형식이지 … 감각의 질료는 아니다."[17] 즉 대상의 아름다움은 질료와는 상관없이 순수한 형식 속에 표현되는데, 이것은 상상력을 통해서 이루어진다. 환상이 이러한 미적 형식을 갖출 때 예술이 되며, 환상의 이러한 인식 능력을 분석하는 것이 미학이다.

---

15) I. Kant, *Kritik der Urteilskraft*, Felix Meiner, 1974, 168쪽.
16) 같은 책, 166쪽.
17) 같은 책, 182쪽.

2) 미학적 상상력의 비판적, 유토피아적 성격

마르쿠제는 예술이 어떻게 해방의 이미지나 욕구를 불러일으킬 수 있을까, 예술은 어떻게 질적인 차이를 나타낼 수 있을까라는 문제에 대해 다음과 같이 말한다.

> "예술에는 추상적이고 환상적이 자율성이 있다. … 예술은 불가피하게 현존하는 것의 일부분이며, 예술은 오직 현존하는 것의 일부분으로서만 현존하는 것을 반대하는 말을 한다. 이러한 모순은 친숙한 내용과 경험에 일탈의 힘을 부여하면서 새로운 의식과 지각을 나타나게 하는 미적 형식에서 보존되고 해소된다(지양된다)."18)

즉 예술의 해방적 측면은 기존 현실로부터 예술의 자율성에 있으며, 이러한 자율성은 미적 형식에서 기인한다는 것이다. 미적 형식이란 "어떤 작품을 그 자체의 구조와 질서(스타일)를 갖춘 하나의 자족적인 전체로 만드는 성질들(조화, 리듬, 대조)의 전체"19)를 의미한다. 예술 작품은 이러한 성질에 의해 현존하는 질서를 변형하며 이러한 변형이 '환상'이다. 이 환상은 기존 현실의 질서를 괄호 속에 넣거나 무효로 만든다. 조화적 환상, 이상주의적 변형, 현실로부터 예술의 분리가 미적 형식의 특징들이다. 마르쿠제는 예술의 비판성을 이러한 미적 형식에서 찾고 있는 것이다.

이러한 관점에서 마르쿠제는 마르크스주의 미학에 비판적이다. 마르쿠제는 마르크스주의가 예술을 사회적 제 관계 속에서 파악하고, 예술에 정치적 잠재력을 부여한 점은 수용한다. 그러나 마르크스주의

---

18) H. Marcuse, *The Aesthetic Dimension: toward a Critique of Marxist Aesthetics*, Beacon, 1978, 40-41쪽.
19) H. Marcuse, *Counterrevolution and Revolt*, Beacon, 1972, 81쪽.

미학이 사회적 조건의 정확한 묘사와 같은 예술 작품의 내용에서 비판성과 혁명성을 찾는 점은 비판한다.[20] 예술이 가진 정치적 잠재력은 예술 그 자체 속에, 즉 미적 형식 자체 속에 있다. 그리고 미적 형식에 의해서 예술은 사회 관계로부터 자율성을 유지한다. 예술 작품에서 자아와 이드, 본능적인 목표와 정서, 합리성과 상상력의 통합은 억압적인 사회에 의한 사회화에서 벗어나 허구의 세계에서이기는 하지만 자율을 지향하게 된다. 이 자율성으로 인해 예술은 사회적 제 관계를 초월하여 이에 대항할 수 있으며, 지배적인 일상적 의식을 전복할 수 있다. 즉 예술에 비판적 힘을 부여하는 것은 그 내용이 아니라 미적 형식의 자율성이이다.

미적 형식과 자율성을 부여하여 예술을 비판적, 혁명적으로 만드는 상상력에 의해 구성된 미학적 차원은 본질적으로 비현실적이다. 상상력이 자유롭고 창조적으로 현존하지 않은 대상을 표상하여 재구성한 것이 예술 작품인 것이다. 재구성은 집중, 과장, 본질적인 것의 강조, 여러 가지 사실의 재정리에 의해서 이루어진다. 따라서 예술 작품은 허구적인데, 바로 이러한 허구성이 예술에 비판적, 해방적 힘을 부여한다는 것이다. "허구의 세계와의 만남은 의식을 재구성하고 반사회적 경험에 감각적 표상을 부여한다. 그렇게 하여 미적 승화 작용은 유년기와 성년기의 행복과 슬픔의 꿈을 해방시키고 그것의 타당성을 확인시켜 준다."[21]

---

20) 마르쿠제는 마르크스주의 미학의 테제를 다음과 같은 정리하고 있다. 예술과 물질적 토대의 분명한 연관성, 예술과 사회적 계급의 연관성, 정치적-미적-혁명적 내용과 예술적 질은 일치하는 경향, 올바른 예술 형식으로서 리얼리즘. (H. Marcuse, *The Aesthetic Dimension*, 1-2쪽 참조.)

21) 같은 책, 44쪽.

그렇다고 예술 작품이 비현실적이라고 해서 그것이 기존 현실보다 못하다는 것은 아니며, 오히려 기존 현실과 질적으로 다른 그 이상의 것을 담지하고 있기에 비판적, 해방적 힘을 갖게 되는 것이다. 일상적 현실은 여러 가지 제도나 관계 속에서 신비화되어 있다. 그러나 가상적 세계에서는 사물은 있는 그대로 또한 있을 수 있는 그대로의 모습으로 나타난다. 기억과 있을 수 있는 다른 것의 이미지를 창출하는 욕구는 항상 예술의 토대이다. 예술 작품은 현존하는 것을 은폐하는 것이 아니라 그것을 폭로한다. 따라서 허구적 세계 또는 가상의 세계로서 예술 작품은 일상적인 현실 이상의 진리를 포함하고 있다. 마르쿠제는 하버마스와의 대화에서 "이론적 진리와 미학적 진리는 그 형식적인 면에서 서로 일치할 수 없다"[22]고 하였다. 이론이 이론적 개념을 통해서 현실을 파악하는 데 비해, 예술은 그 개념들을 감성화하는 행위로서 현실에 대한 기록이고 상상이며 발명이다. 따라서 예술적 진리는 형식화한 내용, 즉 미학적 형식 속에 있다는 것이다.

예술은 현실 원리에 의해 억압되지 않은 본능적인 쾌락 원리를 드러냄으로써 현실 비판적인 급진성과 해방의 이미지를 보여준다는 것이다. "예술 작품 속에서 에로스와 미가 내적으로 결합함으로써 예술의 진리가 이루어진다."[23] 완성된 예술 작품은 만족하는 순간의 기억을 영속적인 것으로 유지한다. 예술 작품은 그것이 현실의 질서에 자기 자신의 질서를 대치하는 정도에 따라 아름답다. 예술이 이러한 행

---

22) H. Marcuse / J. Habermas, 「미학과 문화 이론에 대한 대화」, 『미학과 문화』, 이근영 역, 범우사, 1992, 333쪽. 이 논문은 마르쿠제가 다른 사람들과 가졌던 대화의 내용을 묶은 *Gespräche mit Herbert Marcuse*(Suhrkamp, 1978)에 실려 있다.

23) H. Marcuse / J. Habermas, 앞의 논문, 334쪽.

복의 약속을 갖고 있고 실패한 목표의 기억을 지니고 있는 한, 그것은 하나의 '규제적 이념'으로서 세계 변혁의 투쟁에 참여할 수 있다. 이처럼 예술은 기존 현실에 대한 단순한 부정성뿐만 아니라 초월적인 긍정적 대안을 보여주고 있다.

"단순한 부정은 추상적이며, '나쁜' 유토피아일지도 모른다. 위대한 예술에서의 유토피아는 결코 현실 원리의 단순한 부정이 아니라, 과거와 현재가 작업의 수행 과정에 자신의 그림자를 드리우는 초월적 보존(지양)이다. 진정한 유토피아는 회상(recollection)에 근거하고 있다."24) 모든 사물화는 망각인데, 예술은 이러한 사물화와 대립한다. 회상은 고뇌의 극복과 기쁨의 영속에 대해 충동을 불러일으킨다. 과거의 사물에 대한 회상은 세계 변혁을 위한 투쟁의 원동력이 될 수 있다. 창조적 힘으로서 기억은 과거의 행복과 슬픔에 대한 기억일 뿐만 아니라, '구체적 유토피아'를 실현시키려고 하는 충동으로서 그리고 미래의 실천 이념으로서의 기억이다.25) 그래서 미학적 상상력과 이를 토대로 한 예술은 적극적 유토피아로서의 역할을 담당할 수 있는 것이다.

마르쿠제는 이러한 "미학적 경험이 인간을 노동의 도구로 만드는 폭력적이고 착취적인 생산성을 억제시킬 것"(*EC*, 190)이라고 보았다. 예술은 제도화된 억압에 반대하여 자유로운 주체로서 인간의 이미지를 구성함으로써 유토피아적 변혁의 전망을 제공하고 이를 추동시킨다. 그리고 상상력은 과학의 생산적인 힘들을 경험 세계의 급진적이 재건을 위해서 사용할 수 있다. 그래서 미적인 것은 생활 세계의 변형

---

24) H. Marcuse, *The Aesthetic Dimension*, 73쪽.

25) H. Marcuse / J. Habermas, 앞의 논문, 333쪽.

속에서 자신의 표현을 발견할 수도 있다. 즉 미적인 것이 사회적 생산력으로 변화할 수 있는 역사적 가능성이 있는데, 이러한 유토피아적 목표는 혁명에 의존한다. 이러한 고차적인 단계에서는 사회적 생산력이 예술의 창조적 능력과 비슷한 것이 된다. "해방적 예술과 해방적 기술의 통합"26)이 가능한 단계인 것이다.

그렇다고 예술이 혁명을 대신할 수는 없다고 마르쿠제는 본다. 예술은 정치적 내용이 초정치적으로 되는 미적 형식에서 혁명을 환기시킬 수 있을 뿐이다. 모든 혁명의 목표인 평안과 자유의 세계는 오직 비정치적인 매체 중에서 미와 조화의 법칙에 의해 나타난다. 따라서 "예술은 정치적인 내용이 전혀 없이 정치적인 것이 될 수 있다."27)

위에서 살펴보았듯이, 마르쿠제에 있어 미학적 상상력은 비현실적인 것으로서 질료에 구속되지 않고 순수한 형식적 질서와 아름다움을 추구하면서 예술에 자율성을 부여한다. 이러한 미학적 상상력의 자유로움과 창조력은 미와 에로스를 결합하여 과잉 억압적인 기존 질서와 인간 소외를 비판하면서 '억압 없는 문명'이라는 유토피아적 전망을 제시하여 이것을 향한 급진적 변혁을 고취시킨다.

5. 마르쿠제의 유토피아론에 대한 평가 :
   마르크스 사상과 비교를 중심으로

지금까지 살펴보았듯이 마르쿠제는 비판 이론이 단순한 비판과 부

---

26) H. Marcuse, *An Essay on Liberation*, Beacon Press, 1969, 48쪽.
27) H. Marcuse, *Counterrevolution and Revolt*, 118쪽.

정에 그치지 않고 더 나아가 유토피아적 전망을 제시하는 역할을 담당해야 한다는 점을 강조하고 있다. 이를 위해 마르쿠제는 프로이트 이론을 수용하여 무의식 속에 내재하는 행복했던 과거의 기억이나 상상력을 통해 '억압 없는 문명'이라는 유토피아적 차원을 되살리려고 하였던 것이다. 특히 미학적 상상력이 발휘되는 예술은 기존 질서를 초월하는 유토피아적 전망을 제시함으로써 비판적, 혁명적인 해방적 역할을 맡을 수 있다고 보았다. 선진 산업 사회에서는 노동자 계급마저도 고도의 사회적 통제에 의해 혁명성을 상실하고 1차원화됨으로써 체제 순응적으로 된 상황에서 마르쿠제는 정신 분석학이나 미학 이론을 통해서 비판성과 함께 유토피아적 의식을 회복하려고 시도하였던 것이다.

이러한 마르쿠제의 유토피아론은 마르크스의 입장과 공통점과 함께 차이점도 갖고 있다. 이것은 마르쿠제가 실증주의적, 과학주의적 경향으로 인한 마르크스주의의 비판성과 혁명성의 상실을 비판하면서도 다른 한편으로 마르크스의 초기 저작을 중심으로 하여 변증법이나 인간학을 부활시켜 비판성과 실천성을 복원시키려고 한 것과 관련이 깊다.

마르쿠제는 마르크스의 초기 저작에서처럼 인간학적 관점에서 유토피아론을 전개하고 있다. 마르쿠제가 말하는 유토피아로서 '억압 없는 문명'은 현실 원칙과 쾌락 원칙이 통합된 것으로서 본능에 대한 억압이 없는 상태이자 본능적 욕구가 보편적으로 충족된 상태이다. 이러한 상태는 '놀이적 노동'에서 단적으로 드러난다. 노동이 놀이처럼 즐거움과 쾌락을 가져다주는 에로스적 노동으로 전환된다는 것이다. 이것은 마르크스가 말하는 '유적 본질의 실현으로서 공산주의'와 동일한 상태라고 할 수 있다. 여기서는 노동 소외가 극복되어 노동이 유적 본질을 실현하는 계기가 되는 등 인간이 자신의 본질적 능력을 전면적으로 발휘한다. 따라서 인간학을 바탕으로 인간 본성의 자유로운 실현의 관점에서 유토피아론을 전개한다는 점에서 마르쿠제와 마르크스는 입장을 같이 한다.

이러한 공통점은 마르쿠제가 호르크하이머나 아도르노와 다르게 『경제학 철학 수고』에 나타난 인간론을 수용하여 철학적 인간학의 가능성을 받아들였기 때문이다. 마르쿠제에 따르면『경제학 철학 수고』의 중심 테마는 감성이 갖는 잠재적 파괴력 또는 해방의 현장으로서 자연이다. 이 저작은 전(前)과학적 성격과 포이에르바하의 철학적 자연주의의 경향을 갖고 있지만, 그러나 공산주의의 가장 근본적이고 전체적인 관념을 옹호하고 있다고 본다. 마르크스는 "모든 인간적 감각과 성질의 완전한 해방"을 사회주의의 특징으로 보았는데, 마르쿠제는 이러한 해방된 감각이 자본주의의 도구적 합리성을 거부할 것으로 보았다. 해방된 감각은 소극적으로는 자아와 타자 및 대상 세계를 공격적 획득이나 경쟁의 대상으로 대하지 않을 것이며, 적극적으로는 자연의 인간적인 점유를 통해서 "유적 존재로서 인간의 고유한 능력 즉 창조적, 미적 능력을 자유롭게 전개한다"28)는 것이다.

마르쿠제는 급진적 감성이 해방적 사회를 형성하는 데 아주 중요한 역할을 한다고 본다. 자유로운 사회의 형성은 종래의 세계 경험 즉 병든 감성과의 단절을 전제로 하는데, 급진적(radical) 감성이 이러한 이성적인 질서를 형성하는 데 능동적인 구성적 역할을 담당한다는 것이다. 이처럼 마르쿠제는 마르크스가 초기 저작의 인간론에서 이성의 역할만을 강조한 것이 아니라 감성의 역할도 중시하고 있다는 점을

---

28) 같은 책, 64쪽.

지적하면서, 마르크스와 마찬가지로 유토피아적 사회를 감성을 비롯한 인간의 모든 능력이 전면적으로 실현되는 사회로 보고 있다. 켈러의 지적처럼 마르쿠제는 지속적으로 인간 해방을 강조하면서 이러한 주장을 인간 본성에 대한 규범적 이론에 근거하여 전개시켰던 것이다.[29]

마르쿠제는 마르크스처럼 자본주의의 고도의 생산력을 바탕으로 계급 착취적인 사회 제도를 개혁함으로써 유토피아적인 사회를 건설할 수 있다고 본다. 마르쿠제가 말하는 유토피아로서 '억압 없는 문명'이란 문명의 성과물을 활용하되 계급 착취적인 과잉 억압만을 제거한 상태이다. 이미 앞에서 지적하였듯이 마르쿠제는 현실 원칙과 수행 원칙을 구분하여 과잉 억압은 수행 원칙에 따른 것이라고 하면서, 이러한 과잉 억압적인 수행 원칙이 폐기된다면 현실 원칙과 쾌락 원칙이 통합된 '억압 없는 문명'이 가능하다고 보았다. 즉 성숙한 문명의 성과인 높은 수준의 생산력을 토대로 하여 착취적인 사회 조직을 개선함으로써 유토피아적인 사회가 가능하다는 것이다. 그런데 이러한 마르쿠제의 관점은 마르크스에게 가해진 비판과 동일한 비판, 즉 기술적 낙관론에 입각해 있다는 비판을 받을 여지가 있다.

그러나 다른 한편으로 마르쿠제는 마르크스와 차이점도 있는데, 앞에서 지적하였듯이 마르쿠제는 마르크스에 비해 좀더 적극적으로 유토피아론을 전개하고 있다. 마르크스는 특히 후기에 갈수록 실증주의적, 과학주의적 태도를 강하게 취하면서 기존 현실의 경제적 모순에 대한 과학적 분석과 비판에만 집중하고 사회주의적 미래상을 적극적으로 제시하는 작업은 꺼려하는 등 반유토피아주의적 경향을 드러낸

---

29) D. Kellner, *Herbert Marcuse and the Crisis of Marxism*, 365쪽 참조.

다. 이에 비해 마르쿠제는 마르크스의 반유토피아주의의 원인이 되었던 실증주의, 역사주의, 경제 결정론 등에 대한 비판 이론가들의 비판 작업을 토대로 좀더 적극적으로 유토피아론을 전개하였다. 그는 포괄적 합리성의 관점에서 유토피아적 전망의 확보에 중요한 역할을 하는 미학적 상상력의 가치를 인정하고, 또 인간학이나 인간 본능론에 입각하여 본능을 억압하지 않는 문명이 더 좋은 사회라고 하면서 유토피아로서 '억압 없는 문명'에 대해 가치 판단적인 정당화 작업을 하고 있다.

그리고 유토피아적인 변혁 의식을 어디에서 확보할 것이며, 변혁의 주체는 누가 되어야 하는가의 문제에서도 마르쿠제는 마르크스와 차이점을 보이고 있다. 마르크스는 이 문제에 대해 역사적 유물론의 관점에서 접근하여, 경제적 토대에서의 사회적 생산 관계에 대한 분석을 통해 프롤레타리아 의식에서 이러한 유토피아적인 변혁 의식을 찾고 있다. 자본주의적 생산 관계에서 지배 계급인 부르주아지는 기존 관계를 유지하려고 하기 때문에 보수적인 데 비해서, 착취당하고 억압받는 프롤레타리아는 기존 질서를 부정하는 진보적이고 혁명적인 의식을 갖고 있다는 것이다.

이에 비해 마르쿠제는 비판적, 혁명적인 의식의 가능성을 프롤레타리아 의식에서만 찾고 있는 마르크스주의를 비판하면서, 이에 대해 정신 분석학이나 미학의 관점에서 접근하여 유토피아적인 변혁 의식은 과거의 기억에 대한 회상이나 미학적 상상력에 의해서 확보될 수 있다고 주장한다. 선진 자본주의 사회가 물질적 풍요를 바탕으로 비판적 의식을 마비시키고 현실적 모순을 은폐하면서 노동자의 계급 의식마저 사물화시키는 상황에서, 현실에 대한 비판과 부정 의식을 마르크스처럼 프롤레타리아에서 찾는 데 회의적이었던 것이다. 그래서 마르쿠제는 비판적인 변혁적 의식을 정신 분석학적인 잠재된 과거의 기억이나 미학적인 상상력에서 찾게 되었다. "초역사적, 보편적 진리에 의해 예술은, 특수한 계급의 의식에 호소할 뿐만 아니라 또한 자신의 삶을 고양시키는 모든 능력을 발전시키는 '유적 존재'로서의 인간 존재의 의식에도 호소하고 있다."[30] 미학적 상상력에 의해서 구성된 예술 작품에 드러난 비판적, 유토피아적 의식은 보편적 진리를 보존하고 있는데, 이러한 의식은 프롤레타리아와 같은 특정 계급이 아니라 보편적인 인간 의식에 의해서도 가능하다는 것이다. 즉 예술의 진리성을 보존하여 재형성할 수 있는 의식을 보편적인 요구와 자각으로 결합되어 있는 개인들의 의식에서 찾고 있다.

그런데 미학적 상상력 및 이것에 의해 구성된 예술 작품에서 유토피아적 변혁 의식을 찾고 있는 마르쿠제의 주장에 대해 다음과 같은 비판이 가해지기도 한다. 앞에서 보았듯이 마르쿠제는 미학적 상상력의 유토피아적 변혁성과 진리성이 예술 작품의 순수한 미적 형식에 있다고 하면서 이것에 의해서 사회나 정치로부터 예술의 자율성이 확보된다고 보았다. 그러나 켈러는 여기에는 예술과 정치 사이의 해소될 수 없는 긴장이 내재되어 있으며 이로 인해 문제가 발생한다고 말한다.[31] 마르쿠제는 한편으로 혁명적 희망을 실현시키기 위한 정치적 투쟁의 중요성을 강조하지만 그러나 다른 한편으로 가장 혁명적인 예술은 정치 투쟁의 요구로부터 멀리 떨어져 있어야 예술의 자율성을 확보할 수 있다고 주장한다. 그렇지만 예술의 자율성이나 순수한 미적 형식이 그 자체로서 혁명성을 담지하고 있는 것은 아니다. 고급 예

---

30) H. Marcuse, *The Aesthetic Dimension*, 29쪽.
31) D. Kellner, 앞의 책, 357-362쪽 참조.

술에는 전복적 요소도 있지만 또한 혁명적인 정치적 잠재력을 침해하는 이데올로기적 요소도 있는데, 마르쿠제는 이러한 부정적 요소를 과소 평가하는 등 혁명 운동에서 예술의 역할을 제대로 분석하고 있지 못하다는 것이다. 예술 작품의 혁명성 여부는 미적 형식 그 자체만으로는 평가할 수 없으며, 예술 작품의 형식과 내용, 작품과 맥락, 제작과 수용 사이의 변증법적 관계를 중심으로 이에 대한 평가가 이루어져야 한다는 것이다.

마르쿠제는 예술이 때로는 민중의 의식과 대립할 수도 있다고 보았다. 왜냐하면 자본주의 체제와의 결별만이 민중 속에 작가의 '장소'를 만들 수 있는데, 이 장소를 만드는 과정에서 작가는 민중과 대립할 필요가 있으며, 때로는 민중의 말을 사용하는 것이 방해를 받을 수도 있기 때문이라는 것이다. 즉 작가가 창조하는 예술 작품의 비판성과 혁명성이 기존 질서에 동화된 민중들과 대립할 수도 있다는 것이다. 그래서 민중들의 의식보다는 오히려 작가와 같은 엘리트의 의식이 더 진보적일 수도 있다고 말한다. 그러나 이러한 태도에 대해서는 엘리트주의라는 비판이 가해질 수 있다. 대다수의 민중이 '허위 욕구'에 사로잡혀 있을 때 '참된 욕구'를 느끼고 인지할 수 있는 것은 이러한 소수의 엘리트이며 그래서 진리를 발견한 이들 소수에 의해 다수를 해방시키기 위한 재교육이 이루어져야 한다고 보고 있기 때문이다.[32]

그리고 마르쿠제는 개인의 내면적 주관성이 자본주의 사회에서는

---

32) A. MacIntyre, 『마르쿠제』(Marcuse), 연희원 역, 지성의 샘, 1994, 110-112쪽 및 149-156쪽 참조. 매킨타이어는 이와 관련하여 마르쿠제가 다수의 사람들을 과소 평가하는 오류를 범하고 있다고 하면서, 자코뱅 당원이나 레닌이 반혁명적인 소수에 대한 혁명적인 다수의 일시적인 독재를 주장한 데 비해 마르쿠제의 입장은 다수에 대한 소수 엘리트의 지배를 함축하고 있다는 점에서 문제가 있다고 비판한다.

하나의 반대 세력이 될 수 있다고 본다. 내면으로의 도피나 사적인 영역의 고수는 인간 생존의 모든 면을 관리하는 사회에서는 방호벽의 역할을 담당할 수 있기에, 개인의 내면성이나 주관성은 경험의 반전과 다른 세계의 출현을 위한 내적, 외적 장소가 될 수 있다는 것이다. 그러나 이처럼 유토피아적인 변혁 의식을 개인의 내면적 의식에서 찾고 있는 마르쿠제의 이러한 관점에 대해 "해방이 공적인 기획이기를 중단하고, 자연과의 비지배적인 관계 및 혁명적인 에로스의 계기들 속에서 성취되는 해방에 대한 하나의 사적인 경험이 되었다"[33]라는 비판이 가해질 수 있다.

유토피아적 변혁의 주체 문제에서도 마르쿠제는 마르크스와 차이를 보이고 있다. 마르크스가 유물론적 역사관에 입각하여 계급적 조건에 대한 분석을 토대로 프롤레타리아를 변혁의 주체로 삼고 있는 데 비해, 마르쿠제는 국외자나 소수 민족과 같은 집단을 변혁적 세력으로 보고 있지만 그러나 이에 대해 상당히 비판적인 태도를 보여주고 있다. 마르쿠제는 사회 전반적으로 진보적인 운동이 침체되었던 시기에 변혁의 가능성에 대한 희망을 갖지 못하였다. 선진 산업 사회의 제도와 수단에 의해서 해방의 잠재력이 점차 제거되고 있다고 보면서, 민중들이 이전에는 사회 변동의 효소였지만 이제는 사회적 통합의 효소가 되어 버렸다는 것이다. 그래서 그는 민중 대신에 다른 계층에서 변혁의 힘을 찾으려고 하였다.

선진 산업 사회에서 민중들이 물질적 풍요와 사회적 통제에 의해 비판적, 혁명적 의식을 상실함으로써 체제 순응적인 보수적 세력으로

---

33) S. Benhabib, *Critique, Norm, and Utopia: A Study of the Foundations of Critical Theory*, Columbia University Press, 1986, 329쪽.

전환된 데 비해, 기존 체제에 편입되지 않고 체제 외부에 존재하는 계층은 반체제적인 혁명적 성격을 지니고 있다는 것이다. 이러한 세력에는 인종 차별에 의해 억압을 받는 사람이나 시민권을 획득하지 못해 권리가 박탈된 불법 이민자, 실업자 등과 같은 체제 외부의 하부 계층이 속하게 된다. "이들은 민주주의 과정 밖에 존재하며, 그들의 생활은 견딜 수 없는 조건과 제도를 종식시키려는 가장 급박하고 가장 절실한 요구이다."34) 그래서 이들의 반대는 체제에 대해 밖으로부터 타격을 가한다. 마르쿠제는 이들의 저항과 투쟁은 "게임의 규칙을 어기는 기초적 힘이며, 그렇게 함으로써 그 게임이 부당한 게임이라는 것을 폭로한다"35)고 말한다. 그들은 게임 속에서가 아니라 게임의 규칙 자체를 부정하는 혁명성을 지니고 있다는 것이다.

그러나 마르크스처럼 다수의 프롤레타리아가 아니라 소수의 체제 외적인 세력을 변혁의 주체로 삼은 마르쿠제는 이들의 반체제적 저항성이 성공적인 결과를 낳을 것으로 보지는 않는 등 결국 비관주의에 빠지게 된다. 기존 사회의 경제적, 기술적 힘이 이들의 저항을 충분히 무력화시키고 마비시킬 수 있다고 보았기 때문이다. 그는 비판 이론이 현재와 미래 사이에 다리를 놓을 수 있는 개념도 갖고 있지 않으면서 기대를 주는 것도 성공을 보여주는 것도 아닌 채, 단지 부정적인 것으로만 존재한다고 말하면서 비관적인 태도를 보인다. 비판 이론은 희망 없는 '위대한 거부'에 자기 생명을 바칠 따름이라는 것이다.

이처럼 마르쿠제의 유토피아론은 문제점을 안고 있기는 하지만 그러나 사회 이론과 사회 변혁에서 유토피아적 차원이 차지하고 있는

---

34) H. Marcuse, *One-Dimensional Man*, Routledge, London, 1964, 256쪽.
35) 같은 책, 257쪽.

역할과 그 중요성을 인식하여 인간 본성의 자유로운 실현의 관점에서 미학적 상상력을 바탕으로 적극적 유토피아론을 전개한 점은 긍정적으로 평가되어야 한다. 자아 실현적 관점은 대안적 체제의 실질적 합리성을 평가하는 유토피아적 작업에서 가치 평가의 기준이 된다는 점에서, 그리고 미학적 상상력은 더 좋은 대안적 사회를 기획하는 작업에서 활력소가 된다는 점에서 매우 중요하다고 할 수 있다.

『철학연구』 제59집, 2002년 11월

7장

유토피아론은 과학적 논의의 대상이 될 수 없는가?

베버, 하버마스, 기든스의 논의를 중심으로

나의 이성의 모든 관심은 다음의 세 가지 물음에 집약
되어 있다. 나는 무엇을 알 수 있는가? 나는 무엇을 해
야만 하는가? 나는 무엇을 희망해도 좋은가?
— 칸트, 『순수이성비판』

나도 현명해지고 싶다.
옛날 책에는 무엇이 현명한 것인지 씌어져 있다.
— 브레히트, 「후손들에게」

비판 이론은 새로운 질서를 비난할 때 사용되는 유토피
아라는 말을 두려워하지 않는다.
— 마르쿠제, 『부정』

　비판적 사회 이론에서 유토피아론의 수용 가능성 문제는 '전통 이론'에 대한 프랑크푸르트 학파의 비판 작업에서 볼 수 있듯이 사실 판단 및 가치 판단의 문제와 깊이 연관되어 있다. 유토피아론은 '더 좋은 사회'를 추구하는 것을 목표로 삼고 있기 때문에 여기서는 이에 대한 실질적 합리성의 평가 문제 즉 가치 판단의 문제가 개입하게 된다. 따라서 가치 판단의 문제에 대해 어떤 태도를 취하느냐에 따라 유토피아론에 대한 태도도 달라지게 된다. 과학의 객관성과 가치 중립성을 내세워 가치 판단을 과학이나 합리성의 영역에서 배제할 경우에 유토피아론은 비판적 사회 이론에 수용되기 어려우며, 반면에 포괄적 합리성의 관점에서 가치 판단을 과학이나 합리성의 영역으로 수용할 경우에 유토피아론은 비판적 사회 이론에서 자기 위치를 확보할 수 있다.

이러한 문제는 결국 사회 과학에서 비판적 사회 이론의 위상의 문제와도 관련된다. 포괄적 합리성을 추구하는 이성의 기능을 바탕으로 현실에 대한 비판과 함께 현실 초월적인 이성적 사회의 형성을 목표로 삼는 비판적 사회 이론의 기획이 과연 과학적이고 합리적인 논의로 수용될 수 있는가가 핵심적인 관건이 되는 것이다.

이와 관련하여 이 논문에서는 사회 과학의 객관성과 가치 중립성을 내세워 실증주의적 관점을 체계적으로 보여주는 베버의 견해를 검토하면서 이러한 주장의 문제점을 테일러의 '이론적 구조틀' 개념을 중심으로 비판할 것이다. 그리고 유토피아적 기획을 사회 이론이나 담론 윤리의 과제에서 제외시킴으로써 소극적 유토피아론을 전개하는 데 그치고 있는 하버마스의 견해도 비판적으로 고찰하면서 유토피아론이 비판적 사회 이론에서 어떤 위상을 차지하고 있는지를 살펴볼 것이다.

1. 베버의 사회 과학의 객관성과 가치 중립성 주장

베버는 사회 과학이 경험 과학으로서 객관성과 가치 중립성을 확보하는 것이 중요하다고 하면서 이러한 관점에서 사회 과학의 탐구 대상과 방법을 설정하고 있다.[1] 베버는 '과학적 인식'이라는 말을 인식

---

1) M. Weber, "Die 'Objektivität' sozialwissenschaftlicher und sozialpolitischer Erkenntnis", *Gesammelte Aufsätze zur Wissenschaftslehre*, J. C. B. Mohr,

의 결과가 진리로서 객관적으로 타당하다는 의미로 사용하고 있다. 즉 과학적 인식이란 객관적 타당성을 확보한 인식이라는 것이다. 베버는 이러한 과학적 인식을 위해 중요한 것이 '존재하는 것'(Seienden)과 '존재해야 하는 것'(Seinsollenden)을 구분하는 것인데, 그 동안 이 양자에 대한 인식이 제대로 이루어지지 않았다고 말한다.

베버에 따르면 인간 행위는 '목적'(Zweck)과 '수단'(Mittel)의 범주와 결부되어 있다. 무엇을 의욕하는 것은 목적으로서 '그것 자체의 가치' 때문이든지, 아니면 궁극적으로 의욕한 어떤 목적을 달성하는 데 소용되는 수단이 되기 때문이다. 우선 여기서 목적을 달성하기 위한 '수단의 적합성 문제'는 과학적 탐구의 대상이 된다. 어떤 수단이 특정 목적을 달성하는 데 적절한지 그렇지 않은지를 정당하게 확인할 수 있기 때문이다. 이에 비해 '목적 설정 그 자체'는 역사적 상황을 토대로 간접적으로 의미 있는 것 또는 무의미한 것으로 비판될 수 있지만, 그러나 구속력 있는 규범과 이상을 발견하여 그것으로부터 실제에 필요한 처방을 이끌어내는 일은 결코 '경험 과학'이 될 수 없다고 주장한다.

물론 베버도 '의욕의 소유자인 인간'이 자신의 양심과 개인적인 세계관에 따라 가치들을 저울질하고 선택하며, 자신의 이상을 가치 판단 속에 표현하고 있다는 점을 인정한다. 그러나 베버는 목적으로서 가치 자체를 선택하거나 판단하는 작업은 사회 과학의 과제가 아니라고 말한다. 그는 사회 과학의 과제를 (1) 모든 행위는 그리고 행위하지 않는 것도 결국에는 일정한 가치에 가담하는 것과 동시에 다른 가치를 반대한다는 것을 뜻한다는 사실을 의식시켜 주고, (2) 의욕된 것

Tübingen, 1988, 146-214쪽 참조.

자체의 의의를 알리는 것으로 보고 있다. 사회 과학은 구체적인 목적의 근저에 있는 또 있을 수 있는 '이념들'을 드러내고, 또 그것들 간의 논리적 연관 관계를 설명한다. 이렇게 이념들을 정신적으로 이해시키는 것은 모든 과학의 본질적 과제들 가운데 하나로서 '사회 철학'(Sozialphilosophie)의 과제라는 것이다.

이처럼 베버에서 가치 판단을 과학적으로 다룬다는 것은 의도된 목적이나 그 근저에 있는 가치 이념이 무엇인지를 드러내고 그리고 이것들 사이의 논리적 연관성을 평가하는 것이다. 이에 비해 가치 이념 자체의 타당성을 판단하는 것은 '믿음의 문제'이지 과학의 문제는 아니다. "하나의 경험 과학은 그 누구에게도 그가 무엇을 해야 하는지(soll)를 가르쳐줄 수는 없고, 단지 그가 무엇을 할 수 있으며(kann) 그리고 일정한 상황 속에서 그가 무엇을 원하는지(will)를 가르쳐줄 수 있을 뿐이다."[2]

가치 판단에는 '믿음'이나 '가치 이념' 등 개인적인 공리가 개입하기에 이것은 사회 과학의 대상이 아니며 따라서 세계관은 결코 진보하는 경험적 지식의 산물이 될 수 없다는 것이다. 그래서 베버는 존재하는 것에 대한 과학적 인식과 존재해야 하는 것에 대한 가치 판단을 구별하는 능력, 그리하여 사실의 진리를 직시해야 하는 '과학적 의무 수행'과 자기의 가치 이념을 옹호하는 '실천적 의무 수행'을 구별하는 능력을 키워야 한다고 주장한다. 사실을 객관적으로 정리하는 것은 '사회 과학'으로서 과학적 논의라고 할 수 있지만, 가치 이념을 서술하고 옹호하는 것은 '사회 정책'으로서 평가적 추론이기에 과학적 논의가 아니라는 것이다. 이처럼 베버는 가치 이념에 입각하여 가치 판단

---

2) 같은 책, 151쪽.

을 내리는 작업은 과학이 아니라고 하면서, 사실에 대한 객관적 인식을 주관적인 가치 판단과 명백하게 구분하고 있다.

베버는 경험 과학으로서 과학적 인식을 추구하는 이러한 사회 과학이 자연 과학의 방법과 차이가 있다고 말한다.3) 자연 과학이 현상을 보편적 법칙에 입각해 설명하려고 하지만, 사회 과학은 개별적인 현상들을 구체적인 가치 인과의 연관성에서 설명하려고 한다. 즉 문화과학(Kulturwissenschaft)의 한 범주로서 사회 과학은 개별적인 사회적 현상들을 그것에 의의를 부여하는 가치 이념과 관계시키면서 그것의 문화 의의를 밝히려고 한다. 사회적 현상들의 형성 과정을 과거로 소급하여 추적하면서 개별적이고 구체적인 인과 연관성을 드러내려고 하는 것이다. 그리고 베버는 사회 과학에서 '이념형'(Idealtypus)의 역할에 대해 말하고 있는데, 이것은 가치 평가를 위한 것이 아니라 순수 논리적 차원에서의 비교를 위한 것이다.4) 이념형은 분산되어 따로 존재하는 풍부한 개별 현상들을 내부적으로 통일된 하나의 순수한 사유상으로 결합시킨 것으로서 구체적 현실을 설명하고 이해하기 위한 것이다. 이러한 작업은 현실을 이념형과 논리적으로 비교하면서 관계시키는 것이지, 현실에 대해 가치 평가를 내리는 것은 아니다. 즉 이념형은 이상적인 사유의 구성물일 따름이지, 존재해야 하는 것 또는 모범적인 것은 아니다. 따라서 이념형은 유토피아적 차원에서 사회 비판과 변혁의 도구로서 제시된 것이 아니다.

사회 과학과 자연 과학의 방법의 구분이나 '이념형'의 역할에 드러난 베버의 이러한 관점은 보편적 법칙에 대한 인식을 토대로 미래 사

---

3) 같은 책, 175-178쪽 참조.
4) 같은 책, 190-205쪽 참조.

회의 예측을 목표로 삼고 있는 역사주의적 태도와는 다르지만, 그러나 사실과 가치를 분리하고 사실에 대한 경험적 지식만을 과학적 인식의 대상으로 삼고 있다는 점에서는 실증주의적 태도라고 할 수 있다. 인간의 행동은 어떤 목적을 추구하고 욕구하는데(가치 선택), 사회 과학은 그 근저에 있는 가치 이념이 무엇인지를 드러내고(가치 이념의 인과적 연관성), 그러한 가치 이념들 간의 논리적 연관성을 따지는 것이다(논리적 연관성). 따라서 베버가 사회 과학을 경험 과학의 한 형태로만 인식하면서, 가치 이념 자체에 대한 가치 평가의 문제를 과학이나 합리성의 영역에서 제외시키고 있다는 점에서 베버는 실증주의 노선을 따르고 있는 것이다.

이에 대해 베버가 사회 과학의 가치 중립성 주장을 매우 제한적인 의미로 사용하고 있다는 반론이 있을 수 있다. 즉 베버가 '발견의 맥락'에서는 가치 연관성을 인정하고 있으며, 단지 '타당화나 정당화의 맥락'에서만 가치 중립성을 주장하고 있다는 것이다. 그리고 베버는 강의실에서 교수가 가치 판단을 말해서는 안 된다는 것이지 과학의 가치 중립성을 주장하는 것은 아니라는 것이다. 또 베버가 '선악을 가리는 가치 판단'은 피해야 하지만 그러나 특정 조건에서 행위를 평가하는 '특징짓는 가치 판단'은 인정하고 있다는 것이다.[5] 그렇지만 타당화나 정당화 맥락에서 가치 중립성이 어떻게 확보될 수 있는지도 문제가 될 뿐만 아니라, 설사 베버가 과학자의 탐구 작업에 부분적으로 가치가 개입할 수밖에 없음을 인정했다고 할지라도 베버가 목적이나 가치 이념 자체에 대한 가치 평가의 문제를 과학이나 합리성의 영

---

5) 김용학 / 장덕진, 「베버의 가치와 사실의 비대칭적 분리: 가치 연관과 가치 중립성을 중심으로」, 『막스 베버 사회학의 쟁점들』, 민음사, 1995, 75-99쪽 참조.

역에서 제외시키고 있다는 점에서 베버는 실증주의 노선을 취하고 있다고 볼 수 있다.

그래서 호르크하이머는 베버가 '내심에서는 실증주의자'(positivist at heart)라고 말한 것이다.[6] 매킨타이어도 베버가 '정의주의'(emotivism)의 태도, 즉 목적 수단적인 합리성의 객관성만을 인정하고 반면에 목적 자체나 가치에 대한 합리적 접근을 부정하면서 이것을 전적으로 비합리적인 주관적인 것으로 간주하는 태도를 취하고 있다고 보고 있다.[7] 이러한 정의주의적 태도는 실증주의로부터 크게 영향을 받은 것이다. 그래서 월러스틴도 가치 중립의 사회학을 주장한 베버를 엥겔스와 함께 과학성을 표방하면서 가치 판단적인 유토피아를 거부하는 과학적 사회 과학의 시기에 포함시켰던 것이다.[8] 이처럼 베버는 실증주의 입장과 마찬가지로 사실 판단과 가치 판단을 절대적으로 구분하면서 규범이나 목적 설정과 관련된 실질적 합리성의 평가 문제를 과학과 합리성의 영역에서 제외시키고 있다.

2. 사회 과학의 가치 중립성 주장에 대한 비판 : 테일러의 '이론적 구조틀' 개념을 중심으로

베버와 같은 이러한 사회 과학의 가치 중립성 주장에 대해 프랑크푸르트 학파는 이것이 총체성의 관점을 결여하고 있기에 허구적이라

---

6) M. Horkheimer, *Eclipse of Reason*, Continuum, New York, 1974, 81쪽 참조.
7) A. MacIntyre, *After Virtue*, University of Notre Dame Press, 1984, 26쪽 참조.
8) I. Wallerstein, *Unthinking Social Science*, Polity Press, 1991, 181쪽 참조.

고 비판하였다. 사실 판단과 가치 판단을 절대적으로 구분하는 것은 가능하지 않을 뿐만 아니라 또한 사실 판단에는 가치 판단이 개입되어 있다는 것이다.

호르크하이머는 사회적 사실은 인간의 실천의 산물이고 또 인간에 의해서 변화될 수 있기에 사회적 사실이 실천이나 가치 판단으로부터 독립된 것이 아니라고 보았다. 그리고 사회 이론에는 이론가의 정치적 이해 관계가 개입될 수밖에 없기에 사회 과학의 가치 중립성 주장은 타당하지 않다고 주장한다.[9] 아도르노도 사회학의 사실들은 총체성의 연관에 의해서 구조화된 사실들이므로 전체를 선취하는 인식 없이는 개개의 사실들에 대한 어떠한 통찰도 가능하지 않다고 보았다. 따라서 사실은 인식의 궁극적 토대가 아니며, 사실에 대한 인식은 전체에 대한 선취의 계기를 마련해 주는 사상에 의존해 있다는 것이다.[10] 하버마스도 마찬가지로 관찰 명제의 타당성 인정이나 규칙의 적용은 해석학적인 사전 이해(Vorverständnis)를 요구하고 있다고 하면서, 이것은 생활 세계에서 의사소통적인 상호 관계를 바탕으로 형성된 합의에 의존하고 있다고 말한다. 즉 사회 과학은 이론적 원칙이나 가정의 선택에 결정적인 영향을 미치는 사전 이해에 의해서 인도된다는 것이다.[11]

테일러도 이러한 프랑크푸르트 학파의 견해처럼 사회 과학의 가치

---

9) M. Horkheimer, "Traditional and Critical Theory", *Critical Theory: Selected Essays*, The Seabury Press, 1972, 209쪽 및 222쪽 참조.

10) T. Adorno, "Zur Logik der Sozialwissenschaften", T. Adorno u.a., *Der Positivismusstreit in der deutschen Soziologie*, Luchterhand Verlag, 1972, 138-139쪽 참조.

11) J. Habermas, "Analytische Wissenschaftstheorie und Dialektik", T. Adorno u.a., 앞의 책, 170-186쪽 참조.

중립성 주장이 타당하지 않다고 비판하는데, 그는 정치 과학과 정치 철학의 상호 연관성을 드러냄으로써 사회 과학 이론에 가치 판단이 개입될 수밖에 없음을 논증하고 있다. 테일러에 따르면 정치 철학이 과학과 실증주의의 성장, 이데올로기의 종말에 의해서 쇠퇴했다는 말이 많은데, 이것은 정치 철학과 정치 과학을 분리할 수 있다는 생각을 밑바탕에 깔고 있다는 것이다.12) 이러한 주장을 펼치는 사람들은 정치 과학이 '탈가치적'(value-free)으로 됨으로써 그리고 '과학적 방법'을 채택함으로써 철학으로부터 해방되었다는 믿음을 갖고 있다는 것이다. 즉 자연 과학처럼 정치 과학도 사실만을 냉정하게 탐구해야 한다는 것이다. 이러한 입장은 사실과 가치의 논리적 구분을 내세우는 논리 실증주의적 관점에 의해 지지를 받고 있는데, 여기서는 근본적인 정치적 가치들에 대한 합당한 논증(reasoned argument)으로서의 '정치 철학'은 정치 과학과 완전히 분리될 수 있는 것으로 간주된다.

그러나 테일러는 이러한 실증주의적 관점을 비판하면서 사실 발견적인 정치 과학이 가치 판단적인 정치 철학과 서로 함축적 관계에 있다고 주장한다. 즉 가치 중립적인 관점에서 사실의 발견에 치중하는 정치 과학이, 가치 판단을 바탕으로 한 규범적 정치 이론으로서의 정치 철학과 분리될 수 없다는 것이다. 테일러는 이것을 정치 과학에 내재하는 이론적 구조틀을 통해서 설명한다. 테일러에 따르면 정치 과학은 많은 '이론적 구조틀들'(theoretical frameworks)이 경쟁하는 장이다.13) '이론적 구조틀' 또는 '개념적 구조'(conceptual structure)는 현상을 설명하기 위한 접근법으로서, 과학적 연구가 성과를 거두는 범위

---

12) C. Taylor, *Philosophy and the Human Sciences*, Cambridge University, 1996, 58쪽 참조.
13) 같은 책, 63쪽 참조.

를 제한하면서 무엇이 설명되어야 하는지를 말해준다. 따라서 이러한 이론적 구조틀이 다르면 현상에 대한 설명도 서로 다르게 된다. 이론적 구조틀은 현상들을 설명하는 결정적 차원을 설정하는데, 예를 들면 마르크스주의에서 결정적 차원은 계급 구조이다. 이론적 구조틀은 본질적인 기능적 연관들을 설명하며서, 다른 이론적 구조틀에 속하는 다른 기능적 연관들은 배제한다.[14] 이론적 발견이란, 연관된 현상들의 변동의 범위를 위한 변형의 중요한 차원들의 윤곽을 그리는 것으로 보여질 수 있다.

테일러는 이러한 사례로 립셋(S. M. Lipset)의 『정치적 인간』을 들고 있다.[15] 이 책에서 립셋은 근대 민주주의의 조건들에서 출발하면서 사회가 갈등과 합의라는 두 가지 차원에서 존재하는 것으로 본다. 여기서 계급 차이는 정치의 중심에 있는 요소로서 제거할 수 없는 것이다. 부자와 빈자 사이의 갈등은 근절될 수 없고 단지 형태만 바뀔 따름이기에, 그는 빈부 격차를 줄여서 중산층을 강화할 것을 주장한다. 따라서 이러한 이론은 엄격한 마르크스주의와 다를 뿐만 아니라 만장일치에 의한 갈등의 폐기를 주장하는 이론과도 다르다. 이처럼 립셋의 이론에서 변형의 결정적 차원은 다른 규범 이론들에서의 결정적인 차원들을 부정할 뿐만 아니라 또한 자기 이론의 한 차원을 지지하는데, 이러한 차원은 이론 그 자체에 이미 함축되어 있다. 따라서 이것은 정치 과학의 중립성 주장에 어긋나게 된다.

---

14) 골드만도 과학적 이론은 본질적인 것을 보존하고 부수적인 것을 제거하는 선택에 의해서 대상을 구성하는데 이때 일정한 가치가 개입한다고 말한다. 왜냐하면 어느 한 계층의 관점에서 비본질적인 것으로 간주되어 제거된 요소가 다른 계층의 관점에서는 매우 중요한 요소가 될 수도 있기 때문이다. (L. Goldmann, 『인문과학과 철학』, 김현 역, 문학과지성사, 1980, 49-51쪽 참조.)

15) C. Taylor, 앞의 책, 66-70쪽 참조.

일정한 구조틀은 인간의 욕구, 필요, 목적 등의 기획에 대한 일정한 이해와 결합되어 있다. 따라서 인간 욕구의 이해는 특정 정치 이론에 속해 있는 것이며, 가치 판단을 위해서 나중에 구조틀에 부가되는 외적인 어떤 것이 아니다. 특정한 설명의 구조틀을 선택하는 것은 그것과 함께 특정한 가치로 기울어지는(value-slope) 결과를 낳는다. 따라서 정치 과학에서의 특정한 설명 구조틀은 이와 연관된 가치 입장을 지지하는 경향이 있으며, 따라서 제도나 정책의 평가를 위한 자신의 규범을 숨기고 있다고 볼 수 있다. "특정한 설명 구조틀은 선(good)의 개념과 일련의 가치 평가를 숨기고 있으며, 이러한 것들은 그 구조틀을 제거하지 않는다면 제거될 수 없는 것"16)이다. 특정한 구조틀을 확립하는 것은 방어적으로 채택될 수 있는 가치 입장들의 영역을 제한한다. 왜냐하면 그 구조틀의 관점에서는 어떤 선들은 더 이상의 논증 없이 그 자체로서 수용될 수 있지만, 반면에 다른 경쟁적 선들은 우선적으로 고려되어 야 할 이유들이 제시되지 않고서는 채택될 수 없기 때문이다. 구조틀은 논증의 부담을 특정한 방식으로 분배하는 것으로 말해질 수 있다. 따라서 구조틀은 중립적인 것이 아니며 정치 과학의 중립성 주장도 무너지게 된다.

　이러한 점을 피하기 위한 유일한 방법은, 가치 중립성의 분위기 속에 둘러싸일 수 있는 좁은 기준의 발견을 고수하는 것이다. 예를 들면 디트로이트의 카톨릭들이 민주당에 투표하는 경향이 있다는 사실은 거의 모든 개념적 도식과 일치할 수 있는 객관적 사실로서 가치 중립적이라는 것이다. 물론 이와 같은 좁은 의미에서 '정치 과학의 중립성' 주장은 가능하겠지만, 그러나 정치 과학이 이론적 구조틀과 같은 이

---

16) 같은 책, 90쪽.

론을 필요로 하는 만큼 불가피하게 규범 이론을 발전시킬 수밖에 없다. 편견을 피하고 객관성을 확보하려는 시도는 위대함에도 불구하고, 여기에는 가치의 문제가 개입되기에 이 시도는 거의 불가능한 매우 어려운 작업인 것이다.

이러한 테일러의 주장에서 알 수 있듯이 사회 과학의 이론은 특정한 이론적 구조틀을 갖고 있는데, 이러한 구조틀은 일정한 선의 개념이나 가치 평가와 연관되어 있기에 중립적인 것이 아니며 따라서 사회 과학도 가치 중립적인 것이 될 수 없다. 프랑크푸르트 학파나 테일러의 이러한 주장처럼 사회 과학의 이론적 작업에는 '전체를 선취하는 인식'으로서 사상이나 '해석학적인 사전 이해' 또는 가치 개입적인 '이론적 구조틀' 등이 작용하기에 사회 과학은 일정한 가치 판단이나 규범 이론과 관계를 맺을 수밖에 없다.

3. 하버마스의 소극적 유토피아론과 이에 대한 비판

사실 판단과 가치 판단을 절대적으로 구분하면서 과학의 가치 중립성을 내세워 사실 판단만을 과학적 이론의 대상으로 삼는 실증주의적 태도는 옳지 않다. 순수하게 객관적인 과학적 이론은 존재하지 않으며 과학적 이론에는 일정한 가치 판단이 개입하게 마련이다. 사회 과학의 이론은 일정한 가치를 전제로 하기에 이것을 전적으로 배제할 수는 없다. 따라서 과학의 객관성과 가치 중립성을 내세워 가치 판단을 과학과 합리성의 영역에서 배제하려는 실증주의적 태도는 타당하지 않은 것이다.

그래서 프랑크푸르트 학파는 실증주의가 이성과 합리성의 개념을 지나치게 협소하게 사용하고 있다는 점을 비판하면서 이것을 좀더 포괄적으로 이해할 것을 강조했던 것이다. 이들은 베버가 사회 과학의 영역에서 배제시켰던 규범이나 목적 설정과 관련된 실질적 합리성의 평가 문제를 '포괄적 합리성'의 차원에서 과학과 합리성의 영역으로 수용하고 있다. 인간의 이성은 단순한 계산이나 기술적 기능에만 제한되는 것이 아니라 기존 현실에 대한 비판이나 새로운 사회를 건설하기 위한 비판적 기준의 선택과 같은 가치 판단적 기능을 합리적으로 수행할 수 있다는 것이다. 아도르노는 사태에 대한 가치 판단은 베버가 주장하듯이 주관적인 비합리적 결단에서 이루어지는 것이 아니라 사태와의 연관성 속에서 이루어진다고 보았다. 이러한 프랑크푸르트 학파의 입장은 기존 현실을 비판하고 나아가 더 좋은 사회를 추구하려는 비판적 사회 이론의 유토피아적 기획을 과학적이고 합리적인 논의로 수용될 수 있는 가능성을 열어주었다.

그렇지만 이러한 가능성에도 불구하고 하버마스는 유토피아적 기획을 사회 이론이나 담론 윤리의 과제에서 제외시키면서 기존 사회에 대한 분석과 비판이나 경험 과학의 합리성 주장의 토대에 대한 형식적 조건의 분석에 자신의 이론적 과제를 제한시키고 있다.

물론 하버마스도 다른 비판 이론가들처럼 유토피아적 차원의 필요성에 대해서는 공감하고 있다.[17] 유토피아가 사회 운동에서 하나의 방향으로 작용하는 한 그것은 실제적 기능을 발휘할 수 있으며, 시대 정신은 역사적 사유와 유토피아적 사유의 대립과 상호 침투에서 추진력을 얻는다고 하면서 사회주의 이념도 이러한 두 가지 사유가 융합

---

17) J. Habermas, *Die Neue Unübersichtlichkeit*, Suhrkamp, 1985, 141-163쪽 참조.

되어 좀더 현실적인 기대감을 불러일으켰다고 본다. 그렇지만 마르크스가 추구하였던 노동의 잠재력을 중심으로 한 '노동 사회적 유토피아'는 노동과 생산이 사회 제도나 사회 발전 전체를 결정하던 힘이 감소하게 됨으로써 그 에너지가 고갈되었다. 그리고 이러한 흐름 속에 있는 복지 국가의 사회 민주주의적 기획도 관료주의적 지배와 이로 인한 개인의 자율성 침해와 같은 문제들 때문에 새로운 미래적 삶을 창출할 힘을 상실하게 되었다. 그래서 하버마스는 이러한 노동 사회적 유토피아의 정치적 잠재력의 소진과 함께 이에 대한 뚜렷한 대안이 없는 상태를 가리켜 '새로운 전망의 부재'(die neue Unübersichtlichkeit)라고 부르고 있다.

하버마스는 화폐와 권력의 위협, 즉 고용 체계의 반인간성과 관료주의의 병폐로부터 생활 세계를 보호하고 생활 세계의 자율성을 강화시키기 위한 반성적 사회 보장 기획이 요구된다고 하면서 이제 유토피아의 강조점은 노동 개념에서 의사소통적 개념으로 전환되어야 한다고 주장한다. 비록 노동 사회적 유토피아와는 결별하지만 그렇다고 역사 의식과 정치적 투쟁 속에 들어 있는 유토피아적 차원까지 버리는 것은 아니다. 하버마스는 "유토피아적 오아시스가 고갈되면 진부함과 무기력의 메마른 사막이 확대된다"[18]고 하면서 역사적 사유와 유토피아적 사유가 융합된 현실 의식이 자극제의 역할을 한다는 점을 강조하고 있다. 그러나 이러한 유토피아적 차원의 필요성에 대한 인식과 의사소통적인 방향 전환에도 불구하고 하버마스가 적극적인 유토피아론을 펼치고 있는 것은 아니다.

하버마스도 한때는 '이상적 담화 상황'(die ideale Sprechsituation)에

---

18) 같은 책, 161쪽.

정치적 희망을 개입시키기도 하였다. "이상적 담화 상황에 대한 선취는 모든 가능한 의사소통에 대해 규제적 모습으로서의 의미를 지니며, 이것은 동시에 하나의 생활 양식의 출현이다."[19] 여기서 볼 수 있듯이 하버마스의 사유에는 블로흐의 유토피아적 측면과 철학적 기본 구상이 결합되어 있어서 적극적 유토피아론의 가능성을 보여주기도 하였지만 그러나 하버마스는 이러한 입장을 점차 약화시키면서 나중에는 이러한 입장을 단호하게 철회하였다.[20] "의사소통 사회의 유토피아적 내용은 침해받지 않은 상호 주관성의 형식적 측면으로 축소된다. '이상적 담화 상황'이란 표현도 구체적인 삶의 형태를 암시하는 한 이것은 잘못된 방향으로 나아가고 있다."[21] 즉 의사소통 행위 이론이 구체적인 유토피아적 내용을 추구하고 있는 것도 아니며, 이상적 담화 상황도 유토피아적인 삶의 형태를 구체적으로 보여주고 있는 것이 아니라는 것이다.

하버마스는 노동 사회적 유토피아를 두 가지 측면에서 비판하면서 그것의 노동 중심성 태도뿐만 아니라 또한 구체적이고 총체적인 미래의 삶의 가능성을 고안하려는 태도에 대해서도 비판하고 있는 것이다. 이상적 담화 상황이란 의사소통적 일상 실천과 담론적 의사 결정의 절차를 위한 필수적이면서 일반적인 조건일 따름이지 유토피아적인 구체적 삶의 형태는 아니다. 따라서 이상적인 의사소통 구조를 구체적이고 총체적인 특정한 좋은 삶의 한 형태로 혼동해서는 안 된다는

---

19) J. Habermas, *Vorstudien und Ergänzungen zur Theorie des kommukativen Handelns*, Suhrkamp, 1984, 126쪽.

20) W. Reese-Schäfer, 『하버마스』(*Jürgen Habermas*), 선우현 역, 거름, 1998, 34쪽 참조.

21) J. Habermas, *Die Neue Unübersichtlichkeit*, 161쪽.

것이다. 하버마스는 의사소통 행위 이론이 유토피아적 기획이 아닐 뿐만 아니라 자신은 어떤 특정한 유토피아적 이상을 제안하고 싶지도 않다고 말한다. "이상적 담화 상황이란 진리성 요구와 정당성 요구가 담론적으로 행해질 수 있는 조건들을 기술한 것"22)에 불과한 것으로서 이러한 타당성 주장은 상호 주관적으로 공유된 생활 세계를 배경으로 이루어진다고 보고 있다.

하버마스의 이러한 견해는 좁은 도덕 개념을 선호하는 그의 담론 윤리학의 입장과 관련된다. 철학은 더 이상 형이상학적 진리를 소유하고 있지 않기에 '자리 지정자'(Platzanweiser)에서 '자리 지키는 자'(Platzhalter)로 후퇴하여 경험 과학의 보편주의적 요구인 합리성의 토대를 해명하기 위한 예비 작업자의 역할과 함께 분화된 각 문화 영역 간의 매개적 해석자의 역할을 담당해야 한다. 이와 관련하여 담론 윤리학도 특정한 규범의 도출을 목표로 하는 것이 아니라 규범들의 타당성을 검증하기 위한 절차만을 제시해야 한다고 본다. "담론 윤리학은 결코 내용적인 방향을 규정하는 것이 아니라 판단 형성의 공정성을 보증해야 하는 전제들로 가득 찬 절차를 제시한다."23) 그리고 담론 윤리의 대상은 정의나 규범과 관련된 도덕적 문제이지 행복이나 좋은 삶과 관련된 평가적 문제는 여기서 제외된다. 도덕적 문제는 이익의 일반화 능력 또는 정의의 측면에서 원칙상 합리적으로 해결될 수 있는 문제이지만 이에 비해 '좋은 삶'의 문제는 역사적으로 구체적인 생활 형태나 개인적인 삶의 지평에서만 논해질 수 있는 문제이다. '좋은 삶'의 문제가 이처럼 맥락에 구속된 구체적 문제로서만 제기될

---

22) 같은 책, 241쪽.
23) J. Habermas, *Moralbewußtsein und kommunikatives Handelns*, Suhrkamp, 1983, 132쪽.

수 있기에 이것은 보편화 가능한 문제가 아니며 따라서 담론 윤리나 도덕의 문제가 아니라는 것이다.

하버마스는 이러한 좁은 도덕 개념의 관점에서 도덕 철학자는 도덕적 진리에 도달할 수 있는 특권적 통로를 갖고 있지 않다고 하면서, 역사적이고 실제적인 도덕적, 실천적 문제는 당사자들에게 맡겨야 한다고 주장한다. 철학자가 이러한 문제에 답하려고 하는 것은 월권적 행위이며, 철학자는 단지 '도덕적 관점'을 해명하고 그 해석의 보편성 주장에 대한 근거를 제시하는 데 그쳐야 한다는 것이다. 그래서 하버마스는 롤즈나 노직과 같은 학자들과는 달리 자신은 규범적 정치 이론을 기획하려는 공명심이 없다고 말한다. 그렇다고 하버마스가 이러한 문제에 답하는 것이 철학이나 윤리학의 과제가 아니라고 해서 이러한 문제에 답하려는 시도가 무의미하다고 보는 것은 아니다. "철학자가 특정한 정의 원칙들과 특정한 기본 제도들을 도덕 및 정치의 규범 이론의 틀 안에서 정당화하고자 하는 한, 그는 이것을 시민들 가운데서 진행된 담론을 위한 하나의 제안으로 간주해야 한다."[24] 특정한 정의 원칙이나 기본 제도를 선호하는 것과 같은 실제적인 도덕적, 실천적 문제는 담론의 참여자나 관계자들에게 위임되어야 할 문제라는 것이다. 하버마스는 사회 이론이 기존의 생활 양식을 비판하는 대신에 바람직한 생활 양식을 미래에 투사하는 것은 자신의 권한을 벗어나는 일로 간주하고 있다. 바람직한 생활 양식과 같은 더 좋은 삶의 문제는 보편화 가능한 문제가 아니기에 사회 이론은 단지 해방된 생활 양식의 필수적인 조건에 대해서만 언급하는 데 국한되어야 한다는 것이다.

---

24) J. Habermas, *Die Neue Unübersichtlichkeit*, 225-226쪽.

하버마스는 이러한 관점에서 총체적인 생활 양식에 대한 기획으로서 특정한 유토피아를 이론적으로 근거 지울 수 없다고 보는 것이다. 전체적 생활 양식으로서 총체성은 단지 복수로서만 등장하기에 우리는 이러한 다원주의를 이론적으로 선취하거나 근거 지울 수 없다. 그래서 마르크스도 해방된 사회주의 사회의 구체적인 생활 양식을 서술할 때 절제된 태도를 보이면서 단지 이것의 실현을 위한 필수적인 조건들에 대해서만 언급하고 했다는 것이다.

이처럼 하버마스는 '자리 지키는 자'와 '해석자'라는 탈형이상학적인 철학 개념과 좁은 도덕 개념을 바탕으로 더 좋은 삶, 더 좋은 사회에 대한 총체적인 기획으로서 유토피아가 철학이나 윤리학에 의해 이론적으로 정당화될 수 없다고 보고 있다. 이러한 유토피아적 기획은 철학이나 사회 이론으로서가 아니라 담론에 참여하는 시민의 한 사람이 제안하는 하나의 입장 표명으로서만 의미가 있다는 것이다. 하버마스는 유토피아적 차원의 필요성에 대해서는 공감하고 있지만 그러나 구체적이고 적극적인 유토피아적 미래상을 제시하는 작업은 보편화 가능한 문제가 아니기에 철학이나 도덕, 사회 이론의 과제가 아니라고 본다. 의사소통적 사회의 유토피아적 내용은 단지 의사 결정을 위한 형식적이고 일반적인 절차나 조건에만 국한되며, 더 좋은 삶을 추구하기 위한 구체적인 유토피아적 기획은 이러한 담론에 참여하는 당사자에게 맡겨진다고 보고 있기에 하버마스는 소극적 유토피아론을 전개하는 데 그치고 있다.

그러나 하버마스의 이러한 입장에는 몇 가지 문제점이 있다.

(1) 하버마스는 좁은 도덕 개념의 관점에서 특정한 정의 원칙과 기본 제도를 선호하거나 좋은 삶을 추구하는 것과 같은 실제적인 실천적 문제는 규범이나 정의와 관련된 도덕적 문제가 아니라 선이나 행

복과 관련된 윤리적 문제로 간주하면서 이것을 도덕 이론의 대상에서 제외시키고 있다. 하버마스는 근대의 칸트적 전통에 따라 도덕의 문제와 윤리의 문제를 구분하면서 선에 대한 정의의 우선성을 내세우고 있는 것이다. 그러나 이러한 도덕과 윤리의 구분이나 정의의 우선성 주장에는 문제가 있다.

테일러는 이러한 근대의 도덕 철학이 도덕성 개념을 너무 협소화시켜 정의 문제나 절차적 문제에만 자신의 과제를 제한시킴으로써, 우리의 도덕적 신념을 둘러싸고 있는 배경, 즉 이와 연관된 '강한 선'(the strong good)을 포착할 수 없게 만든다고 비판한다. 그래서 테일러는 정당한 도덕적 기술의 범위를 확대시켜서 도덕적, 정신적 직관들의 배후에 있는 '배경 그림'(background picture)을 탐구하고 나아가 이것이 우리의 삶에서 어떤 역할을 하는지를 좀더 명료하게 해야 한다고 주장한다. 즉 도덕적 판단의 배후에 있는 묻혀진 선들을 드러내어 여기에 다시 힘을 불어넣는 일종의 복원 작업이 필요하다는 것이다.25)

무엇이 우리의 삶을 의미 있게 만드는가? 어떤 삶이 가치 있는가? 이것은 '강한 가치 평가'(strong evaluation)와 관련된 문제로서 넓은 의미의 도덕적 문제라고 할 수 있다. 그런데 테일러는 삶의 의미를 부여하거나 삶의 방향을 설정해 주는 이러한 강한 가치 평가의 기준은 '상위선'(hypergood)을 배경으로 하고 있다고 본다. '상위선'은 우리들의 일상적인 목적이나 선 또는 욕구와 비교할 수 없을 정도로 높은 가치를 지닌 것으로서 특수한 지위를 차지하고 있다. 이러한 '상위선'

25) C. Taylor, *Sources of the Self*, Cambridge University Press, 1989, 3-4쪽 및 520쪽 참조.

은 우리 자신의 욕구나 성향, 선택에 의해 그 타당성이 부여되는 것이 아니라 오히려 이것들로부터 독립되어 객관적으로 주어지는 것으로서 이러한 욕구나 선택을 평가하는 기준이 된다. 그런데 강한 가치 평가의 기준이 되는 '상위선'은 사회나 문화에 따라서 질적인 차이를 보인다. 예를 들어 위엄은 자유 시민에게 부여되기도 하고, 전사 시민에게 부여되기도 하며, 또는 공적인 삶에서 주요한 역할을 하는 사람에게 부여되기도 한다. 우리가 살고 있는 삶의 지평들은 이러한 강한 질적인 차이들을 포함하고 있는데 이것을 '구조틀'(framework)이라고 부를 수 있다. "구조틀들은 명시적 또는 암시적으로 우리의 도덕적 판단이나 직관, 반응을 위한 배경을 제공해 준다."26) 그래서 이러한 구조틀을 명료하게 하면 우리의 도덕적 판단이나 반응을 이해할 수 있다는 것이다.

테일러는 근대의 규범이나 정의의 도덕 철학도 이러한 특정한 '구조틀'이나 '상위선'을 배경으로 하고 있다고 본다. "의무론적 행위 이론은 자유, 이타주의, 보편주의와 같은 가장 강한 도덕적 이상들에 의해서 동기 지워진 것처럼 보인다. 이러한 도덕적 이상들은 근대 문화의 중심적인 도덕적 열망들, 즉 현대 문화에 특징적인 '상위선들'에 속하는 것이다."27) 근대 문화에서 특별한 힘을 발휘하고 있는 도덕적 의무들은 자유, 복지, 일상적 삶의 긍정과 같은 오랫동안 지속된 도덕적 개념들에서 나온 것이며, 절차주의적 도덕 철학도 근대의 가장 강력한 형이상학적, 인식론적, 도덕적 이상들의 강요에 의해서 나온 것이다. 테일러는 기독교적인 사랑, 계몽주의적인 이성적 주체의 자율

---

26) 같은 책, 26쪽.
27) 같은 책, 88쪽.

성, 인간의 자아 실현적인 창조성에 대한 믿음과 같은 근대적 정체성이 도덕적 원천들이 되고 있다고 본다. 그래서 근대적 정체성이 위협을 받으면서 혼란에 빠질 때는 이러한 도덕적 원천들에 의거하여 문제를 해결해야 하는데, 담론 윤리는 공정한 판단 형식의 이성적 절차만을 신뢰하기에 이러한 도덕적 행위의 배경을 제대로 이해하고 있지 못하다는 것이다.[28]

이처럼 도덕적 판단이나 도덕적 사고는 일정한 '구조틀'을 전제로 하는데, 이 구조틀은 강한 가치 평가의 기준이 되는 비교할 수 없을 정도로 높은 가치를 지닌 '상위선'을 배경으로 한다. 이 '상위선'은 주관적인 욕망이나 성향으로부터 독립된 것으로서 객관적으로 주어지며 나아가 이러한 욕망이나 성향을 판단하는 도덕적 기준이 된다. '상위선'은 행위나 동기의 좋음을 구성해 준다는 점에서 '구성적 선'(constitutive good)이라고 할 수 있으며, 이것이 바로 도덕적 힘을 제공해 주는 '도덕적 원천들'(moral sources)이 되고 있다. 근대의 규범이나 정의의 도덕 철학도 특정한 구조틀, 즉 특정한 도덕적 이상이나 '상위선'과 같은 근대적 정체성에 대한 선택적 이해를 배경으로 하고 있는 것

---

28) 하버마스는 상위선들의 효력을 보여주기 위해 예술에 희망을 걸고 있는 테일러의 논증이 충분하지 않다고 비판한다. 심미적인 경험을 통해서 선에 대한 감각을 확보하려는 시도는 심미적인 것이 진리나 선으로부터 분리된 현대적 문화의 경향에 어긋나는 것으로서, 현대 예술은 더 이상 도덕적인 것의 근원으로 사용될 수 없다는 것이다. (J. Habermas, 『담론 윤리의 해명』(Erläuterungen zur Diskursethik), 이진우 역, 문예출판사, 1997, 222쪽 참조.) 물론 하버마스의 주장처럼 현대 예술이 더욱더 심미적인 것에 치우치는 경향이 있는 것은 사실이지만 그러나 마르쿠제의 주장에서 볼 수 있듯이 예술 작품의 미학적 상상력은 진리와 선을 미학적 형태로 드러냄으로써 유토피아적 의식의 원천으로서 기능할 수도 있다. (H. Marcuse / J. Habermas, 「미학과 문화 이론에 대한 대화」, 『미학과 문화』, 이근영 역, 범우사, 1992, 333-334쪽 참조.)

이다. 따라서 하버마스가 내세우는 선에 대한 정의의 우선성 주장은 타당하지 않으며, 정의의 문제와 좋은 삶의 문제를 구분하는 것 자체도 근거가 확실한 것이 아니다.

(2) 하버마스의 의사소통의 윤리도 현대 서구의 민주주의 사회, 특히 전후 독일에서 제도화된 의회주의의 의사결정 과정에 대한 철학적 정당화 아니면 적어도 그것에 대한 직관적 확신에 의해 큰 영향을 받고 있다. 하버마스가 비록 롤즈가 정당화되기 어려운 인격 개념을 전제하고 있다고 비판하지만 하버마스의 담론 이론 자체도 인간성에 대한 무한한 신뢰를 바탕으로 하고 있다. 이상적 담화 상황의 조건이 갖추어져 있다고 할지라도 보편화 가능한 관심이 대변되지 못하고 특수 이익의 관심이 관철될 수 있는 데도 하버마스는 이에 대한 대응 방안을 마련하고 있지 않다.[29]

테일러의 주장처럼 이론적 주장에는 불가피하게 일정한 '이론적 구조틀'이 개입되어 있으며 이것은 하버마스에게도 예외가 아닌 것이다. 비록 하버마스가 자신에 비해 좀더 구체적으로 정의의 원칙이나 기본적인 사회 제도를 정당화하려는 롤즈가 특정한 인격 개념을 바탕으로 하고 있다는 점을 비판하지만, 하버마스의 이론 자체에도 일정한 이론적 구조틀이 개입되어 있기에 자신의 이론도 보편화 가능한 근거 제시의 요구를 충분히 충족시켰다고 볼 수는 없다. 여기에도 이론적 구조틀과 관련된 일정한 선에 대한 이해, 즉 서구 의회 민주주의의 가치에 대한 선호가 전제되어 있는 것이다.

(3) 그리고 설사 하버마스의 주장처럼 도덕의 문제와 윤리의 문제

---

29) 정호근, 「의사소통적 규범정초 기획의 한계」, 『하버마스: 이성적 사회의 기획, 그 논리와 윤리』, 나남출판, 1997, 127쪽 및 131쪽 참조.

를 구분할 수 있고 그리고 선의 문제에 대해 정의의 문제가 우선성을 갖는다고 할지라도 여기에는 문제가 따르게 된다. 하버마스는 담론 윤리의 과제를 규범의 합리적 정초 가능성 문제에만 국한시키고 있고 좋은 삶의 문제는 여기서 배제시키고 있다. 그래서 하버마스의 이러한 좁은 의미의 도덕 개념은 인간의 현실적 존재와 관련된 문제, 즉 '좋은 삶이란 무엇인가'라는 삶의 의미의 문제를 미결인 채로 남겨두고 있다. 기든스가 비판하고 있듯이, 하버마스는 의사소통이론의 관점에서 해방 정치를 위한 틀을 발전시키면서 이상적 담화 상황을 통해 힘찬 해방의 전망을 제공하고 있기는 하지만 그러나 해방된 새로운 사회 질서 속에서 개인들이 어떤 선택을 하고 어떤 삶을 살지에 대해서는 거의 아무런 시사도 하고 있지 않다.[30] 따라서 '좋은 삶'의 문제에 대한 대답은 전적으로 개인에게 맡겨져 있으므로 스스로 이에 대한 대답을 찾아야 하는 개인의 부담은 매우 커지게 된다.

물론 변화된 근대성의 조건에서 삶의 문제를 개인들이 결정해야 할 가치의 문제로 볼 수도 있다. 하버마스는 도덕적으로 정당화된 생활 기획과 생활 형식의 다원주의와 관련하여 철학자들은 더 이상 삶의 의미에 관해 일반적으로 구속력 있는 가르침을 독자적으로 제공할 수 없다고 하면서 절차의 분석이라는 반성적 차원으로 후퇴하는 것만이 철학자들에게 남겨져 있다고 본다.[31] 그렇지만 전통적인 실천 철학은

---

30) A. Giddens, *Modernity and Self-Identity*, Standford, 1991, 213-214쪽 참조. 이 문제와 관련하여 기든스는 하버마스를 비판할 뿐만 아니라 더 나아가 하버마스에 의해서 특정한 규범적 정치 이론을 기획하고 있다고 비판받는 롤즈에 대해서도 유토피아적 기획의 불충분함을 지적하면서, 정치적 이상을 바탕으로 대안적 사회 체제의 원리나 모습을 제시하는 유토피아적 기획을 자신의 이론적 과제에 포함시키고 있다. 그래서 기든스는 자아 성찰성과 자아 실현을 중시하는 '생활 정치'에 기반한 '제 3의 길'을 구체적으로 모색하고 있다.

단순하게 기존 사회 질서를 진단하고 분석하는 데 그치지 않고 더 좋은 사회, 더 좋은 삶에 대한 구체적인 사유도 포함하고 있었다. 그런데 하버마스처럼 이렇게 실천 철학을 협소하게 이해하면서 삶의 의미와 같은 중요한 문제를 다루기를 포기하는 태도는 철학의 지나친 후퇴로 보여진다. 실천 철학의 이론적 작업이 이렇게 규범의 보편적 타당성 확보를 위한 형식적인 조건이나 절차의 문제에만 국한되고 삶의 의미나 자아 실현의 문제를 포기할 경우에는 이것은 벤하비브의 비판처럼 실천 철학의 유토피아적 전통을 너무 버리는 것으로서 '기쁨 없는 개혁'이 될 수도 있다.[32]

하버마스는 실천 이성의 윤리적 사용과 관련된 '좋은 삶'의 문제는 진정으로 자아를 실현하려는 개인의 실존적 결단에 맡겨야 한다고 본다. 그러나 앞의 테일러의 주장에서 보았듯이 삶의 의미를 부여하거나 삶의 방향을 설정해 주는 강한 가치 평가 기준은 객관적으로 주어지는 '상위선'이나 도덕적 원천을 배경으로 하고 있다. 그리고 진정한 자아 실현의 문제도 단지 개인의 결단에 의해서만 좌우되는 것은 아니고 자신과 연관된 삶의 지평들과의 연관성 속에서 해명되어야 한다. 만약 근대성의 조건, 즉 탈전통적인 개인주의와 다원주의라는 조건에서 자아 실현의 문제가 전적으로 개인의 주관적인 결단에만 맡겨질 경우에는 이기주의나 나르시시즘에 빠질 우려가 있다.[33] 따라서 '좋은 삶'의 문제도 하버마스의 입장처럼 주관주의적인 방식으로만 다루어

31) J. Habermas, 『담론 윤리의 해명』(Erläuterungen zur Diskursethik), 224쪽 참조.
32) S. Benhabib, Critique, Norm, and Utopia, Columbia University Press, 1986, 329쪽 참조.
33) 이에 대해서는 9장 '탈전통적 개인주의와 자아실현의 전망'에서 좀더 자세하게 다루어지고 있다.

져야 하는 것은 아니며 배경으로 주어지는 도덕적 원천들을 바탕으로 어느 정도 객관적인 방식으로도 다루어질 수 있기에 이 문제를 도덕의 문제에서 배제하려는 하버마스의 태도에는 문제가 있다고 볼 수 있다.

(4) 실제적인 도덕적 문제나 실천적 문제에 대해 사회 이론이나 윤리학이 제시하는 입장은 단지 담론에 참여하는 한 시민의 입장에 그치는 것이 아니라 그 이상의 것이 될 수도 있다. 만약 사회 이론가나 도덕 이론가가 일반 시민들에 비해 좀더 다양한 경험적 자료와 정보를 확보하고, 역사를 좀더 깊이 인식하며, 좀더 이론적 엄밀성을 갖추고, 편협한 시각에서 벗어나 좀더 보편적인 관점을 유지할 수 있다면, 이들이 실천적 문제에 대해 제시하는 입장은 특권적 권한을 갖고 있는 것은 아니지만 그렇다고 단순한 시민들의 입장 표명과 같은 수준으로 간주되어서도 안 된다. 물론 어떤 삶을 살 것인지, 그리고 어떤 사회 제도를 선택할 것인지에 대한 최종적인 판단은 시민들 각자에게 맡겨져야 하지만 그러나 이러한 선택을 돕기 위한 이론적 제안들은 단순한 시민들의 입장 표명 그 이상의 가치를 갖고 있다고 볼 수 있다. 이런 점에서 더 좋은 삶, 더 좋은 사회를 모색하는 유토피아론은 비판적 사회 이론에서 일정한 의의와 역할을 지닌 것으로 자리매김될 수 있다고 본다.

4. 사회 과학과 실천 철학의 결합으로서 유토피아론

지금까지의 논의에서 볼 수 있듯이, 과학의 객관성과 가치 중립성을 내세워 가치 판단을 과학적, 합리적 논의의 대상에서 제외시키고 있는 베버의 입장이나 탈형이상학적인 철학 개념과 좁은 도덕 개념을 바탕으로 유토피아적 기획을 이론적 논의의 대상에서 제외시키고 있는 하버마스의 입장에는 문제가 있다. 기존 현실을 비판하면서 실현 가능한 더 좋은 대안적 사회를 모색하는 작업인 유토피아론은 사회 과학과 실천 철학이 결합된 것으로서 비판적 사회 이론의 한 형태로 정당하게 수용되어야 한다.

벤하비브에 따르면 실천 철학, 즉 윤리학과 정치학의 전통적 가르침은 선(the good)의 문제가 합리적으로 해결될 수 있다고 보았다.[34] 아리스토텔레스부터 몽테스키외에 이르기까지 실천 철학의 주요 물음은 '사회적, 정치적 존재의 최고 형태는 본래 어떤 것인가'라는 물음이었다. 여기서 '본래'는 양의적 의미로서 주어진 것의 총체로서의 사실(fact)이라는 의미와 마땅히 되어야 하는 것으로서의 규범(norm)이라는 의미를 갖고 있다. 그런데 이러한 선의 문제가 합리적으로 해결될 수 있다는 요구는 실증주의, 역사주의, 가치 중립적인 사회 과학의 공격에 의해 포기되었으며, 사회 과학의 과제는 '사회적 사실들'을 탐구하는 데 제한되었다.

벤하비브는 실천 철학과 사회 과학의 이러한 분리를 비판하면서, 비판적 사회 이론이 개인들의 행동의 사회적 조건의 총체성을 분석한다는 점에서는 이러한 사회 과학과 의도를 공유하지만, 그러나 '선'의 문제를 다룬다는 점에서는 실천 철학과도 의도를 공유한다고 주장한다. 즉 비판적 사회 이론은 실천 철학과 사회 과학의 중간에 위치하면서 이 양자의 의도를 공유하고 변형시킨다는 것이다.

이러한 주장에서 알 수 있듯이 비판적 사회 이론은 실천 철학이 다

---

34) S. Benhabib, 앞의 책, 1-3쪽 참조.

루었던 규범의 문제, 예를 들면 가장 바람직한 사회란 무엇인가와 같은 문제를 정당하게 탐구의 대상으로 삼을 수 있다. 따라서 비판적 사회 이론이 단지 현실에 대한 비판에 그치지 않고 나아가 더 좋은 사회의 형성을 목표로 삼는다면, 더 좋은 사회의 사회적 원리와 더불어 그것의 구체적 미래상의 문제를 다루는 유토피아론은 비판적 사회 이론에서 중요한 역할을 맡는다고 볼 수 있다.

　한소트는 유토피아론을 사회 과학적인 정치 이론의 한 형태로 간주하면서 그 중요성을 강조한다.35) 한소트에 따르면 정치적 사고의 스펙트럼에서 한쪽 끝에 고전적 유토피아처럼 간접적으로 사회를 비판하는 것이 위치하고 있다면, 다른 쪽 끝에는 실제적인 특정한 변화를 위한 계획이 위치하고 있는데 근대적 유토피아처럼 기존 사회를 비판하는 작업은 후자에 가깝다. 이러한 스펙트럼의 양 극단 사이에 있는 다양한 정치 이론이 자리잡고 있는데, 이들 사이에는 원리적인 이념적 대립이 발생할 수 있다. 이때 각각의 이념들이 실제로 어떻게 작동하는지를 구체적으로 묘사하거나 기술함으로써 이러한 문제를 해결하려고 시도하는데, 바로 여기서 정치적 설득 양식으로 채택되는 것이 유토피아와 같은 사고 실험(thought experiment)이다. 이처럼 정치적 사고로서 유토피아는 정치 이론과 밀접하게 연관되어 있을 뿐만 아니라 또한 정치 이론의 한 형태로서 일정한 역할을 맡고 있는 것이다.

　니스벳의 주장처럼 유토피아 사상과 사회 과학은 양립할 수 있는데, 왜냐하면 사회학적 상상력의 원천은 도덕적인 것과 예술적인 것에 있기 때문이다. "사회 과학에서 주요 관념은 항상 도덕적 열망 속에 그 뿌리를 갖고 있다. … 위대한 사회학자들이 도덕 철학자이기를 그만

---

35) E. Hansot, *Perfection and Progress: Two Mode of Utopian Thought*, 3쪽.

둔 적은 결코 없었다. 또한 이들이 예술가이기를 그만 둔 적도 결코 없었다."36) 플라텔(M. Plattel)의 지적처럼 유토피아적 관념은 비판적 관념으로서 가치를 지닐 뿐만 아니라, 인간과 사회에 대한 과학적 탐구를 위한 영감의 근원이 되고 있기에, 유토피아론과 과학은 변증법적 관계에 있다고 할 수 있다.37)

이처럼 유토피아론은 유토피아적 미래상을 제시하여 기존 사회를 비판할 뿐만 아니라 나아가 더 좋은 사회를 위한 향한 변혁적 의식과 행동을 고취하는 등 예기적, 비판적, 변혁적 기능을 담당한다. 그리고 유토피아론은 정치 이론의 이념을 미래 사회상을 통해 구체적으로 드러냄으로써 정치 이론을 평가하는 데도 중요한 역할을 담당한다. 따라서 사회 과학과 실천 철학의 결합으로서 유토피아론은 과학적이고 합리적인 논의로서 비판적 사회 이론의 한 형태로 수용되어야 한다. 실현 가능한 더 좋은 대안적 사회를 모색하는 작업으로서 유토피아론은 기존 현실에 대한 분석과 비판을 통해 경향성과 잠재성을 파악하고 이를 통해 실현 가능성이 있는 여러 대안들을 제시한다는 점에서는 사회 과학적이고, 그러한 실현 가능한 대안들에 대한 실질적 합리성을 평가하여 더 좋은 대안을 추구한다는 점에서는 실천 철학적이라고 할 수 있다.

사회 과학과 실천 철학, 과학적인 것과 도덕적인 것, 현실과 이상이 결합된 유토피아론의 이러한 특성을 좀더 적극적으로 드러내기 위해서 최근의 이론가들은 이를 '유토피스틱스', '유토피아적 현실주의', '현실적 유토피아 기획' 등으로 부르기도 한다. 월러스틴은 실현 불가

---

36) R. Nisbet, *The Sociological Tradition*, Heinemann, London, 1967, 18쪽.
37) 박호강, 『유토피아 사상과 사회 변동』, 대구대출판부, 1998, 15쪽 참조.

능한 공상이라는 유토피아 개념의 부정적 의미를 제거하고 대신에 실현 가능한 역사적 대안들의 실질적 합리성을 평가하기 위한 지적 작업임을 강조하기 위해 '유토피스틱스'(Utopistics)라는 용어를 사용하고 있다.[38] 기든스는 자신이 추구하는 이론적 기획이 급진적인 변화를 추구한다는 점에서는 유토피아적 특성을 가지면서도 동시에 관찰 가능한 사회 변동의 경향성을 반영한다는 점에서는 현실적 특성도 갖고 있기에 이것을 '유토피아적 현실주의'(Utopian Realism)라고 부른다.[39] 라이트는 '현실적'이라는 용어와 '유토피아적'이라는 용어가 대립적으로 보임에도 불구하고 이 양자의 대립과 긴장을 수용해야 한다는 측면에서 자신의 이론적 작업을 '현실적 유토피아 기획'(The Real Utopias Project)이라고 부르고 있다. 그래서 이 기획은 인류의 현실적 잠재성에 근거한 유토피아적 관념들, 접근 가능한 중간 단계들을 갖고 있는 유토피아적 목적들, 불완전한 조건을 가진 세계에서 사회 변화를 위한 실제적인 과업에 정보를 제공할 수 있는 유토피아적 제도의 계획을 추구한다는 것이다.[40]

유토피아적 기획은 기본적인 사회 제도의 급진적인 개혁을 위한 것으로서 좋은 삶에 대한 기본적인 구상을 바탕으로 상당히 포괄적이고 근본적인 대안들을 제시하고 이를 명료하게 하려고 한다. 물론 이러한 기획이 완벽한 것은 아니기에 결함이 있거나 의도하지 않은 결과를 낳을 수도 있지만 그렇다고 이러한 사실이 유토피아적 기획 자체

---

38) I. Wallerstein, *Utopistics*, The New Press, 1998, 1-2쪽 참조.

39) A. Giddens, *Beyond Left and Right*, Polity Press, 1994, 101쪽 및 249-250쪽; A. 기든스 / 한상진, 「성찰적 현대화의 길」, 『제 3의 길』, 생각의 나무, 1998, 258쪽 참조.

40) E. O. Wright(ed.), *Associations and Democracy*, Verso, 1995, ix-xii쪽 참조.

를 무의미하게 만들지는 않는다. 사회 과학과 실천 철학의 결합으로서 유토피아적 기획은 기존 현실을 날카롭게 비판하면서 새로운 사회로 나아가려는 원동력을 제공해 준다는 점에서 그 의의가 있기 때문이다.

『시대와 철학』 제13권 1호, 2002년 6월

8장

현실적 유토피아 기획
실현 가능한 대안적 사회의 모색

선택과 변화가 전제되지 않는 필생의 천국이란 오히려
견딜 수 없는 지옥일 뿐입니다!

— 이청준, 『당신들의 천국』

비판적 사회 이론에서 유토피아가 차지하는 의의와 역할을 고려할
때 마르크스주의가 비판적 사회 이론으로서 제 기능과 힘을 발휘하기
위해서는 유토피아적 차원을 회복해야 한다. 따라서 마르크스 사상에
대한 비판적 고찰을 통해 비판적 사회 이론의 유토피아론을 재구성할
필요가 있다.

여기서는 이러한 재구성 작업을 위해 반유토피아주의적 경향의 주
요 원인이 되었던 실증주의, 역사주의, 경제 결정론의 태도를 비판하
고 이에 대한 대안적 태도를 모색해 볼 것이다.

1. 선택 가능한 열린 미래

마르크스는 역사에는 필연적 법칙이 있으며 이러한 법칙에 대한 인식을 통해 미래 사회를 예측할 수 있다는 역사주의적 태도를 취하고 있는데 이것은 반유토피아주의의 한 요인이 되고 있다. 인류의 역사에는 자연 과학의 법칙처럼 필연적 법칙이 있으며, 우리는 이러한 필연적 법칙을 자의적으로 초월할 수 없다는 것이다. 그래서 마르크스는 역사의 발전 과정을 자연사적 과정으로 보았던 것이다. 역사에는 우리의 의지와 독립된 법칙이 관철되기에, 역사는 우리의 선택이나 의지에 의해서가 아니라 이러한 필연적 법칙의 작용에 의해서 발전한다는 것이다. 역사의 발전 과정에서 우리가 할 수 있는 일은 이러한 법칙을 인식하고 이에 따라 행동함으로써 "출산의 진통을 단축시키고 경감시키는 것이다." "자유라는 것은 자연 법칙으로부터의 몽상적인 독립에 있는 것이 아니라 오히려 이 법칙에 대한 인식에, 그리고 이것에 의해서 이 법칙을 일정한 목적에 계획적으로 작동시킬 수 있는 가능성에 있는 것이다." 따라서 마르크스나 엥겔스에게 미래는 가능성으로 열려진 미래가 아니라 필연성에 의해 닫혀진 미래라고 할 수 있다. 이것은 우리의 의지에 의한 역사적 선택 가능성을 배제하는 것이므로 여기에는 유토피아적 논의가 의미 있게 들어설 여지가 없게 된다.

이와 관련하여 월러스틴은 19세기와 20세기의 지성사에서 두 축을 형성하면서 대립했던 자유주의와 마르크스주의가 서로 공유하고 있는 공통점이 많다고 본다. 양자는 베이컨-뉴턴적 형태의 과학을 유일한 하나의 합리적 세계관으로 수용하였으며 이것을 실현하는 데 똑같이 헌신했다. 특히 양자는 세계에 대한 성공적 조작을 통해서 진화론적인 진보가 불가피함을 신봉했는데, 이 양자의 밑바탕에 깔려 있는 공통의 낙관주의적 심성도 바로 이러한 진보 관념과 관련된다는 것이다. 월러스틴이 과학적 사회 과학의 시기에 속하는 것으로 분류한 엥겔스와 베버에 대해 평가한 이러한 내용은 앞에서 논했듯이 과학적 사회 과학의 흐름 속에 있었던 마르크스에게도 마찬가지로 그대로 적용되는 것이다.

이처럼 역사의 전개를 필연적 법칙에 맡기고 인간의 자유 의지를 인정하지 않는 역사주의적 태도는 앞에서 포퍼가 비판했던 것처럼 개인의 수동성을 조장하여 역사를 자연 발생성에 맡기게 되며, 이로 인해 변혁적 충동이나 변혁적 활동의 의미를 약화시키는 결과를 낳게 된다. 그래서 프랑크푸르트 학파도 이러한 실천성의 약화라는 문제점을 지적하면서 대상과 주체를 분리시키는 역사주의의 태도를 비판하였던 것이다. 프랑크푸르트 학파에 따르면 대상은 인간의 비판적이고 의식적인 활동에 의해서 변화될 수 있기 때문에 대상을 주체로부터 분리하여 고정된 것으로 간주하는 것은 타당하지 않다. 역사는 주체의 실천적 활동의 산물로서 주체에 의해서 변화될 수 있기에 역사가 확정된 확률적 법칙이나 필연적 법칙에 의해서 지배되는 것은 아니며 따라서 고정된 미래를 갖고 있는 것도 아니다.

이러한 프랑크푸르트 학파의 주장처럼 역사는 인간의 실천적 활동에 의해서 변화 가능한 것으로 간주되어야 한다. 역사에서 미래는 필연성에 의해 닫혀진 미래가 아니라 우리의 선택이나 의지에 의해 변화 가능한 열려진 미래인 것이다. 즉 우리의 의지와 실천에 의해서 역사적 선택은 가능한 것이다. 따라서 여기에는 우리가 선택할 바람직한 미래상을 그려보고 이를 평가하는 유토피아적 기획이 의미 있는 작업으로 자리잡을 수 있다.

월러스틴도 이러한 맥락에서 미래를 필연성에 의해 닫혀진 미래로 보지 않고 가능성에 의해 열려진 미래로 보아야 한다고 주장한다. 미래는 다양한 가능성으로 열려져 있기 때문에 진보할 수도 있고 퇴보할 수도 있다는 것이다. 월러스틴은 4장에서 다루었던 제1기 '철학적 사회 과학'이나 제2기 '과학적 사회 과학'에 의해서 습득된 지식에 더 이상 기댈 수 없다고 하면서, 제3기 '과정 해석으로서 사회 과학'의 미래에 대한 관점을 지지한다.

"제3기 과정 해석으로서의 사회 과학은 진보에 대한 우리의 통념을 다소 의심의 눈초리로 바라본다. 그것은 진보가 실제로 가능하다거나 심지어 바람직하다는 점을 부인하는 신보수주의의 이름으로 그러는 것이 아니라, 진보가 진화론적이며 불가피하다는 관념에 대한 반대로서 그러는 것이다. 가능하지만 그렇다고 불가피한 것은 아닌 진보, 가능하지만 그러나 피할 수도 있는 퇴보, 이 점이야말로 유토피아에 대한 모든 쟁점들을 다시 열어놓고, 역사적 선택의 가능성을 복원하며, 진정으로 역사적 선택의 필연성을 부여하는 것이다."1)

월러스틴은 19세기 사회 과학에 지배적인 불가피한 필연적 진보에 대한 믿음을 거부한다. 그는 프리고진(Prigogine)이 제시한 '혼돈 이론'(chaos theory)을 수용하여, 사소한 파동들이 거대한 결과를 산출할 수 있다고 보면서 역사가 비선형적 과정(nonlinear process)을 거친다고 본다. 복합적인 역사적 체제에서는 확률론적, 비가역적 과정이 지배적이며, 결정론적이고 가역적인 과정들은 한정된 특수한 상황에만 적용된다고 본다.

---

1) I. Wallerstein, *Unthinking Social Science: The Limits of Nineteenth Century Paradigms*, Polity Press, 1995, 183쪽.

벡도 마르크스주의나 기능주의와 같은 단순 근대화 이론이 선형적 진보 모델을 바탕으로 낙관론적 태도를 취하고 있다고 비판한다.2) 이러한 낙관론은 산업 사회의 부작용을 과학 원리의 활용을 통해 통제하고 해결할 수 있으며 이에 따라 성장이 지속될 것으로 믿는다. 즉 계산 가능한 도구적 합리성에 의해 사회적 문제를 확실하게 인지할 수 있으며 또 통제할 수 있다는 것이다. 그러나 벡은 산업 사회의 발달과 같은 근대화의 진전은 더 이상 감당할 수 없는 부작용을 산출함으로써 '불확실성과 통제 불가능성의 회귀'(the return of uncertainty and uncontrollability)가 일어난다고 주장한다. 핵무기의 위협, 생태학적 위기 등이 전지구적으로 확산되고 있는데 이것은 집단 자살을 불러일으킬 수도 있다는 것이다. 산업주의의 부작용이 전면화되는 위험 사회에서는 선형적 진보 모델이 전제하는 확실성과 통제 가능성 대신에 불확실성과 통제 불가능성이 들어선다. 벡은 이러한 부작용의 충격이 긍정적으로 작용할 수도 있지만 부정적으로 작용할 수도 있다고 하면서 낙관론이나 비관론에 동조하지 않고 중립적 태도를 취한다. 이러한 문제가 정치적 쟁점이 되고 나아가 반성으로 이어질지는 미지수로서 이것은 예측할 수 없는 다양한 조건과 책임 있는 결단에 달려 있다는 것이다.

진보는 필연적인 것이 아니며, 그렇다고 퇴보가 필연적인 것도 아니다. 미래는 현재의 우리의 역사적 선택에 의해서 그 모습이 달라질

---

2) U. Beck, "Self-Dissolution and Self-Endangerment of Industrial Society: What Does This Mean?", *Reflexive Modernization*, Polity Press, 1994, 174-183쪽; U. Beck, 『정치의 재발견』(*Die Erfindung des Politischen*), 문순홍 역, 거름, 1998, 65-74쪽 참조. '단순 근대화'와 '성찰적 근대화'의 차이점에 대해서는 뒤에서 좀더 자세하게 다루고 있다.

수 있다. 미래는 다양한 가능성으로 열려져 있으며, 가능한 대안은 하나가 아니라 다수이다. 월러스틴은 특히 기존의 세계 체제가 위기를 겪으면서 무너지고 대신에 새로운 세계 체제가 들어서는 이행기에는 개별적이고 집단적인 행동이 세계의 미래를 구조화하는 데 더 큰 영향을 미친다고 하면서 "자유 의지의 요소가 최대가 될 시기"(*Utopistics*, 35)가 될 수 있다고 하였다. 즉 변혁기에는 인간의 자유 의지를 발휘할 여지가 더 많게 되며 따라서 변혁 세력의 역사적 선택에 의해서 미래상이 많이 바뀔 수 있다는 것이다. 따라서 여기에서는 역사적으로 실현 가능한 대안들의 실질적 합리성을 평가하는 지적 활동인 유토피스틱스가 의미 있는 작업으로 자리잡게 된다.

이러한 프랑크푸르트 학파나 월러스틴의 주장처럼 미래를 필연성에 의해 닫혀진 미래가 아니라 다양한 가능성에 의해 열려진 미래로 보아야 한다. 미래는 우리의 선택이나 의지와 같은 실천적 활동에 의해서 변화 가능한 것이다. 따라서 여기서는 역사적으로 실현 가능한 다양한 대안적 사회들을 모색해 보면서 이것들의 실질적 합리성을 평가하는 유토피아적 작업이 의미 있게 된다.

2. 상부 구조의 자율성

마르크스는 역사적 유물론의 관점에 입각하여 생산력과 생산 관계를 중심으로 토대가 변화하면 이에 따라 상부 구조가 변화한다는 경제 결정론적 태도를 취하고 있다. 그래서 마르크스는 경제적 토대에 대한 분석과 예측이 중요하다고 보았으며, 이에 비해 상부 구조에 대한 분석은 경시하게 되었다. 경제적 토대가 상부 구조를 결정하기에 경제적 토대에 대한 분석을 통해 그 모순점을 드러내면 되는 것이지 굳이 미래 사회의 상부 구조에 대해 논할 필요는 없다고 보았던 것이다. 이로 인해 공산주의 사회의 상부 구조와 관련된 국가나 법, 민주주의 제도 등에 대한 전망은 경제적인 것에 비해 더욱 소홀하게 다루어지게 되었다.

마르크스의 이러한 경제 결정론적 태도는 특히 상부 구조의 미래상, 예들 들면 민주주의적 제도와 같은 정치적 모델이나 전망의 부재라는 문제를 낳았다. 이것은 경제 결정론으로 인한 상부 구조의 상대적 자율성을 간과한 데 그 원인이 있다. 마르크스는 토대와 상부 구조의 관계에 대해서는 변증법적 관점을 적용시키지 않은 것이다. 그래서 루카치는 『역사와 계급 의식』에서 사물화에서 벗어나기 위해서는 계급 의식이 중요함을 강조하면서 이러한 기계론적인 경제 결정론적 태도를 비판하기도 하였다. 프랑크푸르트 학파도 낡은 사회에 대한 비판에서는 경제가 중요한 요소로 작용하지만 그러나 미래 사회에서까지 모든 것이 경제에 의해서 주도된다고 보는 태도는 옳지 않다고 말한다. 왜냐하면 억압적인 사회적 관계가 제거된 변화된 미래 사회에서는 토대에서뿐만 아니라 상부 구조에서도 자발적이고 의식적인 선택과 계획이 더 많은 힘을 발휘할 수 있기 때문이다.

라클라우와 무페는 마르크스주의의 이러한 토대 본질주의를 좀더 근본적으로 비판하면서 상부 구조의 자율성을 옹호한다. 이들은 알튀세의 이론에는 " '중층 결정'(overdetermination) 개념과는 양립 불가능한 '최종 심급에서의 경제의 결정'(determination in the last instance by the economy)이라는 개념"3)이 동시에 작동하고 있다고 비판하면

---

3) E. Laclau / C. Mouffe, *Hegemony & Socialist Strategy*, Verso, 1985, 98쪽.

서, 전자만을 수용하고 후자는 거부한다. 최종 심급에서의 경제의 결정이라는 것은 경제에 최종적이고 본질적인 결정권을 주는 것으로 경제를 특권화하는 것이다. 정치적인 것에는 경제적인 것으로 환원되지 않는 것들이 있기 때문에 본질주의적 입장을 취하고 있는 마르크스주의의 경제 환원론이나 경제 결정론은 옳지 않다는 것이다.

> "경제의 장은 자기 내부의 법칙에 따르는 자기 규제적인 공간은 아니다. 거기에는 사회적 행위자들을 궁극적인 계급 핵심에 고정시킬 수 있는 구성 원리가 존재하지 않는다. 계급 위치가 역사적 이해 관계의 필연적 소재지도 아니다."4)

이러한 주장처럼 정치에는 경제로 환원되지 않는 요소들이 존재하기에 경제적 토대가 상부 구조를 본질적으로 결정한다고 보는 관점은 타당하지 않다. 따라서 경제 결정론 대신에 상부 구조의 자율성을 인정하는 관점을 수용해야 한다. 특히 억압적인 사회적 관계가 해소된 새로운 미래 사회에서는 정치나 문화와 같은 상부 구조가 커다란 힘을 발휘할 수 있다. 따라서 이러한 관점에서는 대안적 사회의 상부 구조의 미래상을 그려보고 이에 대해 평가하는 유토피아적 작업이 중요한 의미를 갖게 된다.

3. 실질적 합리성의 평가

마르크스는 사실 판단과 가치 판단을 구분하고 경험적으로 확인 가

---

4) 같은 책, 85쪽.

능한 사실 판단만을 과학적 이론의 대상으로 여기는 실증주의적 태도를 취하고 있다. 마르크스는 자연 과학의 경험론적 탐구 방법을 과학적인 것으로 간주하면서 인간학이나 도덕적 가치 판단을 토대로 하여 유토피아적 미래상을 정당화하려는 시도를 비과학적인 것으로 간주하였다.

앞에서 살펴보았듯이 마르크스는 초기에는 소외론과 인간론을 바탕으로 공산주의를 유적 본질의 실현이라는 관점에서 도덕적으로 정당화하였으며 이러한 측면은 후기 저작에도 어느 정도 잔존해 있다. 그러나 마르크스는 후기에는 실증주의, 과학주의의 경향을 강하게 띠면서 이러한 도덕적 정당화를 비과학적인 것으로 간주하여 회피하였으며, 대신에 경험적으로 확인 가능한 자료를 바탕으로 자본주의의 내적 모순을 밝혀내고 이를 통해 자본주의 몰락의 필연성을 도출하는 데 치중하였다. 새로운 사회, 즉 공산주의 사회가 이전의 자본주의보다 도덕적, 윤리적으로 어떤 점에서 더 좋은지에 대해 명시적으로 설명하지는 않은 것이다. 따라서 마르크스는 사회주의적 미래상을 도덕적으로 정당화하기 위한 기획, 즉 이에 대한 실질적 합리성을 평가하는 전략을 갖고 있지 않다고 볼 수 있다. 이것은 유토피아 개념의 한 요소인 '진보성'이라는 측면을 결여하고 있는 것이다.

물론 역사주의의 관점에서 공산주의가 자본주의의 내적 모순을 해결하고 탄생했기 때문에 더 진보된 사회라고 말할 수 있겠지만, 그러나 이것만으로는 진보성을 설명하기에 불충분하다. 왜냐하면 다음 단계에 출현한 것이 이전 단계보다 왜 더 좋은 것인가라는 문제가 제기될 수 있기 때문이다. 물론 이러한 문제에 대해 도덕적 다원주의 관점에서 접근할 수도 있지만 그러나 여기에서도 도덕적 가치 판단을 위해서는 여전히 독립적인 판단 기준이 요구된다. 사실 판단에서 가치 판단을 이끌어낼 수는 없으므로 역사주의적 관점에서 도덕적 정당화를 시도하는 것은 어려운 작업인 것이다.

또 자본주의적인 생산 관계에 속박된 생산력을 해방시켜서 생산력의 발전을 가져오기 때문에 공산주의가 더 진보된 사회라고 할 수도 있겠지만, 여기에도 생산력의 발전이 왜 더 좋은가라는 문제가 제기될 수 있다. 앞에서 살펴보았듯이 마르크스에서 생산력의 발전은 유적 본질을 실현하기 위한 물질적 조건을 형성해 주는 측면에서 더 좋은 것으로 해석될 수 있는 여지는 있지만 그러나 이것은 유적 본질의 실현이라는 상위의 기준을 전제로 하고 있기에 독자적인 가치 판단의 기준은 아닌 것이다. 그리고 생산력의 발전은 때로는 유적 본질의 실현과 상충할 수도 있다. 생산성의 향상을 위한 계획적 생산이 개인의 자유로운 자아 실현을 제한하는 측면이 있기 때문이다. 따라서 생산력의 발전을 가치 판단의 기준으로 삼는 데는 한계가 있다.

이처럼 비록 마르크스가 그 성공 여부를 떠나서 자본주의에서 사회주의로의 이행에 대한 과학적이고 정치학적인 정당화는 시도했다고 할지라도, 도덕적인 가치 판단을 통해 명시적으로 사회주의를 정당화시키지는 못했다. 즉 사회주의에 대한 도덕적, 윤리적인 정당화를 통해 사회주의의 진보성을 설명하는 작업을 제대로 수행하지 못한 것이다. 마르크스의 이론적 작업에는 과학과 정치학만 있었지 도덕이 빠져 있는 것이다. 이것은 베버의 표현을 빌릴 경우에 '실질적 합리성'에 대한 평가가 제대로 이루어지지 못하고 있는 것이다. '실질적 합리성'이란 가치 평가에 기초한 목적의 선택이다. 즉 왜 공산주의 사회가 다른 사회에 비해 더 가치 있고 더 좋은 것인지에 대한 가치 평가를 바탕으로 공산주의 사회를 정당화해야 한다. 그러나 마르크스는 공산주의 사회가 왜 우리가 추구해야 할 목표가 되어야 하는지를, 역사적 법칙이 아니라 그 자체의 가치에 의해서 적극적으로 정당화하고 있지는 못하다.

앞에서 언급한 프랑크푸르트 학파나 테일러의 주장에서 볼 수 있듯이 실증주의적 태도에 입각한 사회 과학의 가치 중립성 테제는 성립하기 어렵다. 사회 과학의 이론적 작업에는 '전제를 선취하는 인식'으로서 사상이나 '해석학적인 사전 이해' 또는 '가치 개입적인 이론적 구조틀' 등이 작용하며 따라서 사회 과학은 일정한 가치 판단이나 규범 이론과 관계를 맺을 수밖에 없기 때문이다. 사회 과학의 가치 중립성 개념을 아주 좁은 의미로 사용하지 않는 한 사회 과학의 이론적 작업에는 가치가 개입하게 마련이다. 따라서 과학의 객관성과 가치 중립성을 내세워 가치 판단을 과학과 합리성의 영역에서 배제하려는 실증주의적 태도는 타당하지 않다.

프랑크푸르트 학파의 주장처럼 실증주의의 협소한 이성이나 합리성의 개념에서 벗어나서 이것을 좀더 포괄적으로 이해해야 하며, 이러한 '포괄적 합리성'의 관점에서 규범이나 목적 설정과 관련된 실질적 합리성의 평가 문제를 과학과 합리성의 영역으로 수용해야 한다. 인간의 이성은 단순한 계산이나 관찰의 기능에만 제한되는 것은 아니며 기존 현실을 비판하고 나아가 새로운 사회를 형성하기 위한 비판적 기준의 선택과 같은 가치 판단적 기능을 합리적으로 수행할 수도 있다. 하버마스는 이러한 규범의 합리성이 이상적 담화 상황에서 의사소통적 합리성을 통해 확보될 수 있다고 보았다.

이러한 관점에서는 '확실히 더 나은 대안'을 마련하기 위해 실현 가능한 역사적 대안들의 실질적 합리성을 판단하는 유토피아적 작업이 의미 있게 된다. 그리고 이러한 작업을 통해 새로운 미래 사회의 진보성이 설명될 수 있다. 실질적 합리성은 효율적인 수단에 대한 평가가 아니라 목적 자체의 궁극적 가치에 대한 평가이다. 월러스틴은 이러한 작업을 위해서는 도덕뿐만 아니라 더 나아가 과학과 정치학도 요구된다고 하였다. 우리가 선택하려는 역사적 대안이 다른 대안보다 어떤 점에서 더 나은지를 과학과 정치학의 도움을 받아 도덕적인 가치 평가를 내려야 한다는 것이다. 정치적인 것은 철학적이고 규범적인 것과 뗄 수 없는 관계에 있는 것이다. 블로흐도 유토피아론의 이러한 통합 학문적 성격을 강조하였다. 유토피아론은 미래 사회의 정치적 형태에만 국한되는 것이 아니라 인간의 삶 전반과 관련된다. 따라서 유토피아적 미래상은 인간의 제반 활동 영역을 규명함으로써 해명되어야 하기에 철학적, 사회학적, 신학적, 미학적 차원에서 끊임없이 통합 학문적인 연구가 요구된다는 것이다. 유토피아는 과학 기술, 예술, 종교 등의 영역에서 선취된 미래의 모습을 통해서 더욱 정확한 것으로 된다(*Hoffnung II*, 728 참조).

이처럼 과학과 정치학, 도덕 등의 제반 학문이 서로 밀접하게 연관해서 공동으로 작업을 할 수 있으며, 특히 이행기에는 월러스틴의 지적처럼 이러한 것들 사이의 실제적 구분도 점차 사라질 수 있다. 사회의 각각의 영역들은 서로 그물망처럼 얽혀 있기에, 각각의 학문 분과를 구분하여 경계선을 긋는 것은 19세기 사회 과학의 잘못된 산물이라고 볼 수 있다. 따라서 이러한 관점에서 '탈피'하여 통합 학문적 관점에서 대안적 사회의 실질적 합리성을 평가하는 작업을 수행해야 한다. 그리고 이를 통해 새로운 대안적 체제의 정당성을 확보하도록 해야 한다.

4. 현실적 유토피아 기획으로서 유토피아론

기존 현실을 비판하면서 실현 가능한 더 좋은 대안적 사회를 모색하는 작업으로서 유토피아론은, 사회 과학과 실천 철학의 성격을 공유하는 비판적 사회 이론의 한 형태로서 과학적인 것과 도덕적인 것, 현실과 이상이 결합된 것이다. 고전적 유토피아와 달리 근대적 유토피아는 시간과 공간 개념에 입각하여 역사성과 현실성을 갖춤으로써 유토피아적 사유에 역사적 사유와 과학적 사유를 융합시킬 수가 있었다. 이를 반영하여 만하임과 블로흐는 유토피아 개념에서 공상적이고 허구적이라는 성격을 제거하고 대신에 비판성과 현실성이라는 성격을 부여함으로써 유토피아를 기존 현실에 대한 비판과 변혁의 도구로 자리매김하였다.

현실적 사유와 유토피아적 사유를 결합하고 있는 유토피아론의 이러한 특성을 좀더 적극적으로 드러내기 위하여 최근의 이론가들은 이를 '유토피스틱스', '유토피아적 현실주의', '현실적 유토피아 기획' 등으로 부르기도 한다. 기든스는 자신이 추구하는 이론적 기획이 유토피아적 특성을 가지면서도 동시에 관찰 가능한 사회 변동의 경향성을 반영하는 현실적 특성도 갖고 있다는 점에서 '유토피아적 현실주의'(utopian realism)라고 말한다. 현실적인 사회 과정에 대한 파악을 바탕으로 실제적인 힘을 지닌 전략 및 이론을 제공해 주어야 하기 때문에 '현실주의'이며, 현재 사회의 운동 과정에 직접적인 영향을 줄 수 있는 급진적인 변화를 추구한다는 점에서 '유토피아주의'인 것이다.[5]

---

5) A. Giddens, *Beyond Left and Right*, Polity Press, 1994, 101쪽 및 249-250쪽; A. 기든스 / 한상진, 「성찰적 현대화의 길」, 『제 3의 길』, 생각의 나무, 1998, 258쪽 참조.

라이트는 '현실적'이라는 용어와 '유토피아적'이라는 용어가 대립적으로 보임에도 불구하고 이 양자의 대립과 긴장을 수용해야 한다는 측면에서 자신의 이론적 작업을 '현실적 유토피아 기획'(The Real Utopias Project)이라고 부르고 있다. 그래서 이 기획은 "인류의 현실적 잠재성에 근거한 유토피아적 관념들, 접근 가능한 중간 단계들을 갖고 있는 유토피아적 목적들, 불완전한 조건을 가진 세계에서 사회 변화를 위한 실제적인 과업에 정보를 제공할 수 있는 유토피아적 제도의 계획"을 추구한다는 것이다.6)

그런데 마르크스는 현실주의와 유토피아주의 이 양자를 제대로 결합시키지 못하였다. 마르크스가 자본주의 현실에 대한 분석과 비판을 바탕으로 여기에 내재한 경향성과 잠재성을 파악하여 역사적 가능성을 실질적으로 설명하려고 했다는 점에서는 현실주의적 측면을 충족시켜 주고 있다. 그러나 마르크스는 지나치게 과학주의적 경향에 경도되어 유토피아적 측면을 거부하였다. 역사에 필연적인 방향성이 없기에 우리가 닫힌 미래가 아니라 열린 미래를 갖고 있다면, 단지 현실이나 역사에 대한 더 많은 이해가 미래에 대한 더 많은 예측이나 통제를 가져다주는 것은 아니다. 미래의 실제적 가능성은 우리의 상상력과 의지로부터 독립되어 고정되어 있는 것은 아니라 우리의 유토피아적 전망과 의지에 의해서 변화 가능한 것이다. 따라서 해방된 사회를 추구하는 이론적 기획은, 현실적인 사회 변동의 경향성이나 잠재성을 파악하는 현실주의적 측면과 함께 대안적인 미래상에 대한 전망과 이를 추구하려는 의지를 지닌 유토피아주의적 측면을 융합시켜야 한다.

이처럼 '유토피스틱스' 또는 '현실적 유토피아 기획'으로서 유토피아

---

6) E. O. Wright(ed.), *Associations and Democracy*, Verso, 1995, ix-xii쪽 참조.

론은, 기존 현실에 대한 분석과 비판을 통해 여기에 내재하는 경향성과 잠재성을 파악하고 이를 통해 실현 가능성이 있는 여러 대안들을 제시해야 한다는 점에서 현실적 또는 과학적인 측면을 갖추어야 하며, 그러한 실현 가능한 대안들에 대한 실질적 합리성을 평가하면서 더 좋은 대안을 추구해야 한다는 점에서는 유토피아적 또는 도덕적인 측면을 갖추어야 한다. 인간을 구제하고 역사를 고양시키기 위한 실천은 "인간과 사회에 대한 투명한 인식 위에서 내려진 올바른 가치 판단"7)에 의해 인도되어야 한다. 더 좋은 대안들을 추구하기 위한 참된 가치 판단은 인간의 사회적, 역사적 조건들에 대한 참된 인식을 토대로 할 때만 가능하다. 따라서 이를 위해서는 제반 학문의 통합적인 연구가 요구되는 것이다.

그리고 유토피아적 기획은 더 좋은 행복한 삶을 위해 요구되는 주요한 사회 원리나 제도를 마련하려고 한다. 이것은 대규모적이고 완벽한 청사진을 제시하려는 것은 아니지만 그렇다고 부분적인 변화를 위한 한두 가지의 개선안을 제시하려는 것도 아니라는 점에서 단순한 사회 정책과는 다르다. 유토피아적 기획은 기본적인 사회 제도의 급진적인 개혁을 위한 것으로서 좋은 삶에 대한 기본적인 구상을 바탕으로 상당히 포괄적이고 근본적인 대안들을 제시하고 이를 명료하게 하려고 한다. 물론 이러한 기획이 완벽한 것은 아니기에 결함이 있거나 의도하지 않은 결과를 낳을 수도 있지만 그렇다고 이러한 사실이 유토피아적 기획 자체를 무의미하게 만들지는 않는다. 유토피아적 기획은 기존 현실을 날카롭게 비판하면서 새로운 사회로 나아가려는 원동력을 제공해 준다는 점에서 그 의의가 있기 때문이다.

---

7) 이명현, 「사회 과학의 방법론」, 『이성과 언어』, 문학과지성사, 1982, 127쪽.

$$\text{(9장)}$$

탈전통적 개인주의와 자아 실현의 전망

마르크스, 테일러, 기든스를 중심으로

> *진정한 천국이라면 그것을 누리고자 하는 사람에게 먼*
> *저 선택이 행해져야 할 것이고 적어도 어느 땐가는 보*
> *다 더 나은 자기 생의 실현을 위해 그 천국을 버릴 수*
> *도 있어야 하는 것으로 믿고 싶습니다.*
>
> — 이청준, 『당신들의 천국』

1. 유토피아론에서 자아 실현적 전망의 중요성

유토피아는 "이데올로기적으로 왜곡되지 않은 인간적인 희망의 내
용에 대한 전망"[1]을 제시해 줌으로써 미래 사회상을 선취하여 보여주
는 예기적 기능, 기존 현실에 대한 비판적 기능, 새로운 사회를 지향
하는 역동성과 변혁적 의식을 고취시키는 변혁적 기능을 담당한다.
따라서 기존 현실을 비판하면서 더 좋은 새로운 사회를 추구하는 비

---

1) E. Bloch, *Das Prinzip Hoffnung I*, Suhrkamp, 1977, 180쪽.

end_9장

판적 사회 이론에서 유토피아가 차지하는 의의와 역할은 매우 중요하다고 할 수 있다.

그런데 마르크스주의는 반유토피아주의적 경향으로 인해 이러한 유토피아의 기능과 힘을 제대로 활용하지 못하였다. 마르크스는 초기에 소외론과 인간론을 토대로 유적 본질의 실현으로서의 공산주의에 대해 언급하는 등 어느 정도 유토피아적 요소를 갖고 있었지만, 그러나 후기에는 과학적 사회 과학의 흐름 속에서 실증주의와 역사주의 그리고 경제 결정론의 태도를 취함으로써 인간학이나 가치 판단을 비과학적인 것으로 간주하여 배제하거나 사회주의적 미래상을 적극적으로 제시하는 것을 꺼려하는 등 유토피아적 요소를 현저히 약화시켰다.

마르크스의 초기 사상에서 유토피아적 측면이나 요소는 자아 실현적인 윤리의 관점과 밀접하게 연관되어 있다. 마르크스는 『경제학 철학 수고』에서 소외론과 인간론을 바탕으로 유적 본질을 전면적으로 실현할 수 있는 공산주의 사회를 이상적 사회로 보고 있다. 공산주의는 비인간적인 인간 소외를 극복하고 자유롭고 의식적인 활동을 통해 '유적 본질'(Gattungswesen), 즉 인간의 고유한 능력과 개성을 전면적으로 발휘할 수 있기에 더 좋은 사회라는 것이다. 그리고 공산주의의 사회 원리나 모습도 이러한 자아 실현론적인 인간론과의 연관성 속에서 가치 평가될 수 있다. 사적 소유와 분업의 철폐, 자유로운 개인들의 연합체와 같은 공산주의의 사회 원리는 유적 본질을 실현하기 위한 조건을 형성해 준다는 측면에서 진보적인 것으로 평가될 수 있다. 이처럼 마르크스는 자아 실현적인 관점을 실질적 합리성을 평가하는 기준으로 삼아서 공산주의 사회에 대해 가치 평가적인 정당화를 하고 있다고 볼 수 있다.

그러나 마르크스는 후기에 실증주의, 과학주의의 경향을 강하게 띠면서 이렇게 인간학적, 도덕적 관점에서 공산주의를 정당화하는 작업을 비과학적인 것으로 간주하여 이러한 방식의 정당화를 꺼려하였으며 그 결과 공산주의에 대한 가치 평가적인 정당화 작업을 제대로 수행하지 못하였다. 즉 사회주의적 미래상에 대한 실질적 합리성을 평가하는 작업을 명시적으로 일관성 있게 하지 못하였으며 이로 인해 마르크스 사상의 유토피아적 차원은 크게 약화되었다.

그래서 마르쿠제는 마르크스주의의 비판적이고 혁명적인 유토피아적 차원을 회복시키기 위해서 마르크스의 초기 저작에 나타난 철학적 인간학의 가능성을 수용하여 인간학적 관점에서 유토피아론을 적극적으로 전개하였던 것이다. 마르쿠제에서 유토피아로서의 '억압 없는 문명'은 현실 원칙과 쾌락 원칙이 통합된 상태로서 본능에 대한 억압이 없는 상태이자 본능적 욕구가 보편적으로 충족된 상태이다.2) 여기서는 '놀이적 노동'을 통해 노동 소외가 극복되면서 인간이 자신의 본질적 능력을 전면적으로 발휘할 수 있다. 마르쿠제는 초기 마르크스처럼 인간학을 바탕으로 인간 능력의 전면적 실현이라는 자아 실현적 관점에서 유토피아적 미래상의 실질적 합리성을 평가하면서 이에 대해 가치 평가적인 정당화를 하고 있는 것이다. 여기서 볼 수 있듯이 새로운 대안적 체제의 실질적 합리성에 대한 평가를 통해 이에 대한 가치 평가적인 정당화를 시도하는 유토피아적 기획에서 이러한 자아 실현적 관점은 중요한 이론적 틀이 될 수 있다.

매킨타이어도 "마르크스주의가 자유주의적 개인주의와 마찬가지로 전형적으로 현대적인 그리고 현대화하고 있는 세계의 에토스를 구현하고 있다는 점에서 마르크스주의의 도덕적 결함과 실패가 발생한

---

2) H. Marcuse, *Eros and Civilization*, Beacon, 1966 참조.

다"3)고 말한다. 매킨타이어는 현대 사회에서 도덕적인 신념, 실천, 개념들의 다양성과 이질성이 도덕적 위기를 야기하고 있는데 이것은 '정의주의'(emotivism)와 깊이 관련되어 있다고 본다. 마르크스주의나 베버도 이러한 정의주의의 영향을 받아 도덕을 합리적 판단의 대상으로서가 아니라 단지 개인적 감정의 한 형태로만 간주하고 있다는 것이다.

그런데 마르크스주의의 도덕에 대한 매킨타이어의 이러한 비판은 상당히 타당한 측면이 있지만 그러나 부적절한 측면도 있다. 마르크스는 후기에 사실 판단과 가치 판단을 구분하면서 사실 판단만을 과학적, 합리적 논의의 대상으로 삼고 있는 실증주의적인 사회 과학의 경향을 강하게 보이고 있는데, 이러한 문제점을 매킨타이어도 정의주의라는 현대적 풍조와 관련시켜 적절하게 지적하였다. 그렇지만 매킨타이어가 마르크스주의의 도덕이 주로 칸트주의나 공리주의에 의존하고 있다고 하면서 마르크스 사상에 내재하는 아리스토텔레스적인 자아 실현적 측면의 존재를 부정하는 것은 타당하지 않다. 마르크스의 초기 저작에는 '유적 본질'이라는 개념에서 잘 드러나듯이 아리스토텔레스적인 자아 실현적 윤리의 관점이 내재되어 있으며, 특히 공산주의 사회의 도덕 원리는 칸트주의나 공리주의보다는 자아 실현적 윤리의 관점에 더 가까운 편이다.4) 물론 마르크스가 후기에 이러한 관점을 약화시키고 꺼려한 것은 사실이기는 하지만 그렇다고 매킨타이어처럼 이러한 관점의 존재를 부정한 것은 옳지 않다.

매킨타이어의 이러한 관점은 그가 마르크스주의를 개인주의로 간주

---

3) A. MacIntyre, *After Virtue*, University of Notre Dame Press, 1984, Preface x 쪽.
4) 이러한 관점은 엘스터, 룩스, 캘리니코스에 의해서도 주장되고 있다.

하는 것과 관련되어 있다. 매킨타이어는 결정적인 도덕적 대립을 자유주의적 개인주의와 아리스토텔레스적인 공동체주의의 대립으로 보면서 현대의 도덕적 문제를 해결하기 위해서는 아리스토텔레스적 전통을 복원해야 하며 자유주의적 개인주의로는 한계가 있다고 주장한다. 그런데 매킨타이어는 마르크스주의에 '급진적 개인주의'(radical individualism)가 숨겨져 있다고 보면서 마르크스주의를 개인주의 진영으로 분류하여 비판하고 있는 것이다.[5] 마르크스가 비록 '자유로운 개인들의 공동체'에 대해 말하면서 자유로운 개인을 사회화된 로빈슨 크루소로 보고 있기는 하지만 어떤 토대 위에서 이러한 자유로운 연합을 형성하는지에 대해서는 말하고 있지 않다는 것이다. 그러나 이러한 매킨타이어의 견해와는 달리 마르크스는 결코 인간의 삶과 사회적 지평이 서로 연결되는 끈을 놓치고 있지 않다. 마르크스는 「포이에르바하에 대한 테제」에서 인간의 본질을 '사회적 관계의 총체'로 규정하면서, 사회적 존재가 인간의 의식을 결정한다고 보았다. 마르크스는 공산주의 사회가 부르주아적 권리의 지평을 넘어서는 새로운 해방의 도덕의 지평 위에 세워질 것으로 보면서 자유주의적 개인주의의 핵심적 권리 중의 하나인 소유권 등을 인정하지 않았다. 도덕은 특정한 역사적 맥락과 공동체 속에서 형성된다고 하면서 도덕을 역사적, 사회적 산물로 보는 매킨타이어의 기본 관점을 마르크스도 이미 역사적 유물론에서 표방하면서 도덕을 이데올로기적인 상부 구조의 한 형태로 간주하였다.

이처럼 매킨타이어의 견해에는 타당하지 않은 측면도 있기는 하지만 그러나 매킨타이어가 전반적으로 내세우고 있는 주장, 즉 마르크

---

5) A. MacIntyre, 앞의 책, 261쪽 참조.

스주의가 실증주의 또는 과학주의와 연관된 정의주의라는 현대적 풍
조로 인해 도덕적 결함을 갖고 있으며 이를 해결하기 위해서는 아리
스토텔레스의 덕의 윤리를 수용할 필요가 있다는 주장은 어느 정도
타당하다고 본다. 실증주의 및 이와 연관된 정의주의에서 기인한 마
르크스주의 도덕의 문제나 유토피아의 문제를 해결하기 위해서는 마
르크스의 초기 저작에 나타난 자아 실현적 윤리의 관점을 수용할 필
요가 있는 것이다.

테일러는 매킨타이어와 달리 마르크스 사상에 자아 실현적인 표현
주의적 측면이 내재되어 있다는 점을 언급하면서 이것을 살려야 마르
크스 사상이 정치적으로 호소력을 가질 수 있다고 주장한다. 테일러
는 사회 과학이 특정한 '이론적 구조틀'(theoretical framework)을 갖고
있기에 가치 중립적일 수 없으며 따라서 일정한 규범적 이론과 관계
를 맺을 수밖에 없다고 본다.6) 이러한 관점에서 테일러는 마르크스에
서 가치 판단적인 규범 이론이라고 할 수 있는 표현주의적 측면을 알
튀세처럼 비과학적이라고 배제하지 않고 이를 적극적으로 살려야 한
다고 강조한다. 그리고 이를 토대로 더 좋은 미래 사회의 모습에 대한
유토피아적 전망을 제시할 필요성을 지적한다.

테일러는 마르크스 사상에는 계몽주의와 표현주의가 종합되어 있다
고 본다. 즉 과학을 활용하여 인간의 의지로 자연을 변형시키려는 급
진적 계몽주의의 측면과 함께 현존 질서의 비인간성을 비판하면서 유
적 인간으로서 자유롭게 자아를 실현하려는 표현주의적 측면이 동시
에 존재한다는 것이다. 테일러는 비록 마르크스가 후기에 '과학'을 표

---

6) C. Taylor, *Philosophy and the Human Sciences*, Cambridge, 1996, 58-90쪽
   참조.

방하였지만 그러나 이러한 표현주의적 측면을 버린 것은 아니며 단지 강조점을 변경한 것에 불과하다고 본다. 물론 마르크스의 후기 저작에도 자아 실현적 관점과 관련된 이러한 표현주의적 측면이 어느 정도 내재되어 있는 것은 사실이지만 그러나 마르크스는 후기 저작에서 실증주의, 과학주의의 경향을 강하게 띠면서 이러한 측면을 현저히 약화시켰을 뿐만 아니라 이러한 측면이 드러나는 것을 꺼려하고 때로는 이를 거부하는 태도를 보이고 있다. 따라서 테일러의 주장처럼 마르크스가 일관된 견해를 유지하면서 단지 강조점만을 변경했다고 보는 것은 타당하지 않다. 그럼에도 불구하고 테일러가 알튀세와는 다르게 마르크스의 표현주의나 인간주의의 측면을 비과학적인 것으로 배제하지 않고 이를 적극적으로 살리려고 하는 점은 올바른 관점이라고 생각한다.

"볼셰비즘의 호소력은 한편으로 표현적 자유에 대한 약속과 다른 한편으로 역사를 위한 공학적 청사진으로서 '과학적 사회주의'의 소유라는 이 양자의 불가능한 결합에서 기인한 것이다. 이러한 모순이 폭로되고 해소되는 것을 막는 것은 운동의 이익을 위한 것이다. 세련된 형태의 과학주의라는 이름으로 마르크스로부터 헤겔적 관념을 제거하려고 시도하는 알튀세의 저작에서처럼 그러한 모순이 해소될 때, 그 결과는 마르크스 저작에 대한 해석으로서도 설득력이 있는 것이 아니며 정치적 전망으로서도 매력적인 것은 아니다."[7]

즉 마르크스주의가 호소력을 갖는 것은 표현주의와 과학주의를 결합하고 있기 때문인데, 알튀세처럼 과학주의를 내세워 표현주의적 측면을 제거하면 마르크스주의의 설득력이나 정치적 비전이 떨어지게

---

7) C. Taylor, *Hegel and Modern Socirty*, Cambridge, 1979, 151쪽.

된다는 것이다. 테일러는 마르크스가 공산주의로의 이행에 대한 사변을 깊이 하지 못한 점을 지적하면서 자유로운 사회에 대한 전망을 소홀히 다루었다는 점을 비판한다. 자본주의가 외부 법칙의 지배를 받는 단계인 데 비해 공산주의는 자유와 자율의 단계로서 계몽주의적 과학의 범위를 초월해 있는데 마르크스가 이것을 제대로 다루지 못하였다는 것이다. 이처럼 테일러는 마르크스주의의 인간론이나 소외론을 중심으로 한 휴머니즘에 나타난 표현주의적 측면을 강조하면서 이것이 유토피아적 전망을 제시하는 데 중요한 역할을 맡는다고 본다.

벤하비브도 비판적 사회 이론이 유토피아적 차원을 인식하고 이것을 주제화하는 것이 중요한 작업이라고 하면서, 유토피아적 차원을 확보하기 위해 이러한 자아 실현의 전망을 갖추는 것이 왜 필요한지를 좀더 적극적으로 주장하고 있다.[8] 벤하비브에 따르면 고대 실천 철학이 '좋은 삶'(good life)의 문제에 관심을 가졌다면, 근대 실천 철학은 '정의'(justice) 문제에 관심을 가졌다. 그러나 벤하비브는 정의의 문제와 좋은 삶의 문제가 이렇게 분리되어 있는 것은 옳지 않다고 비판하면서 이 양자가 합쳐져야 한다고 주장한다. 즉 규범(= 정의)과 유토피아(= 좋은 삶) 문제의 통합을 추구해야 한다는 것이다. 실천적 담론은 욕구 해석 및 가치 평가적 방향에 영향을 주는 '문화적 전통' 속에 들어 있기에, 실천적 담론에서 정의 개념은 좋은 삶과 관련된 욕구 및 문화적 전통으로부터 영향을 받으며 따라서 정의 문제와 좋은 삶의 문제가 통합되어 논의될 수 있다는 것이다.

벤하비브는 하버마스의 이론에서도 이 양자가 분리되어 있어서 유토피아적 전망과 계기가 제대로 살아나지 못하고 있다고 비판한다.

---

8) S. Benhabib, *Critique, Norm, and Utopia*, Columbia, 1986, 327-343쪽 참조.

하버마스의 의사소통적 윤리학에서는 규범의 타당성이 절차의 관점에서 설정되어서 절차가 규범적 타당성의 근거가 된다. 즉 관련된 당사자들의 보편적인 합리적 합의에 의해서 규범의 타당성이 확보된다. 하버마스는 실천 이성의 계몽주의 전통에 따라서 해방 기획을 공적으로 만들기 위해 보편주의적인 부르주아의 합의 이론을 완성하려고 하였던 것이다. 그러나 벤하비브는 하버마스가 추구하는 부르주아적 보편주의가 해방을 위한 필요 조건이라고 할지라도, 충분 조건은 아니라고 비판한다. 하버마스가 해방을 단지 '행정적 의사 결정 구조의 참여적 변형'으로만 본다면, 이것은 유토피아적 전통을 너무 많이 포기한 것으로서 이것만으로는 '기쁨 없는 개혁'이 될 수도 있다는 것이다.

벤하비브는 하버마스의 이러한 한계를 비판하면서 개개인의 내적 본성이나 욕구에 대한 강조를 통해서 사회 비판 이론에서 유토피아적 차원을 회복하려고 한다. 벤하비브는 유토피아를 연합이 지배 없이 이루어지는 '정의'와 함께 사회화가 과잉 억압 없이 이루어지는 '행복'이 동시에 실현된 상태로 보고 있다. 따라서 이러한 유토피아적 차원을 회복하기 위해서는 정의뿐만 아니라 행복이 도덕적 담론에 포함되어야 한다는 것이다. 하버마스와 같은 보편주의 윤리설은 콜베르크의 제6단계 즉 권리와 권리 부여에 대한 공적 담론에 그치고 있는데, 이것을 넘어서서 '보편화 가능한 욕구 해석'이 도덕 담론의 중심에 들어가야 한다는 것이다. 즉 내적 본성을 유토피아적 관점에 포함시켜서 욕구와 감정에 의사소통적으로 접근해야 한다는 것이다. 그래서 벤하비브는 이러한 관점이 보편주의 윤리설의 단순한 연장이 아니라 이 관점과의 '유토피아적 단절'(utopian break)이라고 본다.

벤하비브는 초기 비판 이론이 해방된 사회와 완성된 개성이 서로를 함축한다고 보는 등 이러한 통찰을 갖고 있었고, 하버마스도 이러한 통찰의 계기를 어느 정도 갖고 있었지만 그러나 이를 제대로 살리지 못하였다고 비판한다. 벤하비브에 따르면 하버마스 이론에는 공동체에 대한 서로 다른 두 가지 모델이 함축되어 있다. 하나는 ① 권리와 권리 부여의 공동체이고 다른 하나는 ② 욕구와 연대성의 공동체이다. 하버마스는 "이상적인 의사소통 공동체는, 자율적 행위의 토대 위에서 자아 실현을 할 수 있도록 하는 자아 정체성에 상응한다"[9]고 말했다. 즉 하버마스는 미드의 관점에서 칸트적 목적의 왕국을 재정식화하면서 두 가지 유토피아적 기획을 보았다. 하나는 ① 자기 결정(self-determination)의 전망으로서 보편적 원리를 향한 자율적 행위가 이루어지는 상태이고, 다른 하나는 ② 자아 실현(self-actualization)의 전망으로서 각자의 고유한 개성을 전개할 능력을 갖춘 상태이다. 그런데 하버마스는 ②의 자아 실현의 전망을 제대로 주제화하여 다루지 않았다. 그 이유는 하버마스가 미드를 따라서 '일반화된 타자'(gene-ralized other), 즉 권리의 관점만을 전제로 하고 있기 때문이다. 이로 인해 자율적 행위의 관점은 '일반화된 타자' 관점에 상응하나, 자아 실현의 관점은 '구체적 타자'(concrete other)의 관점을 제대로 수용하지 못했다.

그래서 공동체적 전망도 '일반화된 타자'의 관점에 토대한 권리와 권리 부여의 공동체에 그치고, '구체적 타자'의 관점에 토대한 욕구와 유대감의 공동체에까지 미치지 못하고 있다. 보편주의 윤리에서는 제도적 정의가 개인 상호간의 책임, 보살핌, 사랑, 유대감보다 더 높은 단계로 간주된다. 즉 권리와 의무의 존중이 타자의 욕구에 대한 관심

---

9) 같은 책, 340쪽. (Habermas, *Theorie des kommuikativen Handelns 2*, 150쪽에서 인용함.)

과 보살핌보다 우선적인 것으로 간주된다. 이로 인해 욕구와 정서적 본성은 도덕 이론의 영역에서 배제되어 인간의 욕구와 감정이 제대로 다루어지지 못하고 있다. 그리고 공적인 정의의 영역과 사적인 친밀함의 영역을 이렇게 제도적으로 구분하는 것은 각각의 윤리적 전망에서 불일치를 야기해서 때로는 칸트의 도덕 이론에서처럼 공적인 정의 윤리가 내적 본성을 억압하기도 한다는 것이다.

이처럼 벤하비브는 하버마스가 "노동 행위 모델에서 의사소통적 상호 작용 모델로 패러다임을 전환한 것"은 긍정적으로 수용하지만, 그러나 이 과정에서 "유토피아 예기적인 비판의 계기를 상실한 것"10)에 대해서는 비판하고 있다. 그래서 벤하비브는 이러한 한계를 극복하기 위해 개인의 내적 본성이나 욕구를 고려하는 '구체적 타자의 관점'을 수용하여 도덕 발달의 제7단계인 '보편화 가능한 욕구 해석'에 초점을 맞추어서 유토피아적 계기를 가시화하려고 시도한 것이다. 의사소통적 자율성 개념이 자기 결정의 전망뿐만 아니라 나아가 자아 실현적인 전망을 갖춤으로써 유토피아적인 변혁적 힘을 확보할 수 있다는 것이다.

2. 탈전통적 개인주의와 마르크스의 '자아' 개념의 한계

지금까지의 논의에서 볼 수 있듯이 비판적 사회 이론에서 유토피아적 전망을 확보하는 데 자아 실현적 관점은 매우 중요하다고 할 수 있다. 따라서 유토피아적 차원을 복원시키기 위해서는 마르크스의 초

---

10) 같은 책, 342쪽.

기 저작에 드러난 자아 실현적 관점을 적극적으로 수용하는 전략을 모색해 볼 수 있다. 그렇지만 개인이나 자아에 대한 마르크스의 견해는 불충분할 뿐만 아니라 탈전통화와 개인주의에 의해 특징 지워지는 변화된 현대 사회, 즉 성찰적 근대성 또는 후기 현대성의 상황에서 개인이나 자아를 설명하는 데 한계가 있다. 따라서 유토피아적 전망을 확보하기 위해서는 이러한 현대적 상황을 고려하여 마르크스의 관점을 보완하고 변형하는 작업이 필요하다고 본다.

앞에서 언급하였듯이 마르크스의 자아 실현론적인 윤리적 관점은 아리스토텔레스적인 완전론(perfectionism)과 공통된 측면을 갖고 있다. 즉 의무론이나 공리주의의 관점이 아니라 자아 실현론의 관점에서 인간의 본질적인 능력이 발휘되어 그것이 현실화된 상태를 더 좋은 삶으로 간주하고 있다. 그런데 아리스토텔레스에서 더 좋은 삶이자 가장 좋은 삶으로서 행복은 인간의 고유한 기능을 가장 잘 발휘한 상태이다. 이때 '인간의 고유한 기능'이란 다른 존재로부터 인간을 구별시켜 주는 가장 인간다운 기능이나 특성을 가리키는데, 아리스토텔레스는 이것을 주로 인간의 '로고스'에서 찾고 있다.[11] 그래서 아리스토텔레스는 인간으로서 가장 탁월함을 로고스의 기능과 연관된 '실천지'(phronesis) 및 '관조'(theoria)와 같은 '지적인 덕'을 발휘하는 상태로 보고 있다. 여기서 문제가 되고 있는 것은 개개인의 특성이나 개성이 아니라 인간 일반의 고유한 기능이나 보편적 본성이다. 아리스토텔레스의 완전론에서 좋은 삶으로서 행복의 상태는 인간 일반으로서의 고유한 기능을 가장 잘 발휘한 상태인 것이다. 따라서 이러한 아리스토텔레스의 완전론은 개개인의 욕구나 개성에 주목하지 않음으로써

---

11) Aristoteles, 『니코마코스 윤리학』, 최명관 역, 서광사, 1984, 41-44쪽 참조.

개인이나 자아의 문제를 제대로 다루지 못한 한계를 갖고 있다. 벤하비브가 주장하듯이 행복은 개개인의 내적 본성이나 욕구가 실현된 상태로서 욕구와 유대감의 공동체에 대한 전망을 요구하는데 아리스토텔레스는 그렇지 못한 것이다. 인간 일반의 고유한 기능을 발휘하는 것만으로는 진정한 행복의 상태에 도달하지 못할 수도 있기 때문이다. 그리고 완전론에서 말하는 인간의 고유한 기능이나 보편적 본성은 생물학적인 측면이 매우 강하다. 이것은 식물이나 다른 동물과 구별되는 인간 일반의 생물학적인 고유한 특성으로서 고정적이고 불변적인 성격을 지니고 있다. 따라서 이것은 변화 가능한 개인의 특성이나 자아를 포착하는 데도 한계를 갖는다.

마르크스에서 '유적 본질'은 '유'(Gattung)로서 인간, 즉 사회적 존재로서 인간 종족 전체가 갖고 있는 보편적 본성을 가리킨다. 마르크스는 이것을 자유롭고 의식적인 활동인 노동에서 찾으면서 이러한 활동을 통해 인간의 고유한 능력과 개성을 전면적으로 발휘할 수 있는 상태를 더 좋은 삶으로 간주하고 있다. 따라서 마르크스의 '유적 본질' 개념은 아리스토텔레스의 완전론과 그 구체적 내용에서는 차이가 있음에도 불구하고 인간 일반의 보편적 본성을 가리키고 있다는 점에서는 공통점을 갖고 있다. '유적 본질' 또는 '유적 존재'란 다른 존재로부터 인간을 구분해 주는 인간의 본성에 대한 보편적 규정이라는 측면을 갖고 있다. 따라서 이러한 측면에 대해서는 아리스토텔레스에게 가해진 것과 같은 비판, 즉 개인이나 자아의 문제를 제대로 다루지 못하고 있다는 비판이 가해질 수도 있다.

그렇지만 마르크스가 유토피아로서 공산주의에서의 더 좋은 삶에 대한 전망과 관련하여 개개인의 고유한 소질이나 개성의 문제를 무시하고 있는 것은 아니다. 마르크스는 소외가 극복되고 억압으로부터 해방된 공산주의 사회에서는 개개인이 갖고 있는 고유한 소질이나 개성을 자유롭게 전면적으로 발휘할 수 있다는 점을 언급하고 있다. 그리고 "인간의 본질은 현실적으로 사회적 관계의 총체이다"라는 「포이에르바하에 대한 테제」에서 볼 수 있듯이 인간의 본성을 생물학적 측면에서 고정된 것으로 보는 것이 아니라 사회적, 역사적 조건 속에서 다양하게 변화 가능한 것으로 파악하는 측면도 있다. 마르크스나 엥겔스가 공산주의 사회는 "인간의 대폭적인 개조"를 통해 "완전히 새로운 인간"을 요구한다고 말한 데서 알 수 있듯이12) 마르크스에서 인간의 본질은 생물학적으로 주어진 것이라기보다는 사회적 관계 속에서 형성된 것이다. 따라서 이런 측면에서는 다양한 욕구나 개성을 가진 존재로서 개인이나 자아를 이해하고 이를 토대로 자아 실현적인 유토피아적 전망을 전개시킬 수 있는 가능성을 열어 놓고 있기는 하다.

그렇지만 마르크스에서 '사회적 관계의 총체'라는 개념은 주로 사회적 관계, 특히 경제적인 생산 관계에 의해서 규정된 계급으로서 인간을 파악하기 위한 개념적 틀이다. 마르크스는 "일정한 계급적 관계와 이해 관계의 담지자"13)로서 개인을 문제삼고 있는 것이다. 따라서 이러한 인간에 대한 이해는 계급의 의미가 약해진 다원화되고 개인화된 현대 사회에서 다양한 욕구와 개성을 가진 개인들의 자아 실현적 행위를 설명하는 데는 한계가 있다. 그리고 '사회적 관계의 총체'라는 개념은 자아의 형성이나 유지 과정을 적절하게 설명하는 데도 충분하지 못하다. 이것은 개인의 특성이나 자아가 사회적 관계, 특히 계급적 이

---

12) K. Marx / F. Engels, *Die Deutsche Ideologie*, MEW 3, 70쪽; F. Engels, "Grundsätze des Kommunismus", MEW 4, 376쪽.
13) K. Marx, *Das Kapital I*, MEW 23, 16쪽.

해 관계에 의해서 규정된다고 보는 것이기에 복잡한 자아 형성 과정을 설명하기에는 너무 협소한 개념적 틀이라고 할 수 있다. 경제적 이해 관계가 자아 정체성을 형성하는 데 중요한 요소가 될 수는 있겠지만 그러나 자아 정체성이 이렇게 단순하게 한두 가지 요소에서 의해서 그것도 수동적으로 형성된다고 볼 수는 없다.

이러한 마르크스의 개인이나 자아 개념은 '단순 근대성'(simple modernity)의 사회를 반영한 것으로서 탈전통적이고 개인주의적인 '성찰적 근대성'(reflexive modernity)의 사회에서 행위하고 있는 개인이나 자아를 설명하는 데는 한계를 갖는다. 벡이나 래쉬는 성찰적 근대화 이론을 개진하면서 근대화의 발전 단계를 단순 근대화와 성찰적 근대화로 구분하는데,14) 이들은 성찰적 근대화의 주요 특징들 중의 하나를 개인화 또는 개인주의화에서 찾고 있다. 래쉬는 성찰적 근대화 이론은 '개인화'(individualization)를 주창하는 강력한 프로그램이라고 하면서 벡은 '나'를 공동체의 구속에서 자유롭게 되는 존재로 보고 있으며 기든스는 개인들을 자신의 자서전적 이야기를 구성할 수

---

14) 벡과 래쉬는 단순 근대화와 성찰적 근대화를 구분하면서 그 차이점을 언급하고 있는데, 그 핵심적 내용을 정리하면 다음과 같다.

[단순 근대화]	[성찰적 근대화]
집단 범주의 계급 이론	↔ 사회적 불평등에 대한 개인화 이론
행위 영역의 기능적 분화	↔ 분화된 하위 체계의 기능적 조화와 융합, 그물망 형성
선형적 진보 모델	↔ 합리성 형태의 자기 수정, 위험 자초 (불확실성의 회귀)
변혁의 동력으로서 도구적 합리성	↔ 변혁의 동력으로서 부작용(성찰성)
방법적 회의주의	↔ 과학적 작업의 기초와 결과에 대한 회의주의
추상적 절차 민주주의	↔ 지역주의와 신사회 운동에 기초한 급진적, 다원주의적 민주주의

있는 존재로 보고 있다는 점을 언급한다.15) 단순 근대성은 공동체 사회(Gemeinschaft)의 낡은 전통 구조, 즉 가족, 교회, 촌락 공동체 등을 파괴하기는 하였지만, 그러나 그 대신에 새로운 이익 사회(Gesell-schaft)의 구조, 즉 노동 조합, 복지 국가, 관료제, 작업장의 규율, 계급 구조 등이 들어섬으로써 개인화가 일부만 진척되었다. 이에 비해 성찰적 근대성은 이러한 이익 사회의 구조로부터 자유롭게 된 완전한 성찰적 이익 사회(reflexive Gesellschaft)와 연관되는데 여기서는 행위자에 대한 계급 구조의 영향력이 약화되고 작업장의 규율이 유연화된다. 그래서 단순 근대성이 불완전한 부분적 개인화라면, 성찰 근대성은 여기서 진일보하여 진정한 개인화로 나아가고 있다.

단순 근대성에서는 사회 계급이 지배적 범주였다면, 성찰적 근대성에서는 개인화가 지배적 범주가 된다. 벡은 개인화와 전지구화를 성찰적 근대화 과정의 두 측면으로 보면서 이 과정에서 계급 개념은 상실되고 있다고 말한다.16) 발전된 국가들에서는 생활 수준이 변화하면서 하위 문화적 계급의 정체성이 사라졌으며, 지위에 기반한 계급 구분이 그 전통적 지지력을 상실하고, 생활 양식의 다양화와 개인주의화의 과정이 진행되고 있다는 것이다. 성찰적 근대화 단계에서 사회 계급과 계층화의 위계적 모델은 전복되었으며 이제 이것은 더 이상 현실에 맞지 않게 되었다는 것이다. 벡은 마르크스가 산업자본주의의 발전과 함께 봉건적 질서로부터 개인의 해방이 시작되었다고 보는 등 개인주의화 이론을 주장하고는 있지만, 그러나 개인주의화 과정을 계

---

15) S. Lash, "Reflexivity and its Doubles", *Reflexive Modernization*, Polity Press, 1994, 111-115쪽 참조.
16) U. Beck, 『위험 사회』(*Risikogesellschaft*), 홍성태 역, 새물결, 1997, 158-173 쪽 참조.

급 형성과 동일한 것으로 다루면서 이것을 끝까지 탐구하지 않았다는 점에서 한계가 있다고 말한다. 따라서 단순 근대성에서 성찰적 근대성으로의 이행이라는 이러한 변화된 현대적 상황에서 마르크스의 계급 중심적인 개인이나 자아 개념은 개인화를 반영하는 개인이나 자아 개념으로 변형되어야 한다.

기든스에 따르면 "자아 정체성은 개인의 성찰적 활동 속에서 일상적으로 창조되고 지속되어야 할 어떤 것이다."17) 자아 정체성은 자신의 전기(biography) 즉 삶의 이야기가 연속성이 있다는 것을 성찰적으로 이해하는 과정을 통해 형성되는 것으로서 어떤 특정한 서사를 계속 진행시킬 수 있는 능력과 연관되어 있다. 자아는 개인이 책임을 져야 할 '성찰적 기획'의 대상으로서 우리는 지금 존재하고 있는 대로의 우리가 아니라 자기 자신을 스스로 창조하는 우리가 되어야 한다. 특히 탈전통적인 현대 사회에서는 더욱 그렇다. 전통은 구속적인 규범적 내용을 가진 것으로서 상대적으로 고정된 행위 지평을 제공하지만 그러나 현대의 탈전통적 맥락에서 우리는 어떻게 살 것인지, 어떻게 행동할 것인지를 선택할 수밖에 없다.18) 상대적으로 고정된 경로 안에서 삶을 질서 지웠던 전통 사회에서 탈피한 성찰적인 현대 사회에서는 개인은 복잡하고 다양한 선택에 직면하여 스스로의 선택을 통해 자아 정체성을 능동적으로 형성하고 유지해야 하는 것이다. 따라서 사회적, 경제적 관계에 의해서 수동적으로 규정되는 것으로서의 마르크스의 개인이나 자아 개념은 탈전통적인 변화된 현대적 상황에서는 성찰적으로 기획될 수 있는 능동적인 자아 개념으로 변형되어야 한다.

---

17) A. Giddens, *Modernity and Self-Identity*, Standford, 1991, 52쪽.
18) A. Giddens, "Living in a Post-Traditional Society", *Reflexive Modernization*, Polity Press, 1994, 75-76쪽 참조.

3. '자기 진실성'에 근거한 자아 정체성의 형성 : 나르시시즘적 개인주의에 대한 비판

탈전통적인 개인화된 현대 사회에서 개인들이 스스로 성찰적으로 자아를 기획해 나가야 한다면 이러한 기획은 어떠한 방식으로 이루어져야 하는가? 즉 바람직한 자아 성찰적 기획은 어떠해야 하는가? 이러한 기획은 자유주의적인 원자론적 의미에서 자기 중심적이고 자기 도취적인 자아, 즉 이기주의적이고 나르시시즘적인 특성이나 태도를 가진 자아까지도 용인하는 것인가? 벤하비브가 말하는 욕구와 유대감의 공동체는 타인에 대한 관계가 '보완적인 호혜성'의 규범에 의해서 지배되는 공동체이다. 따라서 자신의 무한한 욕구를 충족시키기 위한 자기 중심적인 이기주의적 태도는 여기서 배제된다. 구체적인 타자 각각이 갖고 있는 고유한 본성이나 욕구를 사랑과 보살핌, 유대감을 통해 존중해 주지만 이것은 일방적인 것이 아니라 서로를 보완해 주는 상호성을 요구하는 것이다. 그리고 개인의 이기적인 무한한 욕구는 자연이나 사회적 자원의 한계로 인해 이를 충족시키는 것은 현실적으로 불가능하다. 이러한 이기적인 무한한 욕구의 충족은 자연의 파괴와 사회의 다수에 대한 착취를 통해서 소수만이 누릴 수 있는 특권이기에 유토피아적 전망과는 거리가 멀다고 할 수 있다.

그런데 자아에 대한 이러한 요구가 탈전통적인 개인화된 현대 사회의 상황에서 자아 성찰적 기획을 지나치게 제한시키는 너무 무거운 요구라는 비판이 있을 수 있다. 그렇다면 자아 실현적 관점에 요구되는 최소한의 요구나 도덕적 태도는 무엇인가? 기든스는 자아 실현의 도덕적 실마리는 '자기 자신에게 진실해지는 것'에 기초한 '진정성' 또는 '자기 진실성'(authenticity)이라고 말한다. 이것은 허위적 자아로부터 참된 자아를 분리해 냄으로써 자기 자신을 실제로 있는 그대로 이해하고 이에 따라 행동하는 것이다.[19] 이러한 문제와 관련하여 진정성 또는 자기 진실성이라는 도덕성의 관점에서 자아나 자아 실현의 문제를 좀더 깊이 있게 다루고 있는 테일러의 견해에 주목해 볼 필요가 있다.

테일러는 자기 진실성이라는 관점을 토대로 자유주의적인 원자론적 자아 개념의 한계를 극복하면서도[20] 그렇다고 매킨타이어와 같은 아리스토텔레스적인 객관주의적 자아 개념에도 빠지지 않는 길을 모색한다. 앞에서 보았듯이 매킨타이어는 공동체주의적 입장에서 아리스토텔레스의 덕의 윤리를 개인주의와 대립시키면서 현대 사회의 개인주의적 경향에 전적으로 부정적인 태도를 보이고 있지만, 이에 비해 테일러는 개인주의의 긍정적 측면을 수용하려고 한다. 무페의 지적처럼 공동체주의자들은 자유주의적 개인주의의 주체 개념, 즉 사회적 관계에 선행하여 존재하는 것으로서의 주체 개념을 비판한다는 점에서는 공통적이지만, 그러나 '현대성'에 대한 태도에서는 서로 차이가 있는 것이다.[21]

---

19) A. Giddens, *Modernity and Self-Identity*, 78-79쪽 참조.
20) 자유주의와 공동체주의의 논쟁에서 테일러, 매킨타이어, 샌들과 같은 공동체주의자들은 자유주의적 자아관을 비판한다. 자유주의는 자아를 독립적이고 자율적인 존재로 상정하고 있어서 자아 정체성이 공동체의 도덕적 전통 및 상황과 구성적으로 결부되어 있다는 점을 무시하고 있으며 이로 인해 자아가 고립적인 '원자론적 자아'로 전락한다는 것이다. 이러한 비판에 대해 자유주의 입장에서는 자유주의적 자아관이 공공적인 정치 영역에 적용하기 위한 것으로서 존재론적이거나 형이상학적인 것이 아니기에 이러한 비판이 타당하지 않다고 반박하기도 한다. (박정순, 「자유주의의 건재」, 『자유주의와 공동체주의』, 철학연구회 1999년 춘계학술대회 발표논문집, 27-29쪽 참조)
21) C. Mouffe, *The Return of the Political*, Verso, 1993, 19쪽 참조.

주로 아리스토텔레스로부터 영향을 받은 매킨타이어나 샌들이 자유주의적 다원주의를 반대하는 데 비해, 테일러나 왈쩌는 비록 자유주의의 인식론적 전제는 비판하지만 그러나 자유주의의 정치적 공헌인 다원주의는 통합하려고 시도하는데 무페는 이러한 시도가 자신의 급진적 자유주의의 전망과 가깝다고 평가한다.

개인주의는 낡은 전통 사회의 억압적 질서로부터 개인을 해방시켜 주는 데 크게 기여하는 등 긍정적 측면을 갖고 있다. 그리고 성찰적 근대화 이론이 지적하고 있듯이 현대 사회에서 개인화는 더욱 진전되고 있다. 따라서 이러한 측면이나 상황을 도외시하면서 고대 폴리스의 공동체적 삶만을 내세우는 것은 복고주의적이고 보수주의적인 태도로서 근대 민주주의의 발전의 성과물을 제대로 수용하지 못하고 있다는 비판을 받을 수 있다. 따라서 개인주의의 긍정적 측면이나 변화된 현대적 상황을 수용하되, 개인주의가 이기주의나 나르시시즘과 같은 부정적 측면에 빠지지 않는 길을 모색하는 테일러의 입장이 매킨타이어에 비해 더 적절한 것으로 보인다. 테일러는 현대 사회의 개인주의화의 경향을 고려하면서도 주관주의적이고 상대주의적인 자아 개념도 아니고 그렇다고 보편적인 인간 본성을 내세워 자기 진실성의 이상을 부정하는 객관주의적인 자아 개념도 아닌 자아 개념, 공동체와 너무 느슨한 관계를 맺는 것도 아니고 그렇다고 너무 강한 관계를 맺는 것도 아닌 자아 개념을 모색하면서 자기 중심적인 나르시시즘적 태도를 비판하고 있다.

테일러는 현대 사회의 불안의 한 요인으로 개인주의를 지적하면서 이것이 두 가지 측면을 갖고 있다고 말한다.[22] 개인주의란 자신의 생

---

22) C. Taylor, *The Ethics of Authenticity*, Harvard, 1992, 1-12쪽 참조.

활 방식을 스스로 선택하고 양심에 따라 가치관이나 신념을 가질 수 있는 권리를 인정하는 것인데, 이것은 한편으로는 전통적인 질서 체계를 부정하면서 자아 실현이라는 도덕적 이상을 반영하고 있다는 점에서는 긍정적 측면도 있지만, 그러나 다른 한편으로 전통적인 도덕의 지평과 단절함으로써 자기 자신의 삶에만 초점을 맞추는 이기주의로 나아가고 있다는 점에서는 부정적 측면도 있다는 것이다. 현대 사회는 자신의 삶을 선택하는 것을 허용하는 사회이면서도 동시에 이로 인한 자기 중심적 세대(me generation)와 자기 도취(narcissism)가 만연된 사회인 것이다. 현대 문화의 이러한 부정적 측면으로 인해 개개인들의 삶은 단조롭고 협소해졌으며 이로 인해 개탄스러운 비정상적인 자기 몰두가 현대 문화의 특징들 중의 하나가 되었다는 것이다.

테일러는 이러한 자기 중심적이고 자기 도취적인 태도가 자아 실현적인 현대 문화의 배후에 있는 '자기 진실성'이라는 도덕적 이상을 파괴시킨다고 비판한다. 테일러에 따르면 '자기 자신에게 진실하라'는 것은 더 좋은 삶, 더 높은 삶의 형태를 추구하는 하나의 도덕적 이상인데 이것은 낭만주의 시대의 산물로서 현대 문화에 고유한 것이다. 이것은 자신의 본연성이나 독자성에 진실한 것으로서 진정한 자기를 추구하는 자아 실현적 이상이다. 그런데 진정한 자기의 모습으로서 자아 정체성은 고립적이고 독백적으로 형성되는 것이 아니라 일생을 살아가면서 타자와의 대화를 통해서 형성된다. 따라서 자기 중심적이고 나르시시즘적인 독백적 이상은 대화의 기능을 무시하고 있기에 자기 진실성이라는 이상이 되기에는 불충분할 뿐만 아니라 진정한 자아 정체성의 형성을 가로막는다는 것이다.

테일러는 느낌이나 선택 자체가 의미가 있다고 주장하는 주관주의나 나르시시즘적 태도는 자기 진실성의 이상을 파괴한다고 본다. 사물들은 일정한 지평에서 그 근거가 이해 가능할 때 의미를 얻는데, 느낌은 그 자체만으로는 이러한 존중이나 의미 이해의 근거를 충족시켜 주지 못한다는 것이다. 그리고 선택 자체가 의미가 있다는 주장은 기존의 의미의 지평을 암묵적으로 부정하고 있으므로 잘못이라는 것이다. 이상으로서의 자기 선택은 선택된 사항들이 다른 것들보다 더 유의미한 경우에만 의미를 가지며 따라서 이상은 홀로 성립하는 것이 아니라 이것을 넘어서는 다른 사항들, 다른 지평을 전제로 한다. 인생의 의미를 추구하면 자신의 정체성을 유의미하게 만들고자 하는 사람은 자신의 현존재를 중요한 문제들의 지평 앞으로 이끌어내야 한다. 따라서 나르시시즘과 같은 자기 폐쇄적인 태도는 이상이 실현될 수 있는 조건을 파괴하는 것이다.

"내가 역사, 자연의 요구, 동료 인간들의 욕구, 시민으로서의 의무, 신의 소명 등등이 결정적으로 중요한 문제가 되는 세상에 존재할 때만, 나는 천박하지 않은 나의 정체성을 스스로 규정할 수 있다. 자기 진실성은 자신을 넘어서서 있는 것으로부터 오는 이러한 요구들을 적대시하는 것이 아니라, 오히려 이러한 요구들을 전제로 하고 있다."[23]

이러한 테일러의 주장처럼 진정한 자기 정체성은 자기 중심적이고 나르시시즘적 태도에서 형성되는 것이 아니라, 타인과의 상호 작용과 대화를 통해 자기와 연관된 더 넓은 삶의 지평들, 예를 들면 인간 관계나 도덕적 요구와 같은 지평들을 고려하는 가운데 형성되는 것이다. 자기 정체성을 형성하고 유지하면서 진정한 자기를 실현하기 위해서는 기존의 낡은 도덕이나 질서 체계에 대한 거부뿐만 아니라 자기 자

---

23) 같은 책, 40-41쪽.

신에 대한 발견과 함께 스스로의 선택에 의한 자신의 창조와 건설이 요구되는데, 이것은 동시에 사회적 상호 작용과 대화를 통해 연관된 삶의 지평들의 의미를 파악하고 이것들에 대해 개방된 태도를 가질 것을 요구한다.[24]

테일러의 이러한 자아 또는 자아 실현 개념은 탈전통적인 개인화된 현대 사회에서 자기 진실성에 기반한 자아의 자기 발견과 자기 창조를 인정한 점에서 기든스의 자아 개념, 즉 성찰적 기획의 대상으로서의 능동적인 자아 개념과 같은 맥락에 있는 것으로 이해될 수 있다. 또 테일러의 자아 개념은 자아와 연관된 사회적 삶의 지평들의 의미를 강조하면서 이기주의나 나르시시즘을 비판하고 있는데, 이것은 시장 개인주의의 이기주의를 비판하는 기든스와 같은 입장으로서 기든스 입장을 철학적으로 뒷받침하는 입론이 될 수 있다고 본다.[25] 그리고 자기 진실성에 기반한 이러한 테일러의 자아 또는 자아 실현 개념의 관점에서 볼 때 벤하비브가 제시한 보완적 호혜성에 입각한 욕구와 유대감의 공동체가 지나치게 강한 요구를 한다고 볼 수 없으며 이러한 공동체에 대한 전망은 테일러의 자아나 자아 실현 개념에서 도출될 수 있다고 본다.

---

24) 이와 관련하여 테일러는 해체주의를 비판하고 있는데, 해체주의가 의미 지평의 개방을 망각한 채 언어의 건설적, 창조적 성격만을 강조하고 있으며, 또 대화를 통한 자기 규정을 망각한 채 사회적 규율이나 기존 도덕의 거부라는 극단적 형식에만 집착하고 있다는 것이다. (같은 책, 66-67쪽 참조.)

25) 기든스는 성찰적 근대화의 과정에서 형성된 개인주의는 이기주의적인 시장 개인주의가 아니라 '새로운 개인주의'라고 말한다. 새로운 개인주의는 탈전통적인 상황에서 자아 실현의 맥락과 연관되어 있는데, 이것은 인권이나 생태적 가치와 같은 일정한 도덕적 가치를 포함하고 있기에 이것을 이기주의로 나아가는 도덕적 쇠퇴의 과정으로 보아서는 안 된다고 말한다. (A. Giddens, 『제 3의 길』(The Third Way), 한상진 역, 생각의 나무, 1998, 74-78쪽 참조.)

그런데 테일러는 '자기 진실성'과 관련하여 '진실한 자아' 또는 '참된 자아'의 구체적 내용에 대해서는 직접적으로 언급하고 있지 않는데, 이것은 아마도 이러한 개념이 안고 있는 토대주의적 정당화의 부담에서 벗어나기 위한 전략으로 보인다.26) 이미 앞에서 언급하였듯이 테일러는 보편적인 인간 본성을 토대로 하여 객관주의적인 자아 개념을 내세우는 입장을 비판하고 있다. 그러나 그렇다고 테일러의 자아 개념으로부터 진실한 자아와 거짓된 자아를 구분할 수 있는 기준이나 내용을 도출할 수 없는 것은 아니다. 왜냐하면 자신과 연관된 사회적인 삶의 지평들이 그러한 기준이 될 수 있기 때문이다. 물론 이것은

---

26) 노직의 '메타 유토피아'(meta-utopia) 이론도 이러한 '진정한 자아' 개념이 안고 있는 토대주의적 정당화의 부담에서 상대적으로 벗어나 있다고 볼 수 있다. '메타 유토피아'는 유토피아적 실험이 시도될 수 있는 환경이자 구조틀로서 이 속에서 다양한 유토피아적 소공동체들이 존재한다. 노직은 자신의 기본적인 자유주의적 관점에서 사람들의 욕구나 가치관 등은 다양하기에 모든 사람에게 최선인 하나의 공동체는 없으며 각자는 자신의 가치관이나 전망에 따라서 자신이 원하는 소공동체에 자유롭게 가입하거나 탈퇴할 수 있어야 한다고 말한다. 따라서 여기서는 다양한 가치관이나 다양한 삶의 방식이 용인되므로 진정한 삶이나 참된 자아의 문제를 다루어야 하는 부담으로부터 벗어나 있다.
그렇지만 노직의 메타 유토피아론에 대해서는 다음과 같은 문제들이 제기될 수 있다. 개인들의 다양한 욕구와 가치관을 반영하기 위해서는 매우 많은 소공동체들이 요구되는데 이것이 가능한가? 이로 인해 이러한 소공동체들의 규모가 너무 작게 될 수 있는데 과연 이것들이 자립성을 유지할 수 있는가? 소공동체들의 내부적인 제한이나 규정들로 인해 실제적으로는 가입과 탈퇴가 자유롭지 못한 폐쇄적인 공동체가 될 수도 있지 않는가? 소공동체의 가입과 탈퇴를 위한 거주 이전에는 많은 비용과 희생이 따를 수도 있지 않는가? (R. Nozick, 『아나키에서 유토피아로』(Anarchy, State, and Utopia), 남경희 역, 문학과지성사, 1997, 367-409쪽; 황경식, 「왜 '자유주의와 공동체주의'인가?」, 『자유주의와 공동체주의』, 철학연구회 '99년 춘계학술대회 발표논문집, 1999, 16-17쪽; 문성원, 「닫힌 유토피아, 열린 유토피아」, 『철학연구』, 제47집, 1999, 329쪽 참조.)

보편주의나 객관주의처럼 그렇게 강한 기준은 아니지만 말이다. '자기 진실성' 개념 자체는 진실한 자아의 구체적 내용을 직접적으로 언급하고 있는 것은 아니지만 그러나 조금 느슨하게나마 이것을 이끌어낼 수 있는 개념적 틀을 마련해 주고 있는 것이다.

이러한 측면에서 볼 때 '소유 양식'과 '존재 양식'의 구분이나 허위 욕구와 참된 욕구의 구분 등을 통해 바람직한 새로운 인간의 모습을 적극적으로 제시하고 있는 프롬의 견해는 테일러의 관점과 부분적으로는 부합하는 측면도 있지만 그러나 차이점도 있다. 프롬은 극단적 쾌락주의나 자기 중심주의를 비판하면서 그 대신에 '건전하고 이성적인 소비'를 지향해야 한다고 주장한다. 그런데 이때 어떤 것이 '건전한 욕구'이고 어떤 것이 '병적인 욕구'인지를 구분해야 하는 어려운 문제가 발생하는데, 이것은 국가가 결정하여 강요하거나 통제할 수 있는 문제가 아니라 다양한 전문가들과 집단의 대표자들이 참여하는 위원회가 판단해야 할 문제이다. 그리고 여기서 제시된 것은 단지 하나의 지침일 뿐이며, 이것은 이러한 문제에 대한 시민들의 관심과 토론을 불러일으키는 역할을 한다.27) 따라서 프롬이 진실한 자아의 문제를 역사적인 사회적 삶의 지평에서 다루고 있는 측면도 있다.

그렇지만 프롬은 인간의 보편적 본성이나 욕구의 본질 등에 대해 언급하면서 인류 전체에게 적합한 건전한 정신적 상태나 욕구를 판단할 수 있는 보편적 기준이 있다고 주장한다.28) 프롬은 자신의 이러한 입장을 '규범적 인간주의'라고 부르고 있는데 이것은 보편주의나 객관

---

27) E. Fromm, 『소유냐 존재냐』(*To Have or To Be*), 차경아 역, 까치, 1996, 238-240쪽 참조.

28) E. Fromm, 『건전한 사회』(*The Sane Society*), 김병익 역, 범우사, 1994, 20-28쪽; 박찬국, 『에리히 프롬과의 대화』, 철학과현실사, 2001, 93-95쪽 참조.

주의의 성향을 강하게 드러내고 있다는 점에서 이러한 것을 거부하는 테일러의 관점과는 차이가 있다. 테일러는 인간이나 자아의 문제와 관련하여 토대주의적 정당화의 부담을 안고 있는 보편주의나 객관주의도 아니고 그렇다고 상대주의나 주관주의도 아닌 길을 모색하고 있는 것이다.

4. '생활 정치'와 자아 실현의 전망

이러한 테일러의 자아 개념은 탈전통적인 변화된 현대 사회의 상황, 즉 획일적인 가치관이나 신분적인 질서 체계가 붕괴되면서 다원적이고 개인화된 삶의 양식들이 지배하는 현대적 상황에서 다양한 욕구와 개성을 가진 개인들의 자아 실현적 행위를 설명하기 위한 적절한 개념이라고 생각된다. 따라서 이것은 탈전통적인 개인화된 현대 사회에서 유토피아적 기획을 마련하는 데 중요한 이론적 틀이 될 수 있다고 본다.

테일러는 현대 사회에서 확산되고 있는 개인주의 문화와 관련하여 이에 대한 일방적인 옹호나 직선적인 비판 모두가 잘못이라고 하면서 개인주의의 배후에서 작동하고 있는 자기 진실성이라는 도덕적 이상, 즉 자아 실현적 측면에서 미래 사회에 대한 희망을 찾고 있다. 개인주의의 이기적이고 나르시시즘적인 부정적 측면 뒤에 있는 이러한 자아 실현의 이상을 드러내어 분명히 하는 것이 중요하다고 하면서 이것을 일종의 '만회의 작업'(a work of retrieval)이라고 부르고 있다.[29] 성찰

---

29) C. Taylor, 앞의 책, 72쪽 참조.

적 근대화 이론을 주장하는 기든스, 벡, 래쉬도 성찰적 근대성의 단계에서는 자아 실현의 차원에서 전개되는 '생활 정치'(life politics)가 전면에 부각된다고 하면서 이것에서 미래 사회의 희망적 가능성을 찾고 있다. 성찰적 근대화는 체계가 생활 세계를 파괴하는 근대화의 전환점에서 또 다른 가능성을 열어 놓는다는 것이다.

벡은 성찰적 근대화의 단계에서 산업 사회가 발생시킨 위험 사회의 요소들이 개인의 사생활을 침범하고 자아를 불안하게 만드는데, 이 과정에서 개인화와 더불어 자아 성찰성이 불가피하게 이루어지고 또 사회에 대한 개인의 영향력이 커지면서 하부 정치가 활성화되어[30] 자아 실현적인 '생활 정치'가 이루어진다고 본다. 성찰적 근대화에서는 나는 누구인가, 나는 무엇을 원하는가, 나는 어디로 가는가와 같은 자아 실현이나 개인주의와 관련된 질문들이 다양한 형태의 정치적 정체성을 낳는다. 그래서 벡은 전문가에 의존한 도구적 합리성을 거부하고 개인들이 참여가 활발하게 일어나는 하부 정치의 활성화를 통한 생활 정치를 추구한다. 이처럼 사회가 근대화될수록 주체로서 행위자는 자기 존재의 사회적 조건을 더 많이 반성하고 그래서 그 조건을 변화시킬 수 있는 능력을 획득하게 된다는 것이 성찰적 근대화의 기본 명제가 되고 있다.

기든스도 구조에 대한 주체로서 행위자의 영향력이 증대함을 강조하는 자신의 '구조화'(structuation) 이론의[31] 기본적 관점에서 자아 정

---

30) 하부 정치(sub-politics)란 제도 정치와 중앙 집권 통치가 약화되면서 정치 체제 외부의 행위 주체인 시민, 공적 영역, 사회 운동, 전문가 집단, 현장 작업자들이 사회 계획에 능동적으로 참여하여 밑으로부터 사회를 만들어가는 것이다.

31) 기든스는 구조 기능주의와 해석학적 사회 이론을 비판하면서 '구조화' 이론을 제시하고 있는데, 이것은 사회 구조를 실천의 '매개'이자 '결과'로 보는 입장이다. 행위자는 성찰적 감시(reflexive monitoring)의 능력, 즉 구조의 규칙과 자

체성이 제도에 의해 형성되기도 하지만 그러나 다른 한편으로 제도를 형성하기도 한다고 하면서 자아의 능동성을 강조한다. 특히 성찰적 근대 또는 후기 현대에서는 탈전통화와 전지구화로 인해 행위자의 선택 가능성이 확대되고 개인이 사회 구조에 미치는 영향도 증대된다. 탈전통적인 전지구화된 사회에서는 다수의 라이프스타일(lifestyle)의 선택지가 존재하고, 생활 세계의 다원화로 행위 맥락이 복수화되었으며, 과학의 불확실성으로 인해 권위가 다양해지고, 대중매체의 발달로 다양한 매개된 경험을 할 수 있기 때문이다. 따라서 라이프스타일의 선택을 통한 자아 정체성의 확립과 자아 실현이 중요한 문제로 부각되면서 이와 연관된 생활 정치가 중요하게 된다는 것이다.

기든스는 해방 정치와 생활 정치를 구분하고 있는데, '해방 정치'가 삶의 기회에 불리하게 작용하는 착취, 불평등, 억압 등을 야기하는 사회 관계나 사회 제도를 극복하기 위한 것이라면 '생활 정치'는 전통의 고정성이나 위계적인 지배 구조가 제거된 성찰적인 후기 현대의 사회에서 자아 실현에 관한 정치이다. 해방 정치가 '삶의 기회'에 관한 정치라면, 생활 정치는 '라이프스타일'에 관한 정치인 것이다. 즉 해방 정치의 성과물로 개인에게 다양한 삶의 기회가 주어진 조건 속에서 자신의 삶을 기획하는 자아 실현의 정치가 생활 정치인 것이다.[32]

그렇다면 생활 정치가 해방을 전제로 한다면 즉 해방된 사회적 질서를 전제로 한다면, 아직 불평등하고 억압적인 질서가 잔존하며 따

원으로부터 영향을 받는 존재이지만 그러나 동시에 이러한 규칙과 자원을 이용할 수 있는 능력을 가진 자율적인 존재이다. 그래서 행위자는 관행적 의식에 기반한 관례화를 통해서 사회 생활을 해나가되, 이러한 성찰적 감시를 통해 새로운 구조를 산출하기도 한다. (김호기, 「앤서니 기든스: 후기 현대성과 제 3의 길」, 『현대 비판사회이론의 흐름』, 한울, 2001, 99-104쪽 참조.)

32) A. Giddens, *Modernity and Self-Identity*, 210-216쪽 참조.

라서 이로부터 벗어나기 위한 해방 정치가 요구되는 사회에서는 이러한 생활 정치가 어떤 의미가 있을까? 생활 정치를 위한 조건이 갖추어지지 않은 상황에서 오히려 해방 정치에 정진해야 하지 않는가? 기든스는 해방 정치가 생활 정치에 영향을 주며 다른 한편으로 생활 정치가 해방 정치의 문제를 제기한다고 말하면서 이 양자의 관계에 대한 직선적이고 단계적인 해석을 경계하며 이 양자의 긴밀한 상호 관계를 강조하고 있기는 하다.

그렇지만 기든스가 밝히고 있듯이 생활 정치가 문제가 되는 것은 탈전통화와 전지구화라는 후기 현대, 즉 성찰적 근대성의 상황 때문이다. 지구적 차원에서의 신속한 의사소통, 경제적 상호 의존의 심화, 생태계의 파괴와 핵무기의 위협 등에서 볼 수 있듯이 전지구화는 현대 사회의 보편적 특징임에 틀림없으며 그리고 이것이 탈전통화에 부분적으로 영향을 주고 있기도 하다. 그러나 상품 및 금융 시장의 개방에 따른 개발 도상국이나 후진국 시장의 종속의 심화, 노동 시장의 폐쇄성, 개인의 삶을 위협하는 핵무기 및 생태계의 파괴와 같은 측면은 이에 대한 성찰적인 대응의 필요성을 요구하고는 있지만 그렇다고 자아 실현에 유리한 조건을 만들어주는 것은 아니다. 이러한 측면을 고려할 때, 다양한 라이프스타일의 선택 가능성에 직접적으로 더 많은 영향을 주는 것은 탈전통화라고 할 수 있다. 탈전통화는 개인을 구속으로부터 해방시켜 주기에 자율적인 선택의 폭을 넓혀주는 데 결정적인 조건이 되는 것이다. 따라서 자아 실현과 관련된 생활 정치의 문제는 탈전통화 및 개인화의 맥락과 더 직접적으로 연관되어 있다고 할 수 있다.

그런데 탈전통화, 즉 전통적인 질서나 위계적인 지배로부터의 해방의 정도는 사회마다 차이가 있다. 착취적이고 억압적이며 불평등한 사회 제도가 지배하고 있어서 아직 제도적 해방이 이루어지지 않은 사회도 많이 존재한다. 이처럼 단순 근대화의 단계에 머물면서 고도 근대화 또는 성찰적 근대화로의 이행이 진척되지 않은 사회에서는 자아 실현적인 생활 정치가 활성화되는 데는 한계가 있다. 기든스는 경제적 박탈과 빈곤에서 전통의 속박이 더욱 해체되어 하위층에도 라이프스타일의 선택 가능성이 높다고 말하지만, 그러나 생계를 압박하고 있는 열악한 경제적 조건은 상대적으로 삶의 선택의 폭을 제한시키는 측면이 강하다. 경제적 조건이 라이프스타일을 조건짓는 것이다. 따라서 비록 기든스가 생활 정치가 해방 정치에 영향을 미친다고 하면서 이 양자의 관계가 단계적이지 않다는 점을 주장하고 있지만 그러나 생활 정치의 기획이 절대적 빈곤과 불평등, 착취가 사라지고 있는 근대화가 고도로 진척된 사회에서나 실현 가능한 기획이기에 이러한 두 가지 정치의 구분은 단계성을 함축하고 있다고 볼 수 있다.

정치적 전략의 수준에서는 이렇게 해방 정치와 생활 정치를 구분하면서 각각의 사회적 상황을 고려하여 어느 하나를 중심으로 삼아 거기에 더 많은 관심과 힘을 집중하는 단계적인 전략을 세울 수는 있다. 그렇다고 해방 정치와 생활 정치의 문제가 서로 분리될 수 있는 것은 아니며 특히 유토피아론에서는 더욱 그렇다. 예들 들면 기든스가 적절히 지적하고 있듯이 마르크스는 주로 해방 정치에 관심을 기울였다. 마르크스는 착취적이고 억압적인 사회 관계를 극복하는 것에 주안점을 두었기 때문에 그의 주된 지향은 '어떤 것으로 향하여'가 아니라 '어떤 것으로부터 벗어나'였으며 이로 인해 마르크스는 미래 사회에서의 삶의 모습과 관련된 유토피아적 미래상에 대해 거의 언급하고 있지 않다는 것이다. 즉 해방 정치에만 관심을 두었지 생활 정치의 문제는 제대로 다루지 못했다는 것이다.[33] 마르크스는 역사적 조건이나 가능성을 고려하지 않은 공상적 사회주의를 비판하면서 유토피아주의 전반을 거부한 것인데, 기든스는 이를 비판하면서 현실적 조건이나 실현 가능성에 근거하여 유토피아적 미래상을 제시하는 것이 의미 있는 작업이라고 하면서 이것을 '유토피아적 현실주의'(utopian realism)라고 부르기도 한다.34) 마르크스의 이러한 태도는 정치적 전략의 수준에서는 용인될 수 있지만 그러나 유토피아론의 관점에서는 한계를 갖는다고 볼 수 있다.

　더 좋은 삶과 더 좋은 사회를 추구하는 유토피아론에서 개인의 행복과 자아 실현에 대한 전망은 다른 어느 것보다 우선적인 가치를 부여받아야 할 보편적인 요소이다. 유토피아적 기획에서 자아 실현적 전망은 대안적 체제를 모색하고 이에 대한 실질적 합리성을 평가하는 기준으로서 매우 중요한 자리를 차지한다. 따라서 단순 근대화의 단계에 있는 사회, 즉 전통적 요소가 여전히 존속하며 개인화가 불완전하게 이루어지고 제도적 억압이 잔존하는 사회에서의 유토피아적 기획이 제도적 해방만을 중시하고 자아 실현적 전망을 소홀하게 다루어

---

33) 같은 책, 213-214쪽 참조. 기든스는 롤즈나 하버마스에게도 이러한 평가를 내리고 있다. 롤즈의 '정의론'은 해방 정치에 관한 하나의 탁월한 견해로서 행위의 자율성을 지배하는 기본 조건들이 정의라는 주제의 관점에서 철저히 논구되고 있지만 그러나 정의로운 질서에서 개인과 집단이 실제로 어떻게 행동할 것인지는 열려진 채로 남아 있다는 것이다. 하버마스는 의사소통이론의 관점에서 해방 정치를 위한 틀을 발전시키면서 이상적 대화 상황을 통해 힘찬 해방의 전망을 제공하고 있기는 하지만 그러나 해방된 새로운 사회 질서 속에서 개인들이 어떤 선택을 하고 어떤 삶을 살지에 대해서는 거의 아무런 시사도 하고 있지 않다는 것이다. 즉 롤즈나 하버마스가 해방 정치에만 관심을 가졌지 생활 정치의 문제는 제대로 다루지 못했다는 것이다.

34) A. Giddens, *Beyond Left and Right*, Polity Press, 1994, 101쪽 및 249쪽 참조.

도 되는 것은 아니다. 유토피아적 기획이 완성된 형태를 갖추기 위해서는 자아 실현적 전망을 확보해야 한다. 유토피아적 기획은 억압적인 사회 관계나 제도에 대한 비판뿐만 아니라 실질적 합리성에 대한 평가를 통해 더 좋은 대안적 체제를 제시해야 하므로 제도적 해방의 문제와 자아 실현적 전망을 동시에 다루어야 한다. 유토피아적 기획에서 해방 정치와 생활 정치의 문제는 결합되어야 하는 것이다. 제도적 해방이 자아 실현적 전망과 결합될 때 그것은 해방의 의미를 제대로 확보할 수 있으며 또 더 커다란 힘을 부여받을 수 있다. 이러한 관점에서 보았을 때 성찰적 근대화 이론이 제시하는 생활 정치는 변화된 현대 사회의 상황에서 이러한 자아 실현적 전망의 중요성과 그것의 실현 가능성이 더욱 높아지고 있다는 점을 밝혀주었다는 점에서 그 의의가 있다고 할 수 있다.

『철학』 제70집, 2002년 2월

10장

대안적 사회 체제와 참여 민주주의

밀실과 광장이 갈라지던 날부터, 괴로움이 비롯했다. 그
속에 목숨을 묻고 싶은 광장을 끝내 찾지 못할 때, 사
람은 어떻게 해야 하는가?

— 최인훈, 『광장』

만리장성이 준공된 날 밤에 벽돌공들은 어디로 갔던가?
위대한 로마제국에는 개선문들이 참으로 많다.
누가 그것들을 세웠던가?
젊은 알렉산더는 인도를 정복했다. 그가 혼자서 해냈을까?

— 브레히트, 「어떤 책 읽는 노동자의 의문」

1. 대안적 사회 체제의 모색 : 기든스의 '제 3의 길'을 중심으로

유토피아적 기획은 사회 제도의 급진적인 개혁을 위한 것으로서 좋
은 삶에 대한 기본적인 구상을 바탕으로 상당히 포괄적이고 근본적인
대안들을 제시해야 한다. 즉 기존 사회의 문제점들을 비판하면서 현
실적인 사회 변동의 경향성이나 가능성을 바탕으로 더 좋은 행복한
삶을 위해 요구되는 대안적인 주요한 사회 원리나 제도를 마련해야
한다. 그래서 유토피아론의 의의나 필요성에 공감하는 비판적 사회
이론가들은 적극적으로 대안적 사회 체제를 모색하는 이론적 작업을

펼치고 있다.

월러스틴은 자신이 내세우는 '세계 체제론'의 과제들 중의 하나로 장래의 역사적 선택을 위한 연구 작업인 '유토피스틱스'에 착수할 것을 강조하고 있다. 그렇지만 월러스틴은 자본주의 세계 경제 체제를 분석하고 비판하는 작업에서는 상당한 수준의 이론적 성과물을 내놓고 있지만, 구체적인 대안적 체제를 적극적으로 제시하려는 유토피스틱스 작업에서는 아직까지는 진전된 이론적 성과물을 내놓고 있지는 못하다. 비록 월러스틴이 구체적 대안적 체제를 아직까지는 제시하고 있지는 않지만, 그러나 대안적 미래 사회를 기획하는 것 자체를 불필요하거나 비과학적인 것으로 간주하는 마르크스의 반유토피아적 태도와는 다르게 유토피아적 기획의 의의나 필요성을 강조하면서 이러한 이론적 작업에 착수하려고 한다는 점에서 유토피아주의적 태도를 취하고 있는 것이다.

라이트를 중심으로 하는 좌파 학자들은 '현실적 유토피아 기획'을 통해서 비록 아직까지는 포괄적인 대안들을 제시하고 있지는 못하지만 그러나 몇몇의 주요한 사회 제도나 원리들에 대해서는 구체적인 대안을 적극적으로 제시하고 있다.

코헨과 로저스는 대의제 민주주의에 대한 대안으로서 '결사체적 민주주의'(associative democracy)를 제시하면서, 민주적 통치를 위해서는 '2차적 결사체'인 노동 조합이나 공장 평의회, 시민 단체 등을 활성화시켜 개인과 국가를 매개시켜야 한다고 주장한다. 평등주의적 정치를 진전시키기 위해서는 이러한 결사체들을 발전시킬 필요가 있는데, 이것은 당파의 위협으로부터 결사체를 자유롭게 하는 소극적 태도에 그치는 것이 아니라 결사체에 적극적 역할을 부여함으로써 억압적 국가가 없는 평등한 민주적 질서를 만들어야 한다는 것이다.[1]

뢰머는 소련이 붕괴되었다고 해서 사회주의 자체가 불가능하게 된 것은 아니라고 하면서 사회주의의 구성 요소에 대한 일정한 수정을 통해 사회주의의 가능성을 탐색하고 있다. 그는 복지 국가에서의 세금을 통한 소득 재분배 제도는 한계를 갖고 있기에 이것도 사회주의 경제 형태로서는 적절하지 않다고 말한다. 그는 시장 사회주의 경제의 한 모델로 '쿠폰 경제'(the coupon economy)를 대안으로 제시하고 있다. 시장에서 상품 거래를 할 수 있는 일반적 화폐와 함께 기업의 주식을 살 수 있는 쿠폰 형태가 존재하는데, 이 쿠폰은 모든 성인에게 동등하게 부여되며 또 오직 이 쿠폰만으로 기업의 주식을 살 수 있기에 부자라고 해서 가난한 사람에 비해 더 많은 주식을 가질 수는 없다. 따라서 이 쿠폰은 어느 정도의 개인적 차이가 있는 임금과 함께 시민들의 주요 수입원이 됨으로써 경제력의 집중을 막고 평등주의적인 사회주의 이념을 실현할 수 있는 중요한 수단이 된다는 것이다.[2] 비록 이들의 이론적 기획이 아직까지는 몇 가지 주요한 제도들에 대한 대안을 찾는 데 그치고 있지만 그러나 기존 제도의 문제점을 비판하면서 이에 대한 대안들을 적극적으로 모색하고 있으며 나아가 주요한 제도 전반을 포괄하는 대안적 사회 체제를 목표로 삼고 있다는 점에서 유토피아적 기획으로서 그 의의가 크다고 할 수 있겠다.

최근에 비판적 사회 이론가들 중에서 이들에 비해 좀더 적극적이고 포괄적으로 대안적 사회 체제의 모습을 제시함으로써 많은 주목을 받고 있는 이론가는 기든스이다. 기든스는 오늘날의 정치 이념들이 이

---

1) J. Cohen & J. Rogers, "Secondary Associations and Democratic Governance", E. O. Wright(ed.), *Associations and Democracy*, Verso, 1995, 90쪽 참조.

2) J. E. Roemer, "A Future for Socialism", E. O. Wright(ed.), *Equal Shares: Making Market Socialism Work*, Verso, 1996, 7-37쪽 참조.

상의 부재로 인해 영감을 불어넣는 활력을 상실하고 있다는 점을 비판하면서 '유토피아적 현실주의'의 관점에서 '정치적 이상주의'(political idealism)를 부흥시킬 필요성을 강조한다. 정치적 사유가 영감을 주는 본래의 특성을 되찾기 위해서는 그것이 일상적이고 국지적인 것에 단선적으로 반응하는 데 그쳐서는 안 된다는 것이다. "우리는 어떤 종류의 사회를 창조하길 원하며, 그것을 향해 나아가기 위한 구체적 수단은 무엇인지 알아야 한다."3) 즉 정치 이념은 단지 기존 현실을 부분적으로 비판하는 데 그쳐서는 안 되며, 좀더 높고 포괄적인 이상이나 목표를 설정하고 이것을 실현할 수 있는 방법을 제시해야 한다는 것이다. 이를 위해 기든스가 내세운 대안적인 정치적 이념이 '제 3의 길'이다.

기든스는 '제 3의 길'을 통해 사회의 주요 부문들을 망라하는 통합적인 정치 프로그램의 윤곽을 제시함으로써 포괄적이고 구체적인 대안을 적극적으로 모색하고 있다. 앞에서 보았듯이 하버마스는 자신은 롤즈처럼 특정한 규범적 정치 이론을 기획하려는 공명심은 없다고 하면서 자기의 담론 윤리학을 롤즈의 정의론과 구분하고 있다. 담론 윤리학은 특정한 규범의 도출을 목표로 하는 것이 아니라 단지 규범들의 타당성을 검증하기 위한 형식적 절차의 문제만을 다룬다는 것이다. 그런데 기든스는 유토피아적 기획을 사회 이론이나 담론 윤리의 과제에서 제외시키고 있는 하버마스의 이러한 태도를 비판하면서 정치적 이상을 바탕으로 대안적 사회 체제의 원리나 모습을 제시하는 유토피아적 기획을 자신의 이론적 과제에 포함시키고 있다. 하버마스는 의사소통이론의 관점에서 해방 정치를 위한 틀을 발전시키면서 이상적

---

3) A. Giddens, 『제 3의 길』(The Third Way), 32쪽.

대화 상황을 통해 힘찬 해방의 전망을 제공하고 있기는 하지만 그러나 해방된 새로운 사회 질서 속에서 개인들이 어떤 선택을 하고 어떤 삶을 살지에 대해서는 거의 아무런 시사도 하고 있지 않다는 것이다.[4]

그리고 기든스는 여기서 더 나아가 하버마스로부터 특정한 규범적 정치 이론을 기획하고 있다고 비판받는 롤즈에 대해서도 유토피아적 기획의 불충분함을 비판한다. 롤즈의 '정의론'은 해방 정치에 관한 하나의 탁월한 견해로서 행위의 자율성을 지배하는 기본 조건들이 정의라는 주제의 관점에서 철저히 논구되고 있지만 그러나 정의로운 사회 질서에서 개인과 집단이 실제로 어떻게 행동할 것인지는 열려진 채로 남아 있다는 것이다. 즉 마르크스뿐만 아니라 하버마스나 롤즈도 해방 정치에만 관심을 가졌지 생활 정치의 문제, 즉 미래 사회에서의 삶의 모습과 관련된 유토피아적 미래상의 문제를 제대로 다루지 않았다는 것이다.

기든스의 급진적 정치 프로그램인 '제 3의 길'은 전지구화와 탈전통화, 사회적 성찰성의 확대와 같은 변화된 현대적 상황을 반영하는 '생활 정치'를 그 기반으로 삼고 있다. 그 동안 '제 3의 길'은 사회 민주주의의 쇄신과 관련해서 다양한 의미로 사용되어 왔던 용어인데, 기든스는 자신이 사용하는 의미를 다음과 같이 말한다. " '제 3의 길'은 지난 20∼30년에 걸쳐 근본적으로 변한 세계에 사회 민주주의를 적응시키고자 하는 사고와 정책 형성의 틀을 가리킨다. 이것은 구식 사회 민주주의와 신자유주의를 뛰어넘는 시도라는 의미에서 제 3의 길이다."[5] 복지에 대한 합의의 파괴, 마르크스주의에 대한 불신, 그리고

---

4) A. Giddens, *Modernity and Self-Identity*, 213-214쪽 참조.

이러한 현상을 불러일으킨 사회적, 경제적, 기술적 변화로 인해 사회 민주주의의 미래가 논란이 되고 있지만 그러나 기든스는 사회주의나 공산주의를 추동시켜 왔던 소중한 가치나 이상을 모두 버릴 수는 없다고 말한다. 그래서 사회 민주주의가 살아남기 위한 방안으로 이렇게 변화된 현대적 상황을 반영하는 자기 쇄신을 추진하고 있는 것이다.

기든스는 고전적 사회 민주주의, 즉 구좌파가 사회와 경제에 대한 광범위한 국가의 개입을 추구하고 있는데 이것은 시장의 역할을 과소 평가하고 있다는 점에서 문제가 있다고 본다. 그리고 신자유주의, 즉 신우파는 시장 근본주의에 입각하여 정부의 최소한의 개입을 추구하고 있는데, 이것은 전통을 지속시키려는 '보수주의'와 함께 시장의 역동성이 이러한 전통을 파괴하는 '시장 근본주의'를 동시에 추구하고 있다는 점에서 자기 모순적인 문제점을 안고 있다고 본다. 기든스에 따르면 고전적 사회 민주주의가 전제로 삼고 있던 사회적 특성들, 예를 들면 생계 부양자인 남편 중심의 가부장적 가족 형태, 육체 노동 중심의 동질적 노동 시장, 대량적 생산 방식, 주권이 미치는 경계 내에서의 국민 경제 등이 해체되고 있다. 대신에 최근에는 경제적 쟁점보다는 자신들의 삶의 질에 관심을 갖는 '탈물질주의'(post-materialism)의 경향이 확산되면서 자기 표현이나 의미 있는 노동에 대한 욕구가 커지고, 권위에 대한 부정과 민주주의적인 참여의 가능성이 높아지고 있다. 그래서 기든스는 이러한 문제점들을 극복하고 변화된 상황을 반영하기 위해 자아 성찰성과 자아 실현을 중시하는 '생활 정치'에 기반한 '제 3의 길'을 모색하고 있는 것이다.

---

5) A. Giddens, 『제 3의 길』(The Third Way), 62쪽.

'제 3의 길'의 급진적 정치 프로그램은 철학적 보수주의와 사회주의적 이념을 결합시키고 있는데 여기서 중심이 되는 것은 '자율성'과 '연대성'이라는 두 가치의 결합이다. 성찰성이 확대된 탈전통적 개인주의 사회에서 개인의 자율성은 존중되어야 한다. 따라서 손상된 연대성을 복구하기 위해서는 이러한 자율성에 대한 존중을 바탕으로 '대화 민주주의'를 통해 서로에 대한 능동적 신뢰와 함께 서로에 대한 책임 의식을 회복해야 한다. 기든스가 제시하는 '적극적 복지 모델'도 기존의 복지 국가의 비인격적이고 경직된 관료주의 대신에 이러한 자율성과 책임 의식을 결합시키려는 것이다. 따라서 여기서는 시민들이 자발적이고 능동적으로 선택을 하고 자아 정체성을 형성하는 생활 정치가 중요하게 된다. 기든스는 이러한 대안적인 '제 3의 길'의 가치들을 바탕으로 주요한 사회 제도나 삶의 모습과 관련된 대안적인 '제 3의 길'의 프로그램을 적극적으로 제시한다.6) 여기서는 국가 및 가족의 형태와 관련된 프로그램을 살펴보도록 하겠다.

국가의 형태와 관련해서 기든스는 정부를 적으로 보면서 정부 개입의 축소를 주장하는 신우파나 정부가 해답이라고 하면서 정부 개입의 확대를 주장하는 구좌파를 넘어서서 국가의 형태 자체를 개혁할 필요가 있다고 주장한다. 신우파나 구좌파가 논란을 벌이고 있는 정부의 활동 범위가 문제가 아니라 새로운 환경에 적응하기 위해 민주주의를 민주화하는 문제가 중요하다는 것이다. 기든스는 사회적 연대성을 재

---

6) 같은 책, 113 및 120쪽 참조. 여기서 기든스가 대안적인 '제 3의 길'의 가치로 제시하고 있는 것은 평등, 약자 보호, 자율성으로서의 자유, 책임과 결합된 권리, 민주적으로 형성된 권위, 범세계적 다원주의, 철학적 보수주의 등이다. 그리고 대안적인 '제 3의 길'의 프로그램은 급진적 중도, 민주주의의 민주화로서 새로운 민주 국가, 활발한 시민 사회, 신혼합 경제, 민주적 가족, 포용으로서 평등, 적극적 복지, 세계주의적 민족 등이다.

건하고 정치적 정당성을 확보하기 위해서는 '자유 민주주의'(liberal democracy)만으로는 한계가 있다고 하면서 대신에 '대화 민주주의'(dialogic democracy)를 내세운다.[7] 자유 민주주의는 민주적 투표 기구, 대의제, 의회 등을 중심축으로 하는데, 여기서는 투표권자와 동떨어진 집단의 지배에 의해서 의사 결정이 이루어질 수도 있기에 이러한 형식적인 기구나 절차만으로는 정치적 정당성을 유지하기가 어렵다. 따라서 개방된 토론과 대화를 통해서 정책들에 대한 공적 심의를 하고 이를 토대로 시민들이 자율적으로 판단하고 투표하는 대화 민주주의가 요구된다는 것이다. 대화 민주주의는 의사소통적 자율성을 바탕으로 동의를 얻어내기 위한 대화를 구성하려는 것이다. 이를 위해 기든스는 지방에 권력을 이양하는 탈중앙화, 공공 영역의 역할 확장을 통한 투명성과 개방성의 확보, 행정적 효율성의 증대, 전자 투표나 시민 배심제와 같은 직접 민주주의 메커니즘의 도입, 전문가와 시민이 참여하는 위험성 관리 능력의 향상 등을 구체적인 대안으로 제시한다.

가족의 형태와 관련해서 기든스는 '민주적인 가족'을 대안으로 제시한다. 가족은 시민 사회의 기본적 제도인데 최근에는 가족의 형태에서 변화가 일어나고 있다. 예를 들면 이혼율의 증가와 같은 이유 때문에 다수의 아이들이 '전통적인 가족'의 형태에서 자라나지 못하고 있다. 이와 관련하여 우파는 전통적 가족이 해체되는 위기에 처해 있다고 보면서 결혼의 신성함이 재확인되어야 한다고 주장하고, 이에 비해 구좌파는 이것은 다양성과 선택의 문제에 불과하다고 주장한다. 이에 대해 기든스는 우리가 전통적 가족으로 되돌아갈 수 없지만 그

---

7) A. Giddens, *Beyond Left and Right*, 112-116쪽 참조.

렇다고 이러한 변화에 문제가 없는 것도 아니라고 비판한다. 기든스는 이상적 가족 상황은 남녀 평등의 원리에서 출발하여 가족도 민주화되어야 한다고 주장한다. 그래서 가족 민주화를 위해서는 정서적, 성적 평등, 상호 존중, 의사소통을 통한 의사 결정, 폭력으로부터 자유, 상호 권리와 책임, 공동 양육, 아이들에 대한 타협적 권위, 부모에 대한 아이들의 책무 등이 요구된다고 말한다.[8]

이러한 '제 3의 길'에 드러난 기든스의 이론적 작업은 하나의 유토피아적 기획으로서 그 자격을 갖고 있다고 볼 수 있다. 기든스는 현실 사회를 분석하고 비판하는 데 그친 것이 아니라 여기서 더 나아가 유토피아적 기획의 필요성을 인식하고 주요한 사회 제도나 삶의 모습들에 대한 대안들을 적극적으로 제시하고 있다. 그리고 자아 실현적인 '생활 정치'의 관점에서 자율성과 연대성이라는 가치를 기준으로 대안적 사회 체제에 대한 가치 판단적인 정당화를 시도하고 있다. 물론 이것은 미완성의 프로그램으로서 지속적인 수정이 요구되고 또 그것의 실현 가능성이 논란이 될 수도 있기는 하지만 그러나 더 좋은 대안적 사회 체제의 한 형태로서 비판성과 대안성, 진보성이라는 특징을 갖추고 있기에 하나의 유토피아적 기획으로 볼 수 있다.

2. 유토피아적 기획의 주체와 참여 민주주의

마르크스는 프롤레타리아 계급이나 또는 이들의 이익을 대변하는 프롤레타리아 계급의 정당을 유토피아적 기획과 변혁의 주체로 삼고

---

8) A. Giddens, 『제 3의 길』(The Third Way), 144-153쪽 참조.

있다. 마르크스는 사회적 존재가 의식을 결정한다는 역사적 유물론의 기본 명제에 따라 자본주의적 생산 관계에 대한 분석을 통해 프롤레타리아 의식이 유토피아적인 변혁 의식을 갖고 있는 것으로 보았다. 자본주의적 생산 관계에서 지배 계급인 부르주아지는 기존 관계를 유지하려고 하기 때문에 보수적인 데 비해서, 착취당하고 억압받는 프롤레타리아는 기존 질서를 부정하는 진보적이고 혁명적인 의식을 갖고 있으며 따라서 유토피아적 변혁의 주체가 될 수 있다는 것이다. 그래서 마르크스는 혁명의 과정에서 이러한 프롤레타리아에게 절대적 지배권을 부여하는 프롤레타리아 독재가 필요하다고 하였던 것이다.

그러나 루카치나 비판 이론가들이 지적하듯이 프롤레타리아의 의식이 항상 혁명적인 것은 아니다. 자본주의 사회에서는 '사물화'에 의해서 프롤레타리아의 계급 의식이나 혁명성이 상실될 수도 있기 때문이다. 마르쿠제는 선진 자본주의 사회가 물질적 풍요를 바탕으로 비판적 의식을 마비시키고 현실적 모순을 은폐하면서 노동자의 계급 의식마저 사물화시키는 상황에서, 현실을 비판하고 부정하는 변혁적 의식을 프롤레타리아에서 찾는 데 회의적이었다. 선진 자본주의 사회가 효율성을 중시하는 기술적 도구적 합리성이 사회 전반을 지배하게 되는 '1차원적 사회'가 되면서, 방대하고 정교한 국가 기구와 상업화된 매스컴에 의해 노동자들의 의식도 기존 사회의 질서에 동조되어 비판 의식과 혁명성을 상실하게 된다는 것이다. 그래서 마르쿠제는 이 문제에 대해 정신 분석학이나 미학의 차원에서 접근하여 비판적인 변혁 의식을 잠재된 과거의 행복했던 기억이나 미학적 상상력에서 찾게 되었다. 그래도 아직 사물화되지 않은 변혁적 힘을 간직하고 있는 곳이 과거의 잠재된 기억이나 예술적 상상력의 분야라고 생각했기 때문이다. 라클라우와 무페도 노동자 계급과 같은 "모든 사회적 행위자의 의식이 통일되어 있고 그리고 투명하다는 암묵적 가정은 모호한 것으로서 혼동을 심화시킨다"[9]고 비판한다. '허위 의식'이라는 것이 존재하기 때문에, 일정한 생산 관계 속에 위치하는 사람들이 모두 동일한 정치적 의식을 갖고 있는 것은 아니라는 것이다. 이처럼 프롤레타리아의 의식이 항상 혁명성을 갖고 있는 것은 아니기에 유토피아적 기획과 변혁의 주체 문제에서 노동자 계급에게 지나치게 편향된 태도를 보이는 것에는 문제가 있다.

그리고 노동 착취와 관련된 프롤레타리아의 문제가 다른 다양한 사회적 문제들을 포괄하지도 못한다. 마르크스는 「헤겔 법철학 비판 서문」에서 프롤레타리아를 모든 사회적 모순들의 담지자로 간주하여, 모든 사회적 억압이 프롤레타리아에 집중되어 있다고 보았다. 따라서 이러한 질곡으로부터 프롤레타리아가 해방된다면 모든 문제가 해결되어 보편적 인간 해방이 가능하다고 생각하였다. 즉 '프롤레타리아의 해방'이 곧 '보편적 인간 해방'이라고 여긴 것이다.[10] 또 『경제학 철학 수고』에서도 "노동자 해방 속에 보편적 인간 해방이 포함되어 있다"고 하면서 사적 소유의 철폐에 의한 노동자 해방을 통해 자본주의 사회의 모든 노예적 상태가 사라질 것으로 보았다. 그래서 인간 소외가 사라지는 공산주의 사회에서는 전면적인 인간적 본질을 획득하여 자

---

9) E. Laclau / C. Mouffe, *Hegemony & Socialist Strategy*, 119쪽.

10) 「헤겔 법철학 비판 서문」에 다음과 같은 구절이 나온다. "(독일 민족의 보편적 인간 해방의 가능성은) 철저하게 속박되어 있는 한 계급의 형성 안에 있으며, … 보편적 고통에 의해서 보편적 특성을 소유하고 있는 영역의 형성에 있고, … 동시에 사회의 다른 모든 영역들을 해방시키지 않고서는 결코 해방될 수 없는 한 영역의 형성에 있는데, 이 영역은 한 마디로 말해서 인간의 완전한 상실이고, 그러므로 단지 인간의 완전한 재획득에 의해서만 자기를 획득할 수 있다. 하나의 특수한 신분으로서 사회를 이렇게 해체시키는 것이 프롤레타리아트이다."(MEW 1, 390)

유롭고 창조적인 인간의 고유한 능력을 발휘할 수 있다는 것이다. 그렇지만 프롤레타리아의 해방이 보편적 인간 해방이 되지 않을 수도 있다. 3장에서 보았듯이 사적 소유의 폐지만으로 모든 인간 소외가 극복되는 것은 아니다. 엘스터의 지적처럼 인간 소외와 관련된 모든 병폐들이 자본주의적인 사적 소유에서만 기인하는 것은 아니며 여기에는 다른 요인들도 있기 때문이다. 사적 소유의 철폐는 인간 소외를 극복하기 위한 필요 조건이지만 그렇다고 충분 조건은 아닌 것이다. 프롤레타리아에 대한 억압과 착취의 토대인 사적 소유의 문제가 철폐된다고 할지라도, 기존 사회에 존재하는 다양한 문제가 여전히 해결되지 않은 채 잔존할 수도 있다. 예들 들면 관료제의 문제, 여성 차별의 문제, 인종 차별의 문제 등이 여전히 또 다른 문제의 축으로서 존재할 수 있다. 이와 관련해서 라클라우와 무페는 다음과 같이 말한다.

  "급진적 민주주의(radical democracy)의 기획은 우리가 말한 대로 반드시 사회주의적 차원, 즉 자본주의적 생산 관계의 폐지를 포함하고 있다. 그러나 이 기획은 이러한 폐지로 인해 필연적으로 다른 불평등들이 제거된다는 생각을 거부한다."11)

라클라우와 무페는 사회 전체의 변혁을 완성할 '유일한 특권적 위치'(unique priviledged position)란 존재하지 않는다고 하면서 '보편적 계급'(universal class)으로서의 노동자 계급 개념을 거부한다. 노동자 계급의 투쟁이건 다른 정치적 주체들의 투쟁이건 모두 부분적 성격을 갖는 것이기에, 적대나 투쟁은 다양한 형태를 취한다는 것이다.12) 그

---

11) E. Laclau / C. Mouffe, 앞의 책, 192쪽.
12) 같은 책, 167-169쪽 참조.

래서 라클라우와 무페는 사적 소유와 관련된 노동 착취의 문제를 모든 문제의 중심에 두면서 단일한 전선만을 인정하는 본질주의적 태도에서 벗어나서, 다양한 종류의 갈등과 투쟁을 토대로 하는 다양한 투쟁 전선을 인정할 것을 강조한다. 프롤레타리아는 특권적 위치에 있지 않기에, 프롤레타리아의 해방이 사회 전체의 문제를 해결하는 보편적인 인간 해방이 될 수 없다는 것이다.

특히 개인주의적인 탈전통적 현대 사회에서 계급 개념은 점차 약화되고 있다. 앞에서 언급하였듯이 성찰적 근대화의 과정에서는 생활 수준의 변화와 생활 양식의 다양화 등으로 인해 전통적인 계급 구분의 기반이 무너지고 개인화가 더욱 진척되고 있다. 계급 대신에 개인화가 지배적인 범주가 되고 있는 것이다. 그래서 벡은 산업 사회에서는 프롤레타리아가 사회 변혁에서 중요한 역할을 담당하였지만 그러나 현재의 위험 사회에서는 프롤레타리아가 더 이상 이러한 위험 문제를 해결할 수 있는 정치적 상상력의 원천이 아니라고 본다.[13] 여기서는 지구적 위험에 의해 희생되는 모든 사람들이 정치적 주체가 될 수 있으며 또 실제로 이들에 의해 생활 세계에서뿐만 아니라 체계와 조직 내부에서도 작지만 그러나 근본적이고 중요한 비판이 이루어지고 있다는 것이다. 기든스도 역사에 필연적 방향이 있다는 생각을 거부한다면 내적 잠재력을 현실화시킬 수 있는 특권적 행위자들을 찾을 필요도 없게 된다고 하면서, 탈전통 사회에서는 어떤 집단도 급진적 사상이나 행위에 대한 독점권을 갖고 있지 않다고 말한다.[14] 성찰적 근대화의 상황에서 비판의 기초는 자율적이 되었으며 따라서 명확하

---

13) U. Beck, 『위험 사회』(*Risikogesellschaft*), 96쪽; U. Beck, "The Reinvention of Politics", *Reflexive Modernization*, 12-13쪽 참조.
14) A. Giddens, *Beyond Left and Right*, 250쪽 참조.

게 규정할 수 있는 특정 계급 중심의 주체는 없는 것이다.

따라서 프롤레타리아에게 절대적 우위를 부여하여 프롤레타리아 독재를 통해 모든 문제를 해결하려고 시도하는 것에는 문제가 있다. 마르크스 사상에 민주주의적 기획이 결여되어 있다는 비판도 마르크스의 이러한 근본적 입장과 직접 연관되어 있는 것이다. 월러스틴은 유토피아적 기획과 변혁의 주체 문제에서 마르크스가 이처럼 지나치게 노동자 계급에 편향되어 있다는 점을 비판하면서, 대안적 체제의 정당성을 확보하기 위해서는 다수를 설득하여 그들의 지지를 확보하는 과정이 필요하다고 주장한다.

> "적어도 근대 세계에서, 우리 모두는 우리의 주장에 대한 지지를 얻기 위해 우리와 직접적인 이해 관계나 선호 대상을 공유하는 사람들보다는 훨씬 더 광범위한 집단의 사람들에게 호소해야 한다. … 즉 단기적으로 뜻대로 되고 있지 않아 보이는 사람들에게 그들이 더 좋게 될 것이고, 좀 더 장기적으로는 훨씬 더 좋아질 것인데, 그것은 다름 아닌 체제의 구조 때문이고, 따라서 그들이 체제의 지속적인 기능과 그것의 의사 결정 과정을 지지해야 한다고 설득하는 일과 연관되어 있다."(*Utopistics*, 3)

월러스틴은 이렇게 다수의 지지를 받기 위해서는 합리적 주장으로 체제를 정당화해야 하는데, 이러한 주장은 과학적 담론의 형태로 제공된다고 한다. 과학적으로 타당한 것으로 인정된 지식을 토대로 합리적 주장을 펼쳐서 다수의 지지를 얻게 되면 유토피아적 기획은 정당성을 획득한다는 것이다. 그래서 월러스틴은 유토피아적 기획과 변혁은 소수가 다수를 위해서 그 열매를 가져다가 바치는 것이 될 수 없으며, 다수가 그들 자신을 위해서 손수 거둘 수밖에 없다고 하였다. 유토피아적 변혁은 "사회적으로 중립적인 인텔리겐치아도, 어떤 그리고 어떠한 정당도 불러일으킬 수 없다"는 것이다. 월러스틴은 유토피아적 기획과 변혁의 주체로 인텔리겐치아를 내세운 만하임이나 프롤레타리아 정당을 내세운 마르크스와 엥겔스를 비판하고 있는 것이다. 이러한 관점에서 보았을 때 불법 이민자나 실업자 등과 같은 소수의 체제 외적인 세력을 변혁의 주체로 간주하면서 결국 비판주의에 빠지게 된 마르쿠제의 입장에도 문제가 있다.

적어도 근대 세계에서는 어떤 주장이 정당성을 획득하려면 다수를 합리적으로 설득하여 그들의 지지를 얻는 것이 필요하다. 즉 민주주의적 절차가 요구되는 것이다. 그리고 이러한 과정을 통해서 마르쿠제에게 가해진 비판, 즉 해방의 기획이 개인의 주관적인 내면적 차원으로 퇴각하였다는 비판을 극복하고 해방을 사적인 경험이 아닌 공적인 기획으로 발전시킬 수 있다. 자유와 평등과 같은 민주주의적 이념은 근대 2백~3백 년 간 시민 혁명을 거치면서 민주주의를 위해 투쟁한 결과로 얻은 고귀한 성과물이다. 따라서 사회주의적 전략도 이러한 성과물을 토대로 이것을 더욱더 철저하게 실현시켜야 한다. 그리고 변혁의 전선이라는 문제에서도 프롤레타리아와 그 반대 집단 간에 형성되는 고정된 하나의 전선만이 있는 것이 아니며 다양한 이해 관계를 중심으로 다양한 전선이 형성되기에, 이 과정에서 다른 집단이나 세력을 설득하여 정당성을 확보하는 일이 중요하다.

특히 성찰적 근대 사회에서 전문성은 더 이상 전문가만의 특권이 아니다. 전문가 체계에 의존하여 의사를 결정하고 문제를 해결하려는 태도는 단순 근대 사회의 산물에 불과하다. 사회주의에 영감을 불어넣었던 생시몽식의 유토피아적인 미래 전망은 과학자나 공학자와 같은 전문가가 정치적 삶을 주도한다는 생각에 사로잡혀 있었는데, 이러한 생각은 나중에 공허한 것으로 밝혀졌다. 이것은 과학과 기술에

전적인 신뢰를 보냈던 단순 근대 사회의 과학주의적 사고의 산물인 것이다.15) 전문가들의 타당성 주장은 서로 대립하면서 논란이 되기도 하며 때로는 공동 평가에 의해 그 타당성이 부정되기도 한다. 따라서 성찰적 근대 사회에서 전문성은 동료 전문가나 시민들로부터의 능동적인 신뢰를 받아야 한다. 정책 결정은 더 이상 전문가에게만 맡길 수 없으며 여기에 정치가와 시민도 참여해야 한다. 전문가들은 공개적인 검토의 자리에서 자신이 내린 결론과 제시한 정책의 정당성을 설명하고 참석자들을 설득하여 신뢰를 받아야 한다. 정치적 의사 결정 과정에서 지나치게 전문가 체계에 의존하는 것은 문제가 있으므로 전문가와 시민, 정치가 등 관련 당사자들이 참여하여 대화와 토론을 하고 그 결과물을 반영하여 의사 결정을 해야 한다. 즉 다수결이나 대의제와 같은 단순한 형식적 민주주의의 차원을 넘어서는 '대화 민주주의'를 통해 정책 결정의 정당성을 확보해야 하는 것이다.

성찰적 근대화의 상황에서는 기존의 정치와 다르게 다수의 개인들이 자발적으로 참여하는 생활 정치 또는 하부 정치의 활성화를 통해 이러한 대화 민주주의가 정착될 수 있다. 벡은 '정치'(politics)와 '정치적인 것'(the political)을 구분하면서 탈전통적 사회에서 더욱 진전된 개인화는 단순하게 사적인 것에 머무르지 않고 '정치적인 것'이 된다고 말한다.16) 개인이 단순한 역할 수행자로서 수동적인 것이 아니라 사회적 계획과 결정에 참여하여 영향을 미치는 능동적 존재가 된다는 것이다. 의회, 정당, 노동 조합과 같은 제도화된 기구들의 정치적 기능은 약화되고 반면에 제도적인 것에 의존하지 않는 정치적인 것이 부

---

15) 같은 책, 95쪽 참조.

16) U. Beck, "The Reinvention of Politics", *Reflexive Modernization*, 16-23쪽 참조.

활하면서 하부 정치가 활성화된다. 정치적인 것의 자기 조직화는 사회의 다양한 영역에서 하부 정치를 활성화시켜 밑으로부터 사회를 만들어 간다. 기존의 제도적인 정치적 틀로부터 배제되었던 시민들, 사회 운동들, 전문가 집단, 근로자들이 사회적 계획과 결정에 참여하면서 정치적인 힘을 발휘한다는 것이다.

이처럼 유토피아적 기획의 주체와 민주적 절차의 문제와 관련해서는 지금까지의 노동자 계급이나 전문가 집단에게 편향된 태도에서 벗어나서 탈전통적이고 성찰적인 변화된 현대적 상황과 민주주의적 성과물을 고려하여 다수의 시민들이 주체로 나서는 방향을 모색해야 한다. 통합 학문적 관점에서 철학, 정치학, 사회학, 미학 등 제반 학문의 성과물을 활용하여 대안적 체제의 실질적 합리성을 평가할 수 있는 과학적 담론을 제공하고 이를 토대로 전문가 집단과 시민들이 주체가 되어 민주적 절차와 합리적 설득을 통해 다수의 지지를 얻음으로써 유토피아적 기획과 변혁의 정당성을 확보해야 할 것이다.

맺음말

희망이 사라진 시대에 희망을 찾아서

> 유토피아적 오아시스가 고갈되면 진부함과 무기력의 메
> 마른 사막이 펼쳐진다.
>
> ― 하버마스, 『새로운 전망의 부재』
>
> 유토피아는 마치 용맹하게 싸운 군인들처럼 실제로 정
> 벌한 산꼭대기 위에 우뚝 서서 무언가를 개방시킨다.
>
> ― 블로흐, 『희망의 원리』

유토피아 없이는 희망도 없다. 유토피아는 희망의 원천으로서 우리
가 실현하고자 하는 꿈이자 목표이다. 유토피아가 없다면 우리의 삶
은 희망과 활기를 상실하여 무기력하게 된다. 유토피아가 없다면 인
간적인 삶에 대한 전망도 이를 실현하려는 의지도 약화될 수밖에 없
어서 우리는 절망에 사로잡히게 된다. 따라서 우리는 희망의 원리로
서 유토피아를 복원시켜야 한다. 이를 위해서는 유토피아를 허황된
공상으로 매도하면서 단지 눈앞의 현실만을 볼 것을 강요하는 이데올
로기나 세력에 맞서 싸워야 한다. 우리의 의식과 상상력이 기존의 왜
곡된 현실을 뛰어넘을 수 있을 때, 우리에게는 변혁의 희망이 주어진

다. 유토피아는 새로운 미래를 향해 꿈틀대는 희망의 원천인 것이다.

유토피아는 '더 나은 삶에 대한 꿈'으로서 희망을 토대로 한 미래 지향적 표상이자 현실 초월적 의식이다. 유토피아는 새로운 대안적 사회를 미리 선취하여 보여줌으로써 정치 이론이나 이념을 명료화하고 정교화하는 데 기여할 뿐만 아니라 새로운 사회를 실제적으로 건설하는 과정에서 기본적인 방향을 설정하는 데 도움을 준다. 그리고 유토피아적 의식은 현실에 침투하기 위한 '강력한 망원경'의 역할을 함으로써 현실에 대한 외재적 비판의 기준이 되기도 하며, 더 나은 세계로 나아가려는 변혁적 의식과 행동을 고취시키기도 한다. 따라서 유토피아적 기획은 모든 진보적 사상에 필수적이라고 할 수 있다.

그렇지만 최근에 현실 사회주의의 몰락, 이에 따른 마르크스주의에 대한 불신, 복지에 대한 합의의 파괴, 신자유주의의 득세, 전지구화와 탈전통화로 인한 사회적, 경제적, 기술적 조건의 변화 등으로 인해 진보 세력은 힘을 상실하고 유토피아적 의식은 매우 약화되었다. 그러나 소련을 비롯한 동구권의 붕괴는 사회주의의 한 형태의 붕괴이지 자본주의에 대안으로서 사회주의 일반의 붕괴는 아니며, 신자유주의도 하나의 이념으로서 많은 문제점을 내포하고 있다. 따라서 이러한 현실에 좌절해서는 안 되며 좀더 적극적으로 새로운 대안적 체제를 적극적으로 모색해야 한다. 물론 그 동안 사회적, 역사적으로도 많은 변화가 일어났으므로 이러한 변화된 현대적 상황을 반영하여 진보적 사상이나 이념도 자기 쇄신을 추구해야 할 것이다.

그래도 최근에 희망 없는 시대에 희망을 찾기 위한 움직임이 일어나고 있어서 다행이다. 한 동안 거대한 자본의 힘에 짓눌려서 움츠러들었던 진보 세력들이 다시 일어서서 새로운 진로를 모색하려는 움직임을 보이고 있다. 좌절감과 패배감에서 벗어나서 새로운 삶, 새로운 미래, 새로운 희망에 대해서 이야기하고 있는 것이다.

역사에는 종말은 없다. 인간의 삶에 갈등과 모순이 존재하는 한 변화의 욕구는 생겨나게 마련이고 따라서 사회도 변화를 겪을 수밖에 없다. 완결된 역사란 없다. 역사는 항상 변화의 과정 속에 있는 것이다. 특히 기존의 현실에 문제가 많을수록 이러한 현실로부터 벗어나려는 변화의 욕구는 더욱 증가한다. 그리고 이와 더불어 더 좋은 새로운 세계를 지향하는 유토피아적 의식도 더욱 필요하게 된다.

따라서 왜곡된 기존 현실에 대한 비판의 도구이자 이를 개선하기 위한 변혁의 도구가 되고 있는 그리고 새로운 미래 사회에 대한 전망과 함께 이를 지향하는 역동성을 부여하는 원동력이 되고 있는 유토피아적 차원을 복원해야 한다. 이제 우리는 성찰적 현대 사회의 상황을 반영하여 유토피아론을 재구성하는 이론적 작업에 착수해야 한다. 이를 통해 우리는 이데올로기에 의해 왜곡되지 않은 인간적인 삶에 대한 전망과 희망을 확보해야 할 것이다.

참고문헌

김용학 / 장덕진, 「베버의 가치와 사실의 비대칭적 분리: 가치 연관과 가치
　　중립성을 중심으로」, 『막스 베버 사회학의 쟁점들』, 민음사, 1995.
김호기, 「앤서니 기든스: 후기 현대성과 제 3의 길」, 『현대 비판사회이론
　　의 흐름』, 한울, 2001.
문성원, 「닫힌 유토피아, 열린 유토피아」, 『철학연구』, 제47집, 1999.
박정순, 「자유주의의 건재」, 『자유주의와 공동체주의』, 철학연구회 '99년
　　춘계학술대회 발표논문집, 1999.
박찬국, 『에리히 프롬과의 대화』, 철학과현실사, 2001.
박호강, 『유토피아 사상과 사회 변동』, 대구대 출판부, 1998.
손철성, 「비판적 사회 이론에서 유토피아의 문제」, 서울대 박사학위논문,
　　2002.
이명현, 「사회과학의 방법론」, 『이성과 언어』, 문학과지성사, 1982.
정호근, 「의사소통적 규범정초 기획의 한계」, 『하버마스 : 이성적 사회의
　　기획, 그 논리와 윤리』, 나남출판, 1997.
차인석, 「비판 이론」, 『현대의 철학 I』, 서울대학교 출판부, 1980.
황경식, 「왜 '자유주의와 공동체주의'인가?」, 『자유주의와 공동체주의』, 철
　　학연구회 '99년 춘계학술대회 발표논문집, 1999.
황인평 편역, 『볼셰비키와 러시아 혁명 3』, 거름, 1986.

Adorno, T., "Zur Logik der Sozialwissenschaften", T. Adorno u.a., *Der
　　Positivismusstreit in der deutschen Soziologie*, Luchterhand
　　Verlag, 1972.
Althusser, L., *For Marx*(1965), tr. Ben Brewster, NLB, 1977.

_____, *Reading Capital*(1968), tr. Ben Brewster, Verso, 1970.

Aristoteles, 『니코마코스 윤리학』, 최명관 역, 서광사, 1984.

Beck, U., 『위험 사회: 새로운 근대성을 향하여』(*Risikogesellschaft*), 홍성태 역, 새물결, 1997.

_____, 『정치의 재발견』(*Die Erfindung des Politischen*), 문순홍 역, 거름, 1998.

_____, "The Reinvention of Politics: Towards a Theory of Reflexive Modernization", *Reflexive Modernization*, Polity Press, 1994.

_____, "Self-Dissolution and Self-Endangerment of Industrial Society: What Does This Mean?", *Reflexive Modernization*, Polity Press, 1994.

Bell, D., 「소외에 관한 논쟁」, 『현대 소외론』, 조희연 편역, 참한, 1983.

Benhabib, S., *Critique, Norm, and Utopia: A Study of the Foundations of Critical Theory*, Columbia University Press, 1986.

Bloch, E., *Das Prinzip Hoffnung I*, Suhrkamp, Frankfurt/Main, 1977.

_____, *Das Prinzip Hoffnung II*, Suhrkamp, Frankfurt/Main, 1977.

Brown, H. I., 『새로운 과학철학』(*The New Philosophy of Science*), 신중섭 역, 서광사, 1987.

Buber, M., *Paths in Utopia*, The Macmillan Company, 1960.

Cohen, J. & Rogers, J., "Secondary Associations and Democratic Governance", E. O. Wright(ed.), *Associations and Democracy*, Verso, 1995.

de Vries, J., 『스콜라 철학의 기본 개념』(*Grundbegriffe der Scholastik*), 신창석 역, 분도출판사, 1997.

Elster, J., *An Introduction to Karl Marx*, Cambridge University Press, 1986.

_____, *Making Sense of Marx*, Cambridge University Press, 1985.

Engels, F., "Grundsätze des Kommunismus", MEW 4.

_____, *Die Entwicklung des Sozialismus von der Utopie zur Wissenschaft*, MEW 19.

_____, *Anti-Dühring*, MEW 20.

_____, "Zur Geschichte des Bundes der Kommunisten"(1885), MEW 21.

Fromm, E., 『건전한 사회』(*The Sane Society*), 김병익 역, 범우사, 1994.

_____, 『소유냐 존재냐』(*To Have or To Be*), 차경아 역, 까치, 1996.

Giddens, A., *Modernity and Self-Identity: Self and Society in the Late Modern Age*, Standford University Press, 1991.

_____, *Beyond Left and Right*, Polity Press, 1994.

_____, "Living in a Post-Traditional Society", *Reflexive Modernization*, Polity Press, 1994.

_____, 『제 3의 길』(*The Third Way*), 한상진 역, 생각의 나무, 1998.

Goldmann, L., 『인문 과학과 철학』(*Sciences humaines et philosophie*), 김현 역, 문학과지성사, 1980.

Habermas, J., "Analytische Wissenschaftstheorie und Dialektik", T. Adorno u.a., *Der Positivismusstreit in der deutschen Soziologie*, Luchterhand, 1972.

_____, "Gegen einen positivistisch halbierten Rationalismus", T. Adorno u.a., *Der Positivismusstreit in der deutschen Soziologie*, Luchterhand, 1972.

_____, *Erkenntnis und Interesse*, Suhrkamp, 1973.

_____, *Theorie des kommukativen Handelns*, Suhrkamp, 1981.

_____, *Moralbewußtsein und kommunikatives Handelns*, Suhrkamp, 1983.

_____, *Vorstudien und Ergänzungen zur Theorie des kommukativen Handelns*, Suhrkamp, 1984.

_____, *Die Neue Unübersichtlichkeit*, Suhrkamp, 1985.

_____, 『담론 윤리의 해명』(*Erläuterungen zur Diskursethik*), 이진우 역, 문예출판사, 1997.

Hansot, E., *Perfection and Progress: Two Mode of Utopian Thought*, Cambridge, 1974.

Hertzler, J. O., *The History of Utopian Thought*, Cooper Square Publishers Inc., 1965.

Horkheimer, M., *Eclipse of Reason*, Continuum, New York, 1974.

_____, "Postscript", *Critical Theory: Selected Essays*, The Seabury Press, New York, 1972.

_____, "The Latest Attack on Metaphysics", *Critical Theory: Selected Essays*, The Seabury Press, New York, 1972.

_____, "The Social Function of Philosophy", *Critical Theory: Selected Essays*, The Seabury Press, New York, 1972.

_____, "Traditional and Critical Theory", *Critical Theory: Selected Essays*, The Seabury Press, New York, 1972.

Jay, M., *The Dialectical Imagination*, Little, Brown & Company, Boston/Toronton, 1973.

Jonas, H., *The Imperative of Responsibility*, The University of Chicago Press, 1984.

Kamenka, E., *Marxism and Ethics*, Macmillan, 1969.

Kant I., *Kritik der Urteilskraft*, Felix Meiner, 1974.

Katsiaficas, G., 『신좌파의 상상력: 세계적 차원에서 본 1968』(*The Imagination of the New Left*), 이재원 역, 이후, 1999.

Kellner, D., *Herbert Marcuse and the Crisis of Marxism*, Macmillan, 1984.

_____, 「비판 이론, 막스 베버, 그리고 지배의 변증법」, 『베버와 마르크스』, 이상률 역, 문예출판사, 1992.

Laclau, E. / Mouffe, C., *Hegemony & Socialist Strategy*, Verso, 1985.

Lash, S., "Reflexivity and its Doubles", *Reflexive Modernization*, Polity Press, 1994.

Levitas, R., *The Concept of Utopia*, Philip Allan, New York, 1990.

Little, D., *The Scientific Marx*, The University of Minnesota Press, 1986.

Lukacs, G., 『역사와 계급 의식』, 박정호 역, 거름, 1997.

Lukes, S., *Marxism and Morality*, Oxford University Press, 1988. (『마르 크스주의와 도덕』, 황경식 역, 서광사, 1995)

MacIntyre, A., *After Virtue*, University of Notre Dame Press, 1984.

_____, 『마르쿠제』(*Marcuse*), 연희원 역, 지성의 샘, 1994.

McLellan, D., 『청년 헤겔 운동』(*The Young Hegelians and Karl Marx*), 홍윤기 역, 학민사, 1984.

Mannheim, K., *Ideologie und Utopie*(1929), Vittorio Klostermann, Frankfurt/Main, 1985.

Marcuse, H., *An Essay on Liberation*, Beacon Press, 1969.

_____, *Counterrevolution and Revolt*(1972), Beacon, 1972.

_____, *Eros and Civilization: A Philosophical Inquiry into Freud*(1955), Beacon, 1966.

_____, *Negations: Essays in Critical Theory*, tr. J. J. Shapiro, Beacon Press, 1968.

_____, *One-Dimensional Man*, Routledge, London, 1964.

_____, *Reason and Revolution*, Routledge & Kegan Paul, 1977.

_____, *Soviet Marxism: A Critical Analysis*, Columbia University Press, 1958.

_____, *The Aesthetic Dimension: toward a Critique of Marxist Aesthetics*, Beacon Press, 1978.

_____ / Habermas, J., 「미학과 문화 이론에 대한 대화」(*Gespräche mit Herbert Marcuse*), 『미학과 문화』, 이근영 역, 범우사, 1992.

Marx, K., "Zur Kritik der Hegelschen Rechtsphilosophie. Einleitung",

MEW 1.

_____, "Thesen über Feuerbach", MEW 3.

_____ / Engels, F., *Die Deutsche Ideologie*, MEW 3.

_____, *Das Elend der Philosophie*, MEW 4.

_____ / Engels, F., *Manifest des Kommunistischen Partei*, MEW 4.

_____, *Zur Kritik der Politischen Ökonomie*, MEW 13.

_____, "Kritik des Gothaer Programms", MEW 19.

_____, *Das Kapital I*, MEW 23.

_____, "Brief von K. Marx an L. Kugelmann vom 9. Oktober 1866", MEW 31.

_____, *Ökonomisch-Philosophische Manuskripte*(1844), MEW 40.

Meszaros, I., *Marx's Theory of Alienation*, The Merlin Press, 1975.

Mouffe, C., *The Return of the Political*, Verso, 1993.

More, T., 『유토피아』, 나종일 역, 박영사, 1984.

Nisbet, R., *The Sociological Tradition*, Heinemann, London, 1967.

Nozick, R., 『아나키에서 유토피아로』(*Anarchy, State, and Utopia*), 남경희 역, 문학과지성사, 1997.

Popper, K., 『과학적 발견의 논리』(*The Logic of Scientific Discovery*), 박우석 역, 고려원, 1994.

_____, *The Open Society and Its Enemies I*, Routledge & Kegan Paul, 1969.

_____, *The Open Society and Its Enemies II*, Princeton University Press, 1971.

_____, *The Poverty of Historicism*, Routledge, 1994.

Reese-Schäfer, W., 『하버마스』(*Jürgen Habermas*), 선우현 역, 거름, 1998.

Rifkin, J., 『노동의 종말』, 이영호 역, 민음사, 1996.

Roemer, J. E., "A Future for Socialism", E. O. Wright(ed.), *Equal Shares: Making Market Socialism Work*, Verso, 1996.

Schaff, A., 『마르크스주의와 개인』, 김영숙 역, 중원문화, 1988.

Sciabarra, C. M., *Marx, Hayek and Utopia*, State University of New York Press, 1995.

Taylor, C., *Hegel and Modern Socirty*, Cambridge University Press, 1979. (『헤겔 철학과 현대의 위기』, 박찬국 역, 서광사, 1988.)

_____, *Philosophy and the Human Sciences: Philosophical Papers 2*, Cambridge University Press, 1985.

_____, *Sources of the Self*, Cambridge University Press, 1989.

_____, *The Ethics of Authenticity*, Harvard University Press, 1992. (『불안한 현대 사회』, 송영배 역, 이학사, 2001.)

Wallerstein, I., *Unthinking Social Science: The Limits of Nineteenth Century Paradigms*, Polity Press, Cambridge, 1991.

_____, *Utopistics: or Historical Choices of the Twenty-First Century*, The New Press, New York, 1998.

_____ / 백낙청, 「21세기의 시련과 역사적 선택」, 『유토피스틱스』, 창작과비평사, 1999.

Warrington, J., "Introduction", *More's Utopia and a Dialogue of Comfort*, J.M.Dent & Sons Ltd, London, 1957.

Weber, M., "Die 'Objektivität' sozialwissenschaftlicher und sozialpolitischer Erkenntnis", *Gesammelte Aufsätze zur Wissenschaftslehre*, J.C.B.Mohr, Tübingen, 1988.

_____, *Wirtschaft und Gesellschaft*, J.C.B.Mohr, Tübingen, 1972.

Wright, E. O.(ed.), *Associations and Democracy*, The Real Utopias Project Volume I, Verso, 1995.

지은이 : 손 철 성

서울대학교 철학과를 졸업하고 같은 대학원에서 철학박사학위를 받았다. 서울대, 국민대, 서울시립대, 대진대, 한남대, 대림대 등에서 강의를 하였으며, 서울대 철학사상연구소 선임연구원 및 한국철학사상연구회 논리연구실 기획위원을 지냈다. 현재 국민대학교 교양학부 강의전담교수로 재직하고 있으며, 서울대 철학사상연구소 객원연구원, 국립중앙도서관 철학분야 외국자료추천위원으로 활동하고 있다.

주요 저서 및 논문으로는 『디지털 지식 자원 구축을 위한 기초적 연구: 마르크스 '독일 이데올로기'』, 『고전과 논리적 글쓰기』, 「비판적 사회이론에서 유토피아의 문제」, 「유토피아와 유토피스틱스」, 「탈전통적 개인주의와 자아실현의 전망」, 「유토피아론은 과학적 논의의 대상이 될 수 없는가?」, 「마르쿠제의 사상에서 상상력과 유토피아」 등이 있으며, 번역서로는 『자유주의』 등이 있다.

유토피아, 희망의 원리

·

2003년 8월 15일 1판 1쇄 인쇄
2003년 8월 20일 1판 1쇄 발행

지은이 / 손 철 성
발행인 / 전 춘 호
발행처 / 철학과현실사
서울시 서초구 양재동 338-10
TEL 579-5908 · 5909
등록 / 1987.12.15.제1-583호

ISBN 89-7775-446-1 03160
값 12,000원